Hans-Dieter Schütt
Schorlemmer
Die Welt hinter den Fragen

Hans-Dieter Schütt
Schorlemmer
Die Welt hinter den Fragen
Ein Gespräch

Karl Dietz Verlag Berlin

Die Drucklegung wurde mit Mitteln der Rosa-Luxemburg-Stiftung.
Gesellschaftsanalyse und Politische Bildung e. V. gefördert.

ISBN 978-3-320-02097-2

© Karl Dietz Verlag Berlin GmbH 2007
Umschlag: Heike Schmelter unter Verwendung eines Fotos
von Burkhard Lange
Typographie/Satz: Jörn Schütrumpf
Druck und Bindearbeit: Těšinska Tiskárna
Printed in Czechia

FRIEDRICH SCHORLEMMER
Alle Morgen (1995)   9

HANS-DIETER SCHÜTT
Das gute Wort   13

Das erste Gespräch   23

Das zweite Gespräch   67

Das dritte Gespräch   111

Das vierte Gespräch   137

Das fünfte Gespräch   173

TEXTE VON FRIEDRICH SCHORLEMMER 1990 BIS 2006
Mein Jesus hat viele Gesichter   224

Wir müssen einander achten,
und wir müssen aufeinander achten
*Reflexionen nach dem Amoklauf im Erfurter
Gutenberg-Gymnasium, Mai 2002*   227

Ehe der Hahn kräht   232

Ein für alle Mal – eine militärfreie Zone!
*Plädoyer gegen öffentliche Vereidigung von Soldaten
auf dem Marktplatz, März 2003*   237

Aufruf
Keine Gelöbnisse auf den Märkten der Republik! 240

Die Reformen und ihre Verlierer
An meine Freunde in der SPD, März 2004 241

Halt suchen
Die Gottesfrage als Sinnfrage stellen, 2006 246

Biographie Friedrich Schorlemmer 253

Buchveröffentlichungen 254

Nachweise 255

*Die Uniform des Tages ist die Geduld,
die Auszeichnung der armselige Stern
der Hoffnung über dem Herzen.*
INGEBORG BACHMANN

Gott hält sich mäuschenstill, darum bewegt sich die Welt um ihn.
GOTTFRIED KELLER

*Auf die Oberfläche dieses Jammertals muss man
seine Planken legen und dann drüberbalancieren.*
PETER HANDKE

*Ich habe mich oft gefragt und keine Antwort gefunden,
woher das Sanfte und das Gute kommt,
weiß es auch heute nicht und muss nun gehn.*
GOTTFRIED BENN

FRIEDRICH SCHORLEMMER
ALLE MORGEN (1995)

Jeden Morgen beim Aufwachen lässt sich der Morgengeier auf mir nieder. Er setzt sich auf mein Sonnengeflecht. Er krallt sich ein, als Zweifel am Sinn meines Tuns, als meine Angst, zu versagen. Er wird übermächtig. Morgenlähmung zwischen Wachsein und Wegdämmern. Statt ein Morgengebet zu sprechen, schalte ich die Nachrichten ein. Ich horche. Nichts weiter passiert. Ein Glück: keine neue Unheilsbotschaft. Mir ist so vieles so gegenwärtig geblieben in meiner Halbjahrhundert-Lebenszeit: die Russenangst und der Korea-Krieg, Hilferufe im Ungarn-Aufstand und die Suez-Krise. Das Zählen der Stunden bei der Kuba-Krise und das Bangen um die Israelis im Jom-Kippur-Krieg, der Morgen nach dem Mauerbau, der Morgen nach dem Kriegsrecht in Polen, der Morgen nach dem Prager Frühling unter den Panzerketten »brüderlicher Hilfe«, das Berlin-Ultimatum und der Kampf um die Kaiserstadt Hué, der Völkermord in Biafra, Kambodscha und Ruanda, Kennedys, Kings und Romeros Ermordung, der Schock von Tschernobyl, der Golf-Krieg und die Scud-Raketen in Tel Aviv. Keine Unheilsbotschaft heute! Der GAU ist ausgeblieben. Gnadenfrist. Doch da hämmert es auf mich ein: der Waldschadensbericht, die Tierquältransporte, die Abholzung der Regenwälder, die Armutsstatistik, die Ozonbelastung, wieder Kämpfe um Bihac, UNO-Soldaten als Geiseln von Karadzic, die Protestwelle gegen Shell wegen Brent Spar, der Amnesty-International-Bericht über die Folterungen fast überall, Gratschows Taufe während des Tschetscheniengemetzels, zerfetzte Frauen beim Wasserholen in Sarajevo. Wie viele Tage vergehen noch, ehe es zum Super-GAU in einem russischen Atomkraftwerk kommt? Bin ich noch normal, wenn ich nicht verrückt werde?

Dabei geht es mir ja gut, so gut wie nie. Aber das Weghören und Fernlassen, das Wegblenden und Abstumpfen ist mir nicht vergönnt. Mir kommt alles zu schnell und zu vieles zu nahe.

Natürlich sind auch positive Gegengewichte präsent geblieben, Blinkzeichen der Hoffnung: die Schlussakte von Helsinki und die Wahl Gorbatschows, die Oktobernacht in Leipzig und die Novembernacht in Berlin, der Runde Tisch von Warschau und mutige Versöhnungsstrategie in Südafrika. Momente des Glücks auch: 4. November 1989 und erste freie Wahlen, der Abzug der Besatzungsarmee und freies Reisen,

Munch in Oslo und van Gogh in Amsterdam, ein Abend mit Adam Michnik oder mit Hans-Dietrich Genscher in Wittenberg. Einfach so. Und meine Tochter studiert in Paris und in Krakow. »Mein Volk« vor dem verhüllten Reichstag in Andacht, in gelassener Unabsichtlichkeit, in spontaner Fröhlichkeit. Es gibt so viele Gründe, einfach froh und dankbar zu sein.

Morgens aber kommt nicht die Hoffnungstaube, sondern der Morgengeier. Er kommt als der grundstürzende Zweifel, ob wir nicht längst verloren haben, ob nicht alles nur noch eine Frage der Fristverlängerung ist, ob es nicht das Beste wäre, so zu leben wie die Zeitgenossen des Noah: sein Leben in vollen Zügen genießen, da die Zeit für die weiter »explodierende«, parasitär wirkende Homo-sapiens-Population an ihre Grenze gekommen ist, weil wir sie sehenden Auges und doch machtlos an ihre Grenze bringen. Die Love Parade als Endzeitparty, Chaostage als Vorboten der großen Destruktion? Himmelschreiende Gleichzeitigkeit: Die einen ersticken im Wohlstandsmüll, die anderen hungern und stochern in unserem Abfall. Unsere Exkremente werden unser Schicksal. Die Behäbigkeit dominiert. Die Verdrängung funktioniert. Längst ruft man nach »Ereignissen«. Ein vor Auswegslosigkeiten stehender Bürgerkrieg ruft die Pazifisten zu den Waffen, ohne zu fragen, wo uns das hinführt, wie wir wieder herauskommen, wenn wir militärisch »hineingehen«. Wie dünn ist die Haut unserer, meiner eigenen Friedfertigkeit? Warum, um Gottes willen, wird Pazifismus stets mit dem Passivitätsodium belegt? Pacifere heißt »Frieden machen« und dabei der Gewalt die letzte Stelle einräumen!

Unsere Gattung und ich mit ihr – sind wir endgültig in der Falle? Wollen vielleicht deshalb so viele junge Leute in unserem Land keine Kinder mehr, weil sie keine Verantwortung für Enkel übernehmen wollen?

Und dann kommt, wacher und etwas klarer geworden, die Frage, ob meine Ängste nicht zugleich Ausdruck hybrider Selbstüberschätzung sind. Ich muss mich schon fragen (lassen), ob ich mich nicht heillos übernommen habe, ob ich an hausgemachter Selbstüberhebung, an einem zur zweiten Natur gewordenen missionarisch-messianischen Eifer kranke, ich müsse etwas tun, um »die Welt« zu retten, und leide nun an hausgemachter Ohnmacht. Und die anderen? Die Mächtigen, die Politiker, Wissenschaftler, Techniker, die »Großen der Welt« – sind sie nicht genauso ohnmächtig? Die weisen Volksmassen erweisen sich als Manipulationsobjekt.

Was erwartet mich heute? Was erwarte ich von mir heute, was erwarten an diesem Tag andere von mir? Ich hätte so viel zu tun, dass ich doch lieber gleich im Bett bliebe. Das ganz Individuelle vermischt sich unentwirrbar mit dem großen Ganzen. Zur Selbst-Überschätzung kommt Übererwartung. Kleinmachende Kritik steht neben falschem Hochloben.

Ich öffne das Fenster. Schon wieder dieser Krach von der Straße. Die Autogesellschaft hat keine Zukunft, denke ich und fahre heute mit dem Auto nach Berlin. Alle leben wir, als ob unser Lebensrecht aufs Auto geradezu ein Freiheitsrecht für freie Bürger sei – obwohl wir keinen Parkplatz mehr finden, immer öfter im Stau hängen, die Ozonbelastung spüren, Ressourcen für die nächsten Generationen verbrauchen und wissen, dass es das Weltchaos schlechthin wäre, wenn jeder Mensch auf dieser Erde das ausleben würde und ausleben könnte, was wir für selbstverständlich halten. Jedem Inder und jedem Chinesen ein Auto?

Mit einem ideologisch überfrachteten Aufklärungspathos bin ich aufgewachsen, mit dem Glauben an die Vernunft und mit dem Gefühl, die Menschheit hätte aus ihren Katastrophen gelernt. Da fällt unser aufgeklärtes Zeitalter in Atavismen zurück. Am Ende des zweiten Jahrtausends, wo sich nahezu alle Probleme globalisieren, parzelliert sich die Perspektive auf kleinere, engere Lebenshorizonte und richtet sich wieder auf Ethnisch-Nationales oder National-Religiöses. Fundamentalismus als Antwort auf eine in sich wert- und zielfreie Modernisierung? Trügerische Sinnanker werden erneut ausgeworfen, wo wir in die Untiefen unserer Leere schauen.

Da beunruhigt es mich in besonderer Weise, dass die junge Generation weithin in den von uns vorgezeichneten Gleisen lebt und politisch abstinent bleibt. Wer übernimmt morgen die Verantwortung, wer übernimmt *für* morgen die Verantwortung? Wo bleibt die produktive Auseinandersetzung zwischen den Generationen und die lebensdurstige Verweigerung, an einem Lebensprozess weiter mitzuwirken, der keine Zukunft mehr hat?

Ich gehöre gerade noch zu den Gewinnern dieser Zeit. Ich habe Arbeit. Ich habe das Gefühl, einigen nützlich zu sein. Wie viele Mitbürger in meiner Straße gehen kaputt, weil niemand sie braucht. Andere arbeiten sich sinnlos kaputt. Erst nach dem Ende der DDR spüre ich existentiell, wie sehr es zum Menschsein gehört, arbeiten zu dürfen, von seiner Arbeit leben zu können und in der Arbeit Sinn zu finden. Arbeiten ist ein Sichloswerden und ein Sichfinden zugleich. Gerechtigkeit ist nicht nur die Möglichkeit aller, am Reichtum einer Gesellschaft teilzuhaben, sondern auch die Möglichkeit, diesen Reichtum mit zu schaffen.

Jeder kann um die Gefahren für unser Überleben wissen, und vieles von dem, was wir heute versäumen und falsch machen, wird erst später Auswirkungen haben, die dann irreversibel sind. Ich denke nur an die Autos, die zwischen die großen Lindenbäume in der Lutherstraße gestellt werden, weil jeder möchte, dass sein Auto direkt vor seiner Haustür steht. Der Boden wird verdichtet, geradezu versiegelt. Die Wurzeln sterben ab, und dann verschwinden diese mächtigen, prächtigen Bäume, doch mit einer solchen Zeitverzögerung, dass die Verantwortlichen gar nicht mehr benennbar sein werden. Ein Symbol für eine Acht- und Arglosigkeit, mit der wir tagtäglich leben. Gefahrenwissen führt längst noch nicht zur Selbstveränderung, geschweige denn zur Weltveränderung. Bis alle begriffen haben, was anders werden muss, ist es zu spät. Aber wer wären denn die Klugen, die kraft ihrer Einsicht die Macht nicht eigensüchtig missbrauchten, sondern sie gar im Interesse des Lebens aller zum Guten wendeten? Es bleibt uns nur der Weg geduldiger Überzeugung, der Kampf um Mehrheiten und das Respektieren von Mehrheitsentscheidungen, sodann der notgedrungene Kompromiss zwischen widerstreitenden Interessen und Gruppierungen. Da bleiben große Ideale und hehre Prinzipien leicht auf der pragmatischen Strecke.

Jeder Mensch ist ein Abgrund. Ich bin ein Abgrund. Ich stehe vor Abgründen. Meine Rat- und Machtlosigkeit und meine dünne moralische Haut sind es, die mir in Jugoslawien vor Augen geführt werden. Womit habe ich es denn verdient, dass ich nicht in Sarajevo leben muss? Was aber *muss* ich dafür tun, dass die Menschen in Sarajevo leben können, und was *kann* ich wirklich tun? Sicher wäre es klüger und gesünder, solche Fragen zu unterlassen.

Wer anfängt zu handeln, stößt zugleich an die Grenzen des Machbaren. Wer sich nicht bescheidet, wird bald resignieren oder fängt an zu diktieren. Wer Unmögliches will, wird das Mögliche verfehlen; wer sich auf das Mögliche beschränkt, verfehlt das Notwendige. Also gehe ich jeden Tag an mein kleines Tagwerk mit einer Liedzeile von Paul Gerhart: »Tritt du zu mir und mache leicht, / was mir sonst fast unmöglich deucht / und bring's zum guten Stande.«

HANS-DIETER SCHÜTT

DAS GUTE WORT

1.

»In der Freiheit bestehen.« So heißt eines der Bücher des Pfarrers Friedrich Schorlemmer. Recherche an einer Unfallstelle. Denn Freiheit ist und bleibt zersplitterte Gewissheit: Wer sich zur Freiheit bekennt, muss den Preis zahlen, und der besteht darin, etwas zu bestehen – eine Probe, ein Abenteuer; Freiheit ist fortwährender Abschied von der Berechenbarkeit des Lebens. Das ist ohne Konflikt, ohne Furcht, ohne Verlust nicht zu haben.

Wir sind nicht das, wofür wir uns halten; wir sind das, was im nächsten Moment mit uns geschieht. Das ist zu unbekannten Teilen ein Werk unseres freien Willens, aber zu ebenso unbekannten Teilen ein Werk unserer Gesetztheit in einem unerklärlichen Werdungs- und Vergehensprozess. Den Schorlemmer wohl Schöpfung nennt. Da ist Unbestimmtheit, der wir ausgeliefert sind, und da ist doch auch Selbstbestimmung, mit der wir unserem Zusammenleben Gestalt geben.

Selbstbestimmung freilich nicht als fraglose Weltbeherrschung, die den Menschen und seinen Fortschrittsdrang über alles setzt, sondern als beständiger Relativismus. Aus dem Wissen darum, dass wir so gering sind, sprengen wir den Kreis der isolierten Existenz und gehen aufeinander zu. Schönste Notwehr in Freiheit: ein Stück Freiheit aufzugeben für die des anderen – um selber sicherer zu werden. Aus gelebter Begrenzung kann so das Kühnste gelingen: Mit-Menschlichkeit. Dies gesetzt gegen einen Freiheitsbegriff, der das Desinteresse am jeweils anderen feiert. Schorlemmer hat stets angeredet, angeschrieben gegen den modern genannten »freien« Menschen, der seinen Interessen nicht mehr nachgeht, sondern ihnen davonzieht. Der nicht auf andere Interessen treffen will. Der sie nur treffen will. Mitten ins Herz. Erledigt. Ich gegen Ich. Schorlemmers Werk, das sind Ansprachen und Reflexionen unter drei Aspekten: Frieden, Demokratie, Gerechtigkeit. »Verbindlichkeiten aus Freiheit heißt: Verlässlichkeit einzuüben im Verhalten zu anderen ... Frei sein: Ich bin frei für dich – ich bin frei für mich – ich werde frei für uns.«

Ein anderes Wort, das mich in diesem Werk berührt: »das getröstete Gewissen«. Es ist das Selbstbewusstsein dessen, der seine Würde aus

Angreifbarkeit bezieht. Es wird immer schwieriger, dieses freimütige Bekenntnis zur Ohnmacht mit den Pflichten einer gestaltenden demokratischen Mitarbeit zu verbinden. Die Seile, die beides verbinden, sind gefährlich straff gespannt. Als stetigen Auftrag der zivilisierten Gesellschaft sieht es Schorlemmer daher an, das Individuum aus der Vermassung, aus den Lockungen jener Gleichgültigkeit herauszulösen, die das Individuelle und damit des Menschen Widerstandskraft, also seine Demokratiefähigkeit, abtötet. Was erklärt, dass die Bücher des Wittenbergers bei aller federnden Lebendigkeit doch traurige Bücher sind. Denn natürlich sieht der Autor, wie tief und gründlich die Menschen längst in innerer Ermüdung stecken. Zu anderen Zeiten standen viele gegen ein soziales, gesellschaftliches Elend auf, heute eint unzufriedene Menschen vorwiegend das Elend, als derart viele so allein zu sein. Das Bewusstsein für jene helfende Potenz, die ein politischer Zusammenschluss einst ausstrahlen konnte, verflüchtigte sich und wird in Zeiten sinkender Wahlbeteiligungen gar nicht mehr vermisst.

So genannte Individualität künstlich zu steigern, das ist die marktbewährte Methode, damit wir bloß nicht zusammenfinden. Das macht uns so nervös, ungesund arbeitsam, rücksichtslos, traurig. Wir halten Geschäftsführer und Generalsekretäre schon für mächtige Menschen. So tief schrauben wir uns herab. Schorlemmer macht Lust auf Besinnung dagegen – die uns davor bewahren kann, zu falschen Tragikern und verlorenen Ironikern, zu zynischen Weltschmerzlern und leichtlebigen Dandys zu werden. Gesund ist, wer in heutiger Welt weiterhin der Entzündbarkeit seines Gewissensnervs ausgeliefert bleibt. Denn trotz allem sieht der Essayist aus Wittenberg den Menschen als adventisches Wesen: Wesen, auf die etwas zukommt und die doch selber auch die Kommenden sind. Insofern lesen sich die Texte bei aller antikapitalistischen Alarmierungskraft als Polemik gegen eine pauschale Zivilisationskritik. Den offiziellen Ehrentitel »Bürgerrechtler« sähe er gern wieder umgemünzt in einen praktischen Solidaritätsdienst jenseits herrschender Parteien und jenseits von »Nostalgievereinen des Widerstandes« aus DDR-Zeiten. »Prüfet alles. Das Gute behaltet.«

Schorlemmer will alles, er überschätzt den Menschen – aber in dessen wahrem Wert. Noch im analytisch entbrennenden Gedanken wider den beschriebenen Zustand liegt ein Staunen über die Wunder dieser Welt. Dieser Prediger leidet mit jenem Menschen, der Schwierigkeiten hat, Unbarmherzigkeit zu akzeptieren. Wem Unglück widerfahren ist, der weiß, wie widerlich das doch so gut gemeinte »Wer weiß, wozu es gut ist!« in den Ohren klingt, und diese Bereitschaft, anderer Leute Leid mit dem Hinweis auf einen verborgenen Sinn des Schlimmen erträglich zu finden, ist eng verbunden mit der Bereitschaft, morgen erneut grenzenloses Leid zuzufügen. So sehr die Katastrophen uns zu nötigen scheinen, aus ihnen etwas Lernbares zu keltern, so wenig dürfen wir sie – ausgekühlt sozusagen – als bloßen Lernstoff betrachten. Wir bleiben, anders als die Aufklärer es sahen, »in« der furchtbaren Geschichte, wir lassen sie nicht hinter uns – denn die Ideale, die uns treiben, verdanken wir derselben Historie, welche die Barbarei, etwa des letzten Jahrhunderts, hervorbrachte. Das ist das Feld, das in die Gegenwart reicht und auf dem Schorlemmer ein Plädoyer abgibt für den Menschen mit »getröstetem« Gewissen. Dieser Trost besteht in innerer Freiheit, die Schuld der Früheren nicht ewig abzutragen, aber sich doch weiterhin zuständig zu fühlen für das, was die Erfahrungen Vorangegangener erzählen.

Dieses Predigerwerk analysiert ausdauernd eine Gesellschaft, die trotz aller Noch-Beschönigungen hart und fest aus Gewinnern und Verlierern besteht. In der jeder tagtäglich mehr hinnimmt und aushält, als für ihn gut ist. Der Politik schmerzt das Rückgrat, denn Selbstverzwergung tut weh. Reale Einflusslosigkeit des politischen Handelns steht arg im Widerspruch zur Mächtigkeit der Auftritte. Viel wäre erreicht, erhöben Volksvertreter gegen andere nur solche Vorwürfe, die sie an sich selber ausprobiert haben. Politik tut so, als spräche sie von Frieden, Gemeinsinn, Nächstenliebe, aber sie sagt doch nur: Lohnnebenkosten und Körperschaftssteuer und Dosenpfand. Schorlemmer attackiert in seinen Predigten und Texten, dass dieser öffentliche Raum so entsetzlich frei wurde von wirklich großen Gedanken. Parteifunktionäre treten auf, als seien sie die Personen, die wir alle brauchen; egal, ob sie eine Wahl gewinnen wollen oder gerade eben erst eine verloren haben. Ja, Politiker treten auf, als bräuchten wir sie mehr, als wir uns selber brauchen. Die Äußerungen des Predigers bringen Stärkung eines anderen Gefühls: Ich brauche vor allem – mich selber.

2.
Schorlemmer-Sätze vermeiden einen Allgemeinplatz wie: Schweigen wir nicht!, sie sagen anderes: Verschweigen wir uns nicht. Schwerter zu Pflugscharen, Cruise missiles, SS 20, Balkan-Krieg, Afghanistan-Krieg, Irak-Krieg, Menschenrechte, Massenvernichtungsmittel, Befreiung von Diktatoren – was Schorlemmer schreibt und sagt, ist in bestem Sinne Zeitung, ist meist eine unmittelbare Reaktion auf eine Welt, in

der wir »mit viel Angst- und Druckgefühlen leben«. Er fühlt »Zerrissenheit«, er lebt konsequent Feindesliebe, er will die »Entgiftung unserer Beziehungen«, er kennt die Niederschmetterung durch Mächtige, und was zu DDR-Zeiten galt, gilt auch heute: »Ein von den einen bewunderter, von anderen belächelter Glaube hat uns aufrechter und aufrichtiger leben lassen, als wir uns das selber zutrauten in den Landschaften der ›dialektischen‹ Lügen und der geballten Friedensfäuste. Mein leidenschaftliches Plädoyer für einen Frieden, der nicht nur Ziel, sondern zunächst Weg ist, kommt nicht zuletzt aus der Begegnung mit meinen eigenen Abgründen.« Also: wie vielen Menschen wohl sei er ganz und gar nicht friedfertig, aufrichtig, zugewandt erschienen; so fragt er sich selbst und schweigt eine Weile.

Dieser Pfarrer möchte, dass die Menschen darüber reden, worüber sie nicht reden. Oder worüber wir, ab und zu im Stillen, wenigstens mit uns selbst reden. Er möchte, dass die Menschen das sehen, was sie nicht sehen. Oder ist es das, was wir alle die gesamte Zeit über sehr genau sehen, für das Worte zu finden wir aber Angst haben? Schorlemmer möchte, dass die Menschen das tun, was sie nicht tun. Oder das, was wir gern täten, wenn wir nur hilflos und machtlos genug dafür werden könnten. Hilflos werden – ja, das ist vielleicht die ganz große Botschaft. Den verbissenen Traum von der Rechthaberei und der eigenen Größe aufgeben. Fürsorglich sein, und diese Fürsorge sollte allem gelten, vom Kleinsten bis zum Größten, sie sollte den unfassbaren Verbindungen und Balancen all jener Bestandteile gelten, die in sich selbst ruhen und die das bedeuten, was Welt ausmacht. Und in dieser Welt ist der Mensch weder das Kleinste noch das Größte, weder das Beste noch das Wichtigste; ich lese aus dem Denken Schorlemmers heraus, dass der Mensch sich von anderen Wesen gewissermaßen nur dadurch unterscheidet, dass er das Wort »Gott« benutzen kann. Von daher nimmt dieser Pfarrer seine Kraft, hoffend zu bleiben. »Wir lernen, den Schatten, der über uns liegt und der in uns ist, anzunehmen und zu überwinden, durch erfahrene Liebe, die dann weitergegeben werden kann und soll. Sie ist nicht unsere Leistung, sie kommt aus Gnade.«

Liebe bedeutet, bis ins Politische hinein: Gerade weil wir Menschen ein Bewusst-Sein haben, tragen wir Verantwortung für die Wahrung und den Schutz dessen, was sich unserem Zugriff nach Wissen entzieht. Weil wir als einzige in der Lage sind, unser Leben denkend »lesbar« zu machen, tragen wir Verantwortung für die Wahrung und den Schutz des grundsätzlich Unlesbaren der Weltzusammenhänge. Das

Werk des Predigers widerspiegelt die menschliche Schwierigkeit, mit dieser Vielschichtigkeit, mit dieser Einheit von Fassbarem und Unfassbarem, von Begrenztem und Grenzenlosem wirklich liebend zu leben. Denn wie sollen wir konfliktfrei an einer vieldeutigen Welt festhalten können, die sich jeglicher Systematisierung (also Vergewaltigung) durch uns entzieht – während wir doch gleichzeitig fröhlich-unbedenkliche, kriegerische, besitzergreifende Systembauer sind. Der Theologe aus der Lutherstadt ist mit jener Selbstgewissheit begabt, die aus älteren Gewissheiten schöpft. Es gibt wenige, die so vehement wie er Aufklärer und unüberbietbarer Schwärmer zugleich sind. Mit Emphase schließt er zwei Räume zusammen, den bekannten weltpolitischen und jenen geheimnisvollen friedensgläubigen, der für Schorlemmer von Gott ausgeht: »Du berufst mich zum Leben unter Lebendigen.«

Er erzählt uns, wo Gott wohnt. Damit führt er uns in die unwirtlichste Gegend der Welt, die zugleich die geheimnisvollste Gegend ist, das Fernste, das wir kennen, und doch zugleich das Naheste, dem wir ausgesetzt sind. Es ist die ewige Leerstelle und der ebenso ewige Erfüllungsort: das eigene Ich. Schorlemmer will den Menschen gesprächsweise ermuntern für den Weg zu – sich selbst. Wo der Einzelne freilich auch erfährt: Was immer ich bin, ich bin niemals nur ich selbst. Aufrechter Gang erklärt den Menschen zu einem Geschöpf in der Senkrechten, einer Linie, die ihn erdet, aber auch übersteigt.

Was aber ist das – Gott? »An Dir«, bekennt sich Friedrich Schorlemmer, »in Gott, in Jesus Christus sehe ich, dass Sanftmut nicht Schwäche, Demut nicht Unterwürfigkeit, Friedfertigkeit nicht Passivität ist.« Nach Schorlemmer-Lektüren ahnt auch der Heidnische und ist vielleicht eine Winzigkeit weniger heidnisch: Gott ist nichts, worauf man mit Verehrung reagieren könnte; Gott ist schlichtweg alles, was sich noch an ihn wendet. Und fromm ist jener, der sich als etwas Einzelnes sieht, das aber ohne Aufhebung in einem Ganzen kalt und klanglos wäre.

Der Christ Schorlemmer weiß um die tiefe Kluft zwischen Kirche und Glaube, er weiß um den tiefen Riss, der die gepredigte Moral oft genug von der gelebten trennt, und deshalb ist ihm Christentum mehr denn je: teilnehmende, eingreifende Haltung gegenüber der Welt, Rückbesinnung auf eine wahrhaft natürliche Topografie von Zuneigung, Mitleid und Verständnis. Wo kluge intellektuelle Analytiker der Moderne messerscharf aufzeigen, dass täglich etwas unwiederbringlich zu Ende geht, und zwar: im eigenen Leben das Leben des Ganzen – da verweist der Prediger darauf, wie und warum weiterhin nur eines gilt:

zu retten. Es geht um die unentbehrliche Arbeit gegen eine »Entsakralisierung unserer Seelen und Körper« (Octavio Paz).

In seinen Predigten teilt uns Schorlemmer mit, woran Gott stirbt: Er stirbt daran, dass der Mensch dem Menschen nicht hilft. Am Tag tausend Mal. Aber wo der Mensch dem Menschen hilft, ist der Gott Schorlemmers wieder da. Der Heilige Geist in uns ist gleichsam das, was uns an Liebe gemeinsam ist; das wird immer wieder geschändet durch alles, was aus Unterschieden zwischen Menschen herrschaftlich herausgewirtschaftet wird. Auch tausend Mal am Tag. Solchen Ökonomen stirbt natürlich nie ein Gott: Sie sind ihr eigener Gott. Gegen einen Gott, der Leiden zulässt, weil sie der Mensch zulässt, setzen sie täglich einen Gott, der Leidende einschüchtert. Es ist ein interdisziplinärer Gott, und seine Wartung findet in Regierungen und Konzernen statt. So wie sich die Herren der Welt selber Gott sind, so ist ihnen der widerständische Mensch die Hölle. Mitten in der Demokratie.

Am liebsten ist der Gesellschaft »das schwerpunktsichere Raubtiergemüt« (Martin Walser): Bewegungen nur wegen Beute, nicht wegen Veränderung. Ansonsten bleut uns das verfügende Bürgertum Angst vor der Zukunft ein. Das scheint gelungen. Wir haben Angst. Wir kennen uns fast selber nicht mehr vor Stillstand. Und weil die Gesellschaft uns nur ein Selbstbewusstsein erlaubt, das nirgends wirklich hinreicht, deshalb sind wir so verletzlich und gegeneinander so feindselig.

3.

Im Jahre 2003 erlebte ich Friedrich Schorlemmer bei Lesungen auf Hiddensee, und ich erlebte ihn so, als läge am nächst erreichbaren Ufer der Insel nicht Rügen, sondern Irak. Die Kirche, in der er sprach, war im Dorf, aber er ließ die Kirche nicht im Dorf, dieses Dorf war ihm die Welt, über die er in hilflosem Zorn, schmerzender Ratlosigkeit und ermüdetem Sinnlosigkeitsempfinden wohl lieber geschwiegen hätte. Natürlich schwieg er nicht. Aber es muss viel Aufruhr in einem Charakter geschehen, wenn sich einer wie er, ein nachgewiesen entschiedener Gegner des DDR-Systems, im Hinblick auf Bush & Co. in verzweifelter Ironie – und dies in einem Gotteshaus – dann doch lieber »das gute, alte, vergreiste Politbüro« zurückwünscht. In der Inselkirche stand, wie ein paar Tage zuvor schon im nahe gelegenen Gerhart-Hauptmann-Haus Hiddensees, ein Mann, den Sorgen erregen – und der Sorgen erregen möchte bei seinen Lesern und Zuhörern. Leben als ständig neu zu bestehendes Zur-Welt-Kommen, als täglich neu aufgerufenes Einrücken in jene Probleme und Leidenschaften, die das Selbst an innerweltliche Aufgaben binden.

Der Theologe las an der Ostsee aus seinem Buch »Nicht vom Brot allein«, Texte übers »Leben in einer verletzbaren Welt«, und er war einmal mehr Wachrufer von Träumen und Verbindlichkeiten, die den einzelnen Menschen vor der seelisch tödlichen Voreiligkeit schützen, für die Dinge dieses Planeten kein Herz mehr haben zu wollen. Er spricht oft von der römischen Erde, auf der wir noch immer gehen – und von der römischen Ideologie, die wir noch immer leben. Denn: politische wie ökonomische Anmaßung allenthalben – die angesichts ihrer zerstörerischen Wirkungen stets nur noch starrer posiert. Am Abend auf Hiddensee, wo der Autor aus seinem Buch las, zitierte er Luther: Ein Baum, unter dem man Schatten hat – davor solle man sich verneigen.

Immer wieder hat der Wittenberger über den eigentlichen »Mehrwert« geschrieben – den des geteilten Brotes. Er beschwört das Glück der Dinge, die zählen – gegen die Dinge, die sich nur rechnen (wie es der Dichter Thomas Rosenlöcher ausdrückte). Er findet in den Werken von Brahms die Urgründe für den Sinn von Musik: Man hört immer nur, was hilft, um die donnernde Welt nicht zu hören; Musik als eine Chronik des unglücklichen Bewusstseins, das sich per Kunst kurzfristig aus einem drückenden Realitätsbann löst und sich aber somit in das versetzt, was man in heftigsten Sehnsüchten die bessere Welt nennt. Über die Herauslösung aus der Wirklichkeit zur Besinnung dafür kommen, wie der Welt zu helfen sei – das ist es. Über Barlach heißt es in einem Text: »Immer ist das, was er darstellt, mehr als das, was an Deutung darüber sagbar ist.« Dieser Satz erzählt den Zugang Schorlemmers zur Welt, ob er über BSE schreibt oder über den 11. September, über mediale Quoten oder das Stasi-Unterlagengesetz. Dieser Prediger ist kritisch, stößt in die Schründe des Seins vor, und doch wird er nicht Verräter an den Geheimnissen, an den Schönheiten, an den Möglichkeiten des Lebens. Dieser Christ ist in seiner Haltung gleichsam ein Samstagsautor, keiner des Freitags oder des Sonntags. Die Karfreitagssicht wäre die der Erschütterung und der von Kreuzigung geprägten Trauer. Die Ostersonntagssicht wäre die der Beglückung und einer von Auferstehung überstrahlten Freude. Schorlemmer schreibt samstags: in der Mitte zwischen Tragik und hymnischer Freude, im Kreuzungspunkt von Erwartung und Schmerz, dort, wo alles möglich ist an Gutem wie Verhängnisvollem, und just da sind die Spannungen des Herzens, des Denkens am größten.

»Gutmensch« Schorlemmer gehört zur inzwischen belächelten Spezies derer, die für den Menschen noch immer Begabung zum Gutsein behaupten. Aber diese Behauptung verteidigt er offenen Augs in einer Welt, in der die Frage steht: Warum soll einer gut sein, auf seine eigenen Kosten? Wir haben nichts mehr, was uns zurückhält. Mitteleuropäische Bankiers verwalten blutbeflecktes Geld ausländischer Diktatoren, und unsere Wirtschaft profitiert vom Blutgeld. Also geht es uns gut. So verzweifelt ist die Lage. So verzweifelt ist Schorlemmer. Über einen gesellschaftlichen Umgang, der von den Verwaltern des Leistungsprinzips bestimmt wird – indem sie den Menschen dazu treiben, sein moralisches Verhalten firmenabhängig und aufstiegsgebunden zu betreiben. Aus dem sozialistischen Prinzip einer einzigen gültigen Moral, die sich als unfähig erwies, den Menschen gut zu machen, wurde das Prinzip einer kapitalistischen Unmoral: Gutsein ohne Preis lohnt sich nicht. Moralkarosserie freilich muss weiterhin sein!, stellt der Autor beobachtend fest.

Oft erinnert er in Reden und bei Lesungen an die Geschichte von Kain und Abel, an die verräterische, den Graben der Entsolidarisierung aufreißende Erkundigung des menschheitlichen Anfangs: dass da einer fragt, ja, soll ich etwa meines Bruders Hüter sein? Auf Hiddensee zitierte der Theologe »die kleine, zierliche, große Hilde Domin«, die meinte, wenn aus dieser furchtbaren, verantwortungslosen Frage der Satz werde: Ja, ich bin meines Bruders Hüter, immer und unbedingt! – dann sei der Tag gekommen, an dem die Welt in Ordnung ist.

4.

Dem Manne, der das Dennoch-Sagen zu seiner Lieblingstugend erklärte, dem der Spatz zwischen Pferdeäpfeln zum Lieblingsvogel wurde – ihm sieht man an, dass er gern eine öffentliche Person ist. Er ergreift das Wort, und zwar immer so, dass sich ihm jeder Begriff auch wieder entziehen kann: Er glaubt nur an das, was sich nicht festmachen lässt an nur einer einzigen Wahrheit. Er weiß, dass man auch dort nur auf Sand baut, wo man Beton aufschüttet. Das schreibt sich heiter hin, aber es ist auch bitter; denn wer möchte nicht eine feste Burg um seine dünne Haut, und diese feste Burg muss nicht immer gleich Gott sein.

Der Verehrer von Anti-Helden wie Jeremia, Jesus, Franziskus hat bei seinem Reden – er ist Redner von Beruf – eine Freiheit im Blick, die sich nicht frei machen möchte von demjenigen, den er anspricht. Er will auch empfangen, obwohl er gern aussendet. Er denkt gern laut, aber er ist nie in die große Politik gegangen. Vielleicht, weil dort, im besten Falle, Vordenker erwartet werden; das sind selten Denker. Er urteilt gern, aber weniger gern fällt er Urteile. Weil sie dann wie Steine fallen. Steinigung ist keine Gesprächsart.

Der Prediger arbeitet an Fragen, und das Suchen nach Antworten wird ihn nie aus Grenzbereichen herausretten können, Grenzbereichen zwischen öffentlicher Anerkennung und Reichweite sowie sehr außenseiterischen, also unangenehmen Erfahrungen. »Scheitern können, ohne verzweifeln zu müssen, das ist es, was mich an ihm besticht in meiner Weltzeit, da die Schatten lang geworden sind.« So Schorlemmer über seinen Jesus. Die Politik hilfreich, geradezu tröstend über eine Jahrtausende alte blutige Enge und tödliche Starre zu locken – dies ist das Arbeitsgebiet. Im demokratischen Staat ist der Bürger zwar frei, unter seinen Wünschen zu wählen, doch kann er niemals sicher sein, ob er sich für das entschieden hat, was er wirklich braucht. Schorlemmer bringt uns deshalb in seinen Büchern, Reden, Texten jene Dimension des Tragischen in der menschlichen Bedürftigkeit zurück, die in der politökonomischen Verfasstheit des kapitalistischen, des kapitalisierten Menschen so bitter zum Ausdruck kommt: Es ist dieser Mensch, der die Natur (auch seine eigene) unterwirft, um sich als Sklave in einer materiell aufstrebenden Bedürfnisspirale wiederzufinden, die er selbst erzeugt hat.

Er war Vikar in Halle-Neustadt, Jugend- und Studentenpfarrer in Merseburg, heute arbeitet das SPD-Mitglied, Vorsitzender des Berliner Willy-Brandt-Kreises, in der Lutherstadt Wittenberg, an der Evangelischen Akademie von Sachsen-Anhalt. Er hat gegen die Schwerter des »sozialistischen« Militarismus seine Pflugscharen gesetzt, und er hat uns Genossen der SED gnadenlos ironisiert, indem er uns just das sowjetische Umschmiede-Denkmal vorm New Yorker UNO-Gebäude zum Anlass erhob, ihn antisozialistisch zu nennen. Er war mutig in der DDR, wie viele der Wenigen. Er war wohl sogar gefährlich: Er offenbarte nämlich, dass jedes wirkliche Denken zwar Mut aufbringen muss, sich aber erst darin beweist, dass es Anmut durchhält.

Der prometheische Mensch erschuf den Fortschritt und sich selbst immer wieder neu, und inzwischen ist er blind geworden gegenüber seinen wahren, seinen natürlichen Bedürfnissen. Sehend werden, das heißt für Schorlemmer: wieder empfindlich werden. Besagte Nächstenliebe ist das Uralte, doch manchmal kommt diese Liebe uns vor, als gliche sie Kinderschuhen, die uns drücken, weil wir ihnen entwachsen sind. Aber dann muss man auch sagen: Wir kriegen keine neuen. Also barfuß in die große Weltzukunftskälte? Schorlemmer gehört zu denen, deren Beruf es ist, dagegen im wahren Sinne ein gutes Wort einzulegen.

5.

Die DDR neigte sich ihrem Ende zu. Wir, die wir dieses Ende noch immer und immer zähnefletschender »Sozialismus« nannten, hatten uns auch diesen Schorlemmer zum Feind erklärt. Am 15. September 1989, knapp einen Monat vor der Entmachtung Honeckers, stand auf Seite 1 der Jungen Welt, die ich als Chefredakteur verantwortete: »Nicht sich drehen und winden unter den Schlägen des Gegners, heulen, winseln und Entschuldigungen stammeln ... Wiederhauen muss man, für jeden feindlichen Hieb zwei, drei zurück. Das war unsere Taktik von jeher, und wir haben bis jetzt, glaub' ich, noch so ziemlich jeden Gegner untergekriegt.« Eine Äußerung von Friedrich Engels, herübergeholt in den aktuellen Missbrauch. Missbrauch nannte ich damals Überzeugung. Als Feind gemeint war auch der Pfarrer aus Lutherstadt Wittenberg.

Als ich drei Jahre später in der Redaktion »Neues Deutschland« arbeitete, sollte Schorlemmer gewonnen werden, einen Artikel für das Blatt zu schreiben, das ihn ebenfalls bis zum Sturz Honeckers verhöhnt, beschimpft, befeindet hatte. Er sagte zu, nicht ohne am Telefon darauf hinzuweisen, dass ihn meine Redakteurstätigkeit befremde. »Herr Schütt sollte, bevor er wieder zum Stift greift, erst ein paar Jahre mithelfen, Chemie- und Eisenschrott in Bitterfeld abzutragen.«

Diesen Mut habe ich nicht gehabt. Aber inzwischen ist – ohne zuzudecken, was war – ein partnerschaftliches, anregendes Verhältnis zwischen uns gewachsen.

Denoch: Auch Jahre nach den DDR-Ereignissen finde ich bei Begegnungen mit Menschen wie Friedrich Schorlemmer nicht zu wirklicher Freiheit. Es blieb, wie Günter Grass in seinen eigenen biographischen Zusammenhängen formulierte, »nachwachsende Scham«.

6.

Danksagung.

An Gabriele Roth, die aus Tonbandmaterial einen Manuskriptberg machte. An Irka und Hannes Braun vom Skihotel Stierer in Ramsau am Dachstein. An Andreas und Thomas Meinhof vom Hotel »Godewind« in Vitte/Hiddensee.

Dank an Friedrich Schorlemmer. Er wird ob meiner Autorenschaft Fragen gestellt bekommen. Als könne sich Gegnerschaft nie wandeln.

DAS ERSTE GESPRÄCH

Rilkes Fragen im Brief an Lotte H.
Nomadische und sesshafte Existenz
Kleist im Gebüsch
Angst vor den Kommunisten
Resonanzräume gegen Sorgen
Lehrer als »arme Schweine«
Sehr deutsche Vornamen
Vier furchtbare Fernsehminuten
Eiseskälte und Sterne zur Nachtzeit

FRIEDRICH SCHORLEMMER

DIE PRÄPARIERTE ZEIT UND DIE BLUMENUHR (2003)

In der präparierten Zeit leben wir, in einer Zeit, in der alles nach dem physikalischen Zeitmaß gemessen wird und andere Zeitmaße kaum eine Rolle spielen: die qualifizierte Zeit und die Langeweile, das unfassliche Augen-Blicks-Glück, das geduldige Warten, das unmerkliche Wachsen. Die Zeit eines langsamen Satzes in einer Symphonie. Alles hat auch eine physikalische Zeit, aber unser Leben darf sich nicht unter das Diktat der physikalischen Zeit bringen. Wir sind im Joch der Zeit, die wir messen, und wir sind in den Strudel der Zeit gerissen, in der Beschleunigung alles ist. Und da finde ich eine Blumenuhr in einem Tabellenbuch zur Ökologie. Eine Blumenuhr. Schauen Sie einmal. Irgendwie ist so eine Liste komisch, aber auch wunderbar.

Blumenuhr
(Zeiten des Öffnens und Schließens der Blüten)

Wiesenbocksbart, 2-3 Uhr, 9-10 Uhr
Dreifarbige Winde, 3-4 Uhr
Natterkopfartiges Wurmkraut, 4-5 Uhr
Knolliger Löwenzahn, 4-5 Uhr, 15-16 Uhr
Wilde Zichorie, 4-5 Uhr, 11-12 Uhr
Sanddistel, 4-5 Uhr, 11-12 Uhr
Braunrote Taglilie, 5-6 Uhr, 20-21 Uhr
Gewöhnlicher Löwenzahn, 5-6 Uhr, 9 Uhr
Tingitanische Gänsedistel, 5-6 Uhr, 10 Uhr
Purpurroter Hasenlattich, 5-6 Uhr
Wiesenferkelkraut, 6-7 Uhr, 17 Uhr
Kriechendes Habichtskraut, 6-7 Uhr, 13-15 Uhr
Ackergänsedistel, 6-7 Uhr, 11-12 Uhr
Weiße Seerose, 6-7 Uhr, 18 Uhr
Gelbe Teichrose, 6-7 Uhr
Ringelblume, 6-7 Uhr
Herbstlöwenzahn, 7-8 Uhr, 19-20 Uhr

Bloß eine Tabelle, aber es ist ein Wunder. Zeit für die Wunder behalten, für die ganz alltäglichen Wunder. Zeit nicht nur wahrnehmen im Urlaub, sondern jeden Tag. Aber wer kann das schon mitten im Gewühl dieser Hektik, dieser Lautstärke, in dieser Stückzahllogik, in dieser Welt, in der der schnellstmögliche Menschen- und Warenaustausch über jedes Naturargument hinausgeht und darüber hinwegfährt. Wir beschleunigen uns und wissen kaum noch, wofür. Oder wissen Sie es?

HANS-DIETER SCHÜTT: *Sie haben einmal gesagt, Ihr Beruf sei im Grunde eine Anmaßung. Herr Schorlemmer, was maßen Sie sich eigentlich an?*

FRIEDRICH SCHORLEMMER: Die Anmaßung besteht darin, dass ich, um über Gott reden zu dürfen, kein Berufungserlebnis vorweisen kann.

HANS-DIETER SCHÜTT: *Woraus schöpfen Sie?*

FRIEDRICH SCHORLEMMER: Ich schöpfe aus einem Leben, das sich durch sich selber bezeugt, das sich auf biblische Texte konzentriert, das Poesie wahrnimmt und du-bezogen bleibt, ein Leben also, das im Reden von Gott doch ein menschliches, ein menschenbezogenes Reden ist.

HANS-DIETER SCHÜTT: *Die theologische Rede ist subjektive Rede?*

FRIEDRICH SCHORLEMMER: Ja, sie reicht aber über die existentielle Dimension hinaus. Indem sie generalisierende Aussagen versucht, die dem Einzelnen einen anderen Horizont geben.

HANS-DIETER SCHÜTT: *Die existentielle Dimension – welche ungeklärte Frage wäre das?*

FRIEDRICH SCHORLEMMER: Rainer Maria Rilke hat im November 1915 einen Brief geschrieben, an Lotte Heppner, und da stehen die Fragen drin, die wir nie loswerden. »Wie ist es möglich, zu leben, wenn doch die Elemente dieses Lebens uns völlig unfasslich sind? Wenn wir immerfort im Lieben unzulänglich und im Entschließen unsicher und dem Tode gegenüber unfähig sind, wie ist es möglich, da zu sein?«

HANS-DIETER SCHÜTT: *»Hier stehe ich – Martin Luther«, so heißt eines Ihrer Bücher. Wer ist Ihnen näher von den Antipoden jener Zeit? Der feinsinnige Erasmus von Rotterdam, dem alles, was ihn erregte, friedfertig ins Gemüt sank? Oder eben Luther, dieser Pater ecstaticus, dem Zorn und Aktionskraft gleichsam die Adern sprengten?*

FRIEDRICH SCHORLEMMER: Auf der einen Seite liebe ich die differenzierende Argumentation von Erasmus, auf der anderen Seite weiß man ja, dass die allzu Differenzierenden mitunter auch schlichtweg feige sind – und an der Stelle bleibt mir Luther wichtig.

HANS-DIETER SCHÜTT: *Also: Irgendwann müssen die Zweifel dem klaren Standpunkt weichen?*

FRIEDRICH SCHORLEMMER: Ja, damit eine Sache praktisch bleiben kann.

HANS-DIETER SCHÜTT: *Manchem aber geht die Emotion so durch, dass das Denken nicht standhält.*

FRIEDRICH SCHORLEMMER: Bleiben wir bei Erasmus, er war Feinsinn an sich. Ein Friedensforscher par excellence. Aber solche wie er haben ein verträumtes Menschenbild, und sie konstruieren sich den dazu passenden Menschen. Luther dagegen besitzt kein Menschenbild – er hat ein sehr realistisches, um nicht zu sagen resigniertes Bild vom Menschen. Lange vor Sigmund Freud ging Luther davon aus, dass wir nicht Herr im eigenen Hause sind. Wir haben uns nicht in der Hand.

HANS-DIETER SCHÜTT: *Sondern?*

FRIEDRICH SCHORLEMMER: Es hat uns in der Hand.

HANS-DIETER SCHÜTT: *Es. Gott oder Teufel?*

FRIEDRICH SCHORLEMMER: Das genau ist immer die Frage. Wir selber sind jedenfalls nicht Herr im eigenen Hause.

HANS-DIETER SCHÜTT: *Die Kernfrage der Theologie? Freiheit oder Unfreiheit des menschlichen Willens?*

FRIEDRICH SCHORLEMMER: Die Welt ist änderbar – das ist die klare Antwort auf die Zyniker, die das in Abrede stellen. Andererseits: Nur wenig ändert sich auf Dauer wirklich. Alles fängt immer wieder bei Adam und Eva an und setzt sich bei Kain und Abel fort. Luther ist skeptisch im Blick auf den Menschen und dessen angebliche große Fähigkeit, den Graben zwischen Sein und Sollen, Anspruch und Wirklichkeit aus eigener Kraft zu überspringen. Der Mensch kann es nicht, und am gefährlichsten werden wir dort, wo wir den Graben gar nicht mehr sehen wollen. Wir sind »allzumal Sünder und ermangeln des Ruhms«, schreibt Apostel Paulus. Wir alle! Luther ist aber zugleich zuversichtlich – im Blick auf den Menschen, der nicht nur erlösungs*bedürftig*, sondern auch erlösungs*würdig* und *-fähig* ist.

HANS-DIETER SCHÜTT: *Was heißt Erlösung?*

FRIEDRICH SCHORLEMMER: Ein gelöstes Leben – ohne Überhebung, ohne Selbstüberanstrengung, sondern im Bewusstsein: Ich bin begnadet, weil es mich gibt. Ich bin ein geliebtes Wesen. Ich bin wertvoll, ich bin mehr, als ich je leisten kann und soll. Luther fragt nicht nur, wie kommen wir mit dem Leben gut zurecht, er fragt, wie kommen wir zu einem geheilten Leben, aus dem ein geheiligtes wird.

HANS-DIETER SCHÜTT: *Heil statt Wohl-Stand.*

FRIEDRICH SCHORLEMMER: Heil nicht ohne Wohl, Gott nicht ohne Brot. Leben aus Vertrauen: Ich gebe mich mit allem hin, was mir gegeben ist – und gewinne so Kraft, etwas zu tun. Was dieser Welt gut tun möge. Aber ich muss die Welt nicht retten.

HANS-DIETER SCHÜTT: *Es gibt ein Foto, Sie unter einem Luther-Wandspruch: »Niemand lasse den Glauben daran fahren, dass Gott an ihm eine große Tat will.«*

FRIEDRICH SCHORLEMMER: Das ist bundesdeutsches Grundgesetz, nur anders formuliert. Die Würde des Menschen ist unantastbar, sie ist unbedingt zu schützen. Der Indikativ geht dem Imperativ voraus. »Du bist wer!« – die Grundbotschaft der Reformation. Jede und jeder hat eine Gabe mitbekommen. Nun tu etwas mit deinen Begabungen!

HANS-DIETER SCHÜTT: *Wir sind von Imperativen umstellt.*

FRIEDRICH SCHORLEMMER: Ja, wir werden erdrückt davon: Du sollst etwas leisten! Du bist, was du leistest! Das ist das Grausame am puren Kapitalismus. Nein, ich bin als Mensch etwas vor all meiner Leistung.

HANS-DIETER SCHÜTT: *Wie haben denn Sie davon erfahren, was Gott mit Ihnen vorhat?*

FRIEDRICH SCHORLEMMER: Früh schon habe ich mich umstellt gefühlt von Drohungen, Verboten, Angstmachern – lauter Dingen, die mir das Selbstbewusstsein nahmen. Mit fünfzehn, sechzehn litt ich zudem daran, dass ich mehr von mir forderte, als ich zu bringen vermochte. Und habe so zu dem gefunden, was ich wirklich konnte. Eigentlich ganz einfach: Dass ich wertvoll bin, das habe ich durch Menschen in meinem Lebensumfeld erfahren, die mich lieben.

HANS-DIETER SCHÜTT: *Sie sprachen vom Glauben ins Voraussetzungslose unserer Existenz. Was nützt das in einer Welt, in der wir von Interessen und Kalkülen geradezu verätzt sind?*

FRIEDRICH SCHORLEMMER: Wenn ich das beantworten könnte ... Herder sagt, wir seien die Lieblingsidee Gottes gewesen. Man muss allerdings sagen, er hat mit uns auch noch geübt. Jedenfalls mit dem Menschen, der als »Adam«, als der Mann gilt. Da ist von Beginn an etwas schief gelaufen. Nehmen Sie den Kampf zwischen der nomadischen und der sesshaften Existenz. Beides kennzeichnet ein grundverschiedenes Verhältnis zu Besitz und Natur. Gesiegt hat die Besitz ergreifende sesshafte Welt, das könnte die Erde kaputtmachen. Keinem gehört etwas, aber alle fühlen sich für alles verantwortlich – das wäre nomadisch.

HANS-DIETER SCHÜTT: *Herr Schorlemmer, in Heiner Müllers Stück »Der Auftrag« sagt eine der Figuren, sie schäme sich, in dieser Welt glücklich zu sein. Das schmerzt in seiner Wahrhaftigkeit. Aber es gibt einen Widerspruch zwischen denen, die fortwährend die kapitalistische Gesellschaft anklagen, und dem Alltag der Menschen. Das alltägliche Leben ist vielfach anders, es ist lustvoller, als es diejenigen an die Wand malen, die in allem nur Zerfall und Klassenkampf sehen.*

FRIEDRICH SCHORLEMMER: Es gibt Welterlöser, die sind selber so unerlöst, dass man sich nur wünschen kann, sie kämen nie ans Ruder. Das geht durch alle Gruppen von Menschen, die sich leidenschaftlich für etwas engagieren und darin, naturgemäß, etwas vereinseitigen. Darunter sind faustgeballte Leute, in deren Nähe mir keine Tasse Tee mehr schmeckt. Die sagen mir dauernd, die Welt sei grausamer, als ich es selber weiß. Die schulen mich in Steigerungsformen des Gesellschaftshasses. Die haben meistens sogar furchtbar Recht, aber sie rauben mir mit ihrer Wahrheit alle Kraft und Lust.

HANS-DIETER SCHÜTT: *Kraft, sich des Glücks gewahr zu werden, das immer und überall möglich ist?*

FRIEDRICH SCHORLEMMER: Ja. Wenn man sich dieser Kraft beraubt, hat man irgendwann auch keine Kraft mehr, gegen das Unrecht zu kämpfen. Wer laufend nur gegen das Unglück kämpft, ohne selber glücklich zu sein, der kann andere nicht mobilisieren. Wer im Zorn auf die Zustände der Welt nicht trotzdem auch eine bestimmte Gelassenheit lebt, gefährdet seine Seele. Ich vermute, dass die großen Ideologen sehr unglückliche Menschen sind.

HANS-DIETER SCHÜTT: *Nun leben wir in einer Gesellschaft, in der Glück bedenklich und medial sehr massiv an Erfolg, an Sieg gebunden ist.*

FRIEDRICH SCHORLEMMER: Eben deshalb muss an der Gegenwelt gebaut werden. Es gibt einen Stolz des Scheiterns gegenüber diesen fatal verabsolutierten Erfolgs-Maßstäben. Eine Gesellschaft ist in dem Maße human, in welchem der Verlierer glücklich sein kann. Indem er sich nämlich selbst als Verlierer darauf besinnen darf, was er hat, sich nicht auf das besinnen muss, was andere mehr haben.

HANS-DIETER SCHÜTT: *Der Sänger Gerhard Gundermann sagte: »Ich habe nichts von dem, was ich will – aber ich habe alles, was ich brauche.« Und Dostojewski fragt, wie man eigentlich an einem Baum vorbeigehen könne, ohne glücklich zu sein!*

FRIEDRICH SCHORLEMMER: Schön! Ich sage jeden Morgen: Mein Gott, schon wieder ein Tag! Heute eine gelungene Zeile von Goethe lesen, ein paar Töne Brahms hören, Cello-Konzerte mit Casals. Davon noch einen Tag und noch einen Tag! Die Tage werden nicht reichen! Natürlich gibt es Stunden, da erreicht mich nichts. Aber auch dann weiß ich, dass ich über einen Resonanzraum in mir verfüge, den die Sorgen nicht zubetonieren können.

HANS-DIETER SCHÜTT: *Was liegt der Natur des Menschen näher – Faschismus oder Kommunismus?*

FRIEDRICH SCHORLEMMER: Leider Faschismus. Er entspricht mehr unserer Natur. Mit darwinistischen Urinstinkten umgehen zu lernen – das erst ist Menschwerdung. Wie gesagt: Nicht nur der sein, der wir dauernd sein müssen, sondern auch der, der wir sein könnten! Das Christliche muss sich gegen das gefährliche Natürliche wenden, darf es aber, selbst im schönsten Traum, nicht übergehen oder leugnen – wir bleiben Menschen. Egozentrismus des Einzelnen und Abschottung von Gesellschaften, das sind unsere starken Gefährdungen.

HANS-DIETER SCHÜTT: *Sie sind Pfarrer, Sie verbreiten zumindest Trost, wenn nicht gar Hoffnung. Manchmal wider das eigene Wissen?*

FRIEDRICH SCHORLEMMER: Jeder Prediger ist auch »Jakob der Lügner«. Und doch kein Lügner, sondern einer, der über die Abgründe hinweghilft.

HANS-DIETER SCHÜTT: *Gibt also falsch Zeugnis?*

FRIEDRICH SCHORLEMMER: Wer den Leuten was Falsches verspricht, soll sich trollen! Aber wer ihnen, und sei es aus Wahrheitsliebe, die Hoffnung nimmt, nimmt ihnen auch die Kraft, sich der Wahrheit zu stellen. Es muss einen wirklichen Grund für Hoffnung geben, und dieser Grund liegt nicht nur in dem, was uns die Erfahrung zuliefert. Es gibt den Eigenwert des Hoffnungspotentials, das auf produktiver Projektion beruht.

HANS-DIETER SCHÜTT: *Sie sehen nicht nur Untergang rundum.*

FRIEDRICH SCHORLEMMER: Jesaja 9: »Das Volk, das im Finstern wandelt, sieht ein großes Licht.« Wahrheitssuche geht nur mit Satz und Gegensatz.

HANS-DIETER SCHÜTT: *Die Wahrheit ist nackt, weil sie mit allen teilen muss.*

FRIEDRICH SCHORLEMMER: Ja. Alte Leute sind schrecklich und wunderbar – Jugend ist wunderbar und schrecklich. Und beides wäre jeweils genau belegbar. Wir Eichmann-Söhne, wir Christus-Brüder. Wie viel von beidem ist in einem selbst? Bei Lessing gibt es einen wunderbaren Text. (*Er geht zum Bücherregal, findet sofort, was er suchte*): »Nicht die Wahrheit, in deren Besitz irgendein Mensch ist oder zu sein vermeint, sondern die aufrichtige Mühe, die er angewandt hat, hinter die Wahrheit zu kommen, macht den Wert des Menschen, denn nicht durch den Besitz, sondern durch die Nachforschung der Wahrheit erweitern sich seine Kräfte, worin allein seine immer wachsende Vollkommenheit besteht. Der Besitz macht ruhig, träge, stolz. Wenn Gott in seiner Rechten alle Wahrheit und in seiner Linken den einzigen, immer regen Trieb nach Wahrheit, obschon mit dem Zusatze, mich immer und ewig zu irren, verschlossen hielte und spräche zu mir: ›Wähle!‹ Ich fiele ihm mit Demut in seine Linke und sagte: ›Vater, gieb, die reine Wahrheit ist ja doch nur für dich allein!‹« Wunderbar! Lessing, in seiner Auseinandersetzung mit dem Hamburger Hauptpastor Goeze. Also: Es gibt die Wahrheit, aber ich habe sie nicht, werde sie nie haben und werde demnach auf der Suche danach immer irren. Aber erst die Suche bringt Spannung ins Leben.

HANS-DIETER SCHÜTT: *Sie sprachen eben von Christus-Brüdern – und Eichmann-Söhnen. Sind Sie selber sich Ihrer Abgründe bewusst?*

FRIEDRICH SCHORLEMMER: Manchmal bin ich froh, nicht die Macht zu besitzen, um das in die Tat umzusetzen, was mir meine destruktiven Emotionen eingeben.

HANS-DIETER SCHÜTT: *Wünschten Sie jemandem schon mal den Tod?*

FRIEDRICH SCHORLEMMER: Im Zorn, ja. Im Vaterunser bitten wir: Führe uns nicht in Versuchung. Ich stelle mir vor, ich wäre im Jahre

1995 ein Kroate gewesen oder wäre jetzt ein gläubiger Schiit. Oder ein Hinterbliebener der Gewalt in Palästina/Israel. Manchmal erscheint mir im Traum, was ich als Kind Tieren angetan habe. Was an Gewaltpotential in einem steckt, weiß man vorher nie. Es geht darum, Situationen zu vermeiden, in denen es ausbrechen könnte. Ganz praktisch: Ich darf in der Sache wohl hart urteilen, muss aber in der Verurteilung von Personen vorsichtig bleiben. Seit ich US-Minister Rumsfeld lachen hörte, weiß ich, warum ich nicht in der Hölle sein will. Aber ich darf einen Menschen nicht in die Hölle wünschen! Nicht mal den!

HANS-DIETER SCHÜTT: *Noch einmal zu Luthers »Hier stehe ich ...« Nennen Sie eine Situation, in der diese Prüfung, diese Unausweichlichkeit für Sie selber galt.*

FRIEDRICH SCHORLEMMER: (*nach langer Pause*) Das war bei der Idee des Tribunals, bei dem es um die Auseinandersetzung mit Verantwortungsträgern von DDR und SED gehen sollte. Ich konnte nicht anders, als mich von Freunden zu trennen – weil ich nicht mittragen wollte, aus dieser Erkundung von Wahrheit einen Gerichtsvollzug zu machen, bei dem die Verurteilten vorher feststehen. Da gab es einen Riss zwischen mir und Menschen, die mir viel wert waren.

HANS-DIETER SCHÜTT: *»Ich kann nicht anders« – das hieß?*

FRIEDRICH SCHORLEMMER: Beim Ziel der Versöhnung zu bleiben, die freilich nicht ohne schwierige, belastende Wahrheit zu haben ist. Die aber Wahrheit nicht als Keule benutzt, um noch einmal zu schlagen. Einen Feind, den man »gefressen« hat, den muss man irgendwann auch mal »ausscheißen«. Feindschaft in Frieden begraben!

HANS-DIETER SCHÜTT: *Wie sollte sie denn stattfinden, die Beschäftigung mit der Vergangenheit?*

FRIEDRICH SCHORLEMMER: In der Auseinandersetzung mit der DDR wünschte ich mir eine Atmosphäre ...

HANS-DIETER SCHÜTT: *Wünschte oder wünsche?*

FRIEDRICH SCHORLEMMER: Ich *habe* sie mir gewünscht, diese Atmosphäre, schon ganz am Anfang des Vereinigungsprozesses, ich hatte eine ganz reale Erwartung, damals, in der Euphorie der Umwälzungen. Jetzt sage ich: Ich *hätte* mir diese Atmosphäre gewünscht, es ist also eine Aussage im Konjunktiv. Was ja eine Absage bedeutet, denn an die Erfüllung des Wunsches glaube ich kaum noch. Alles zu verkantet, alles zu verhärtet. Bei der Auseinandersetzung mit der DDR wäre eine Atmosphäre zu entwickeln gewesen, in der jeder Verstrickte so erzählen kann, dass man den Zusammenhang versteht, in dem er handelte. Es geht nicht um Rechtfertigung, aber sehr wohl ums Verstehen, darum, Motive der Verstrickung nicht a priori als moralisch verwerflich abzutun. Es wäre darum gegangen, Tätern ganz klar zu sagen: Es war unsäglich, was du getan hast, aber es ist gut, dass wir jetzt um den Zusammenhang deiner Tat wissen, und du kannst erhobenen Hauptes leben, ohne dass du auf alle Zukunft hin von anderen regelrecht kleingelebt wirst. Daneben gibt es Taten, die strafrechtlich relevant sind und strafrechtlich behandelt werden müssen.

HANS-DIETER SCHÜTT: *Nicht jeder, der die DDR hasste, wird sich mit jedem, der die DDR Vaterland nannte, versöhnen müssen. Gräben können tief sein. Und manche bleiben tief. Aber miteinander reden und gegensätzliches Empfinden versachlichen – das kann schon viel sein. Freilich müsste Sorge getragen werden, dass hinterm Willen zur Versöhnung, den die einen aufbringen sollten, sich nicht der Unwille zur Selbstbefragung breit macht, mit dem andere, die Täter, versuchen, eigener Verantwortung für die Deformationen einer Idee und die Verfolgung von Menschen auszuweichen. Dass zum Beispiel eine Enquete-Kommission eine linke »alternative Enquete-Kommission« auf den Plan rief, verdeutlichte das Dilemma. Zwei Wahrheiten gingen verkniffen in den Clinch, zermahlten, auf was es ankäme: Wahrheit. Immerhin: Wahlfälscher- und Mauerschützenprozesse hatten ihren Sinn im juristisch erzwungenen Anlass, sich selbst zu befragen, was man in gleicher Lage getan, entschieden hätte. Warnstücke sind es gewesen gegen die Pille Befehlsnotstand, die jeder Mensch vorsorglich immer mit sich trägt. Die Opfer gaben Opfern vielleicht auch ein winziges Gefühl von Gerechtigkeit zurück, ja, auch das. Es ist so wenig nicht.*

FRIEDRICH SCHORLEMMER: Ich habe nie gesagt, es würde einem Menschen die Tat vergeben. Aber: Es wird dem Täter vergeben. Nicht die

Tat wird entsühnt, sondern der Täter. Das heißt: Die Tat wird nicht etwa durch Vergebung erledigt und nivelliert, es wird da keine religiöse Soße darüber gegossen, so dass die Tat, obwohl sie ganz schwarz war, jetzt golden glänzt. Nein, das nicht. Aber der Täter wird nicht für alle Zeit und unabänderlich mit seiner Tat identifiziert, obwohl die Tat natürlich untrennbar zu ihm gehört. Die Tat ist in der Welt, und es gibt, wenn nötig, eine juristische Verurteilung mit rechtsstaatlichen Mitteln.

HANS-DIETER SCHÜTT: *Was heißt in christlicher Praxis: lutherisch?*

FRIEDRICH SCHORLEMMER: Auf jeden Einzelnen kommt es an. Jeder ist unmittelbar in Gott: Du bist frei, und du bist verantwortlich. Lutherisch heißt, dass Kirche nichts direkt mit dem Geschäft der Politik zu tun haben soll. Aber Kirche hat viel, sehr viel mit menschlichem Anstand und aufrechter Haltung zu tun. Lutherisch heißt auch: Das Pfarrhaus ist ein Träger von Kultur. Ein nächster Aspekt ist eine gewisse Obrigkeitshaltung, der Hausherr ist wirklich der Hausherr, und die Erziehungsgrundsätze sind streng. Das habe ich durchaus gespürt und zu schätzen gelernt. Die von Luther geprägten Christen haben ein gesundes Verhältnis zu den Sinnen des Menschen. Die essen gern, die trinken gern Wein, die zeugen gern viele Kinder. Aber ich habe, zum Beispiel bei meinem Großvater, auch eine besondere Frömmigkeit erlebt. Da war der tägliche Umgang mit der Heiligen Schrift, auf nüchternen Magen schon, vor dem Frühstück und sehr ausführlich. Das Wort für den Tag, die Fürbitte – das richtete sich nicht nur auf ihn selbst, das war aktives Mitgefühl zum Beispiel für alle, die in der Gemeinde krank waren; es war eine familiär gepflegte Frömmigkeit, die einen unbedingten Weltbezug hatte.

HANS-DIETER SCHÜTT: *Herr Schorlemmer, Sie wirken stets sehr selbstgewiss.*

FRIEDRICH SCHORLEMMER: Ich trage meine Zweifel nicht so zu Markte, dass sie ansteckend werden.

HANS-DIETER SCHÜTT: *Das schafft ein Selbstbewusstsein, das angreifbar macht.*

FRIEDRICH SCHORLEMMER: Ich weiß. Aber Sie können sicher sein: Manche Festigkeit gilt nur für den Moment, da ich sie ausdrücke. Während ich etwas weitergebe mit meinen Worten, wirke ich gewiss eitel. Bevor ich das, was ich sagen möchte, formuliert habe, bin ich verzweifelt. Nachdem ich etwas gesagt, gepredigt habe, bin ich verstört, unsicher. Wenn etwas angenommen wird von dem, was ich sagte, dann bin ich glücklich.

HANS-DIETER SCHÜTT: *Welches Verhältnis hat der Prediger Schorlemmer zum Schweigen?*

FRIEDRICH SCHORLEMMER: Ein schuldhaftes. Ich möchte mir mehr Zeit zum Schweigen nehmen. Ich weiß: Mehr Schweigen täte meinem Reden gut.

HANS-DIETER SCHÜTT: *Guter Auftakt für lange Interviews. Waren Sie als Kind einsam? Litten Sie als Pfarrerskind unter der Außenseiterrolle?*

FRIEDRICH SCHORLEMMER: Ja und nein. Ich hatte immer Vertraute, gute Freunde, freilich nicht immer in meiner Klasse. Aber ich war auch sehr viel allein, und ich wollte es sein. Ich hatte Aversionen gegen das Laute, Ungebärdige, Kollektive. Und weil gerade vom Schweigen die Rede war: Max Piccards Buch »Die Welt des Schweigens« lag immer offen bei den Sachen meines Vaters. Das Schweigen hat mich seit jeher beschäftigt – das produktive Schweigen, das Angstschweigen, das solidarische Schweigen. Schweigen nicht nur als Not, sondern auch als Gnade. Nicht nur schweigen müssen, auch schweigen dürfen.

HANS-DIETER SCHÜTT: *Schweigen als Form der Unangreifbarkeit.*

FRIEDRICH SCHORLEMMER: Ja, natürlich, Schweigen auch als eine Form von Festigkeit, von Sammlung. Es gibt eine Größe des Schweigens, aber es gibt auch eine unerträgliche Arroganz des Schweigens. Ein interessantes Thema. Das ist wie mit der Leere. Ein bewusstes Sich-leermachen bringt einen auf Schwung. Es lässt die Fantasie, das Träumen, die Erinnerung stärker werden. Das ist mystisch und materiell zugleich. Die Mystik ist wahrscheinlich das Materiellste überhaupt, diese aus der Leere entstehenden Vorstellungen, Sehnsüchte, Gebete. Mystik und Materie sind überhaupt keine Gegensätze. Es gibt ein Empfangenwerden von der Leere. Manchmal – das geht doch fast jedem so – kommt man in dieser überfüllten Welt heute, wo es einem dauernd den Blick ins Bunte verreißt, auf einmal in ein Niemandsland aus Leere und Schweigen, wo nichts ist, aber plötzlich fühlt man sich empfangen. Befindet sich in einem aktiven Schweigen, dem schönsten Schweigen überhaupt.

HANS-DIETER SCHÜTT: *Sie waren als Kind nicht einsam, sie waren höchstens allein? Das ist ein Unterschied.*

FRIEDRICH SCHORLEMMER: Einsamkeit gab es sehr wohl auch, denn ich war in der Schule in dem, was ich dachte, oft ziemlich neben der Spur der anderen. Eigentlich konnte ich nur einem wirklichen Freund von mir sagen, was ich las. Die anderen hätten mich ausgelacht. Als ich vierzehn war, las mir mein Vater Remarques »Im Westen nichts Neues« vor. Mein Vater weinte, ich habe geweint. Mit fünfzehn las ich Kleist, noch und noch, da kam ich mir völlig aus der Art geschlagen vor. Bei meinem Vater fand ich verbotene Literatur, Helmut Gollwitzers Tagebuch aus der Kriegsgefangenschaft, »Die geistige Situation der Zeit« von Karl Jaspers. Ich weiß noch, irgendeine rührende Schnulze lief im Kino, die sah ich mir mehrmals an, dann gab es einen Film über Giuseppe Verdi, sein Leben und seine Opern – das hat mich so berührt, dass ich dann auch in »La Traviata« gegangen bin. In jener Zeit war für andere Gleichaltrige die Operette das Höchste der Gefühle, ansonsten nur Schlager. Oper wurde verlacht. Man darf nicht vergessen: Ich bin nicht in einer Stadt aufgewachsen, sondern auf flachem, allumfassend ödem Land. Altmark. Meinen Eltern danke ich sehr, dass sie einen kleinen Plattenspieler und ein Radio hatten. So wurde ich früh aufmerksam auf die C-Dur-Symphonie von Schubert, eine Musik, die meine Mutter sehr, sehr liebte. Auf Hochzeiten, wenn mein Vater die Trauungen vornahm, da fotografierte ich, verdiente mir damit ein bisschen Geld, und von dem Geld habe ich mir im Wesentlichen Schallplatten gekauft. Als ich im Internat der Mittelschule war und wir an bestimmten Wochenenden nicht nach Hause fahren durften, habe ich mich mit einem Buch im wahren Sinn des Wortes irgendwo ins Gebüsch geschlagen. Nur weg, nur hin zur Stille. Ich hockte da im Gestrüch, versteckt hinter Blättern, unauffindbar, und las Kleist, Grillparzer, Storm. Sogar Wieland. Ich lebte in einer anderen Welt. Dort hatte ich einen einzigen Freund, mit dem durfte ich mich aber nicht offen treffen, seine Eltern hatten ihm nahe gelegt, in den Schulpausen bloß nicht mit mir, dem Sohn des Pfarrers, herumzulaufen. Ich galt denen als schlechter politischer Umgang.

HANS-DIETER SCHÜTT: *Sie waren da in welcher Klasse?*

FRIEDRICH SCHORLEMMER: In der 10. Klasse, und mit Schülern aus der 12. Klasse waren wir im Internat. Ich war in der Mittelschule, mein Freund Uwe in der Oberschulklasse. Wir haben uns heimlich getroffen – wie zwei, die etwas von sich verbergen müssen. Es hatte etwas Unwürdiges.

HANS-DIETER SCHÜTT: *Sie haben geschrieben: »Ich bin ein Kind dieser DDR.« Was heißt das?*

FRIEDRICH SCHORLEMMER: Das heißt, dass ich es bleibe, auch wenn es diese Fußnote der Geschichte schon lange nicht mehr gibt. Fußnote und doch trotzdem mein Leben. Ich bin ein vom angeblichen Sozialismus gebranntes, im Lande gebliebenes, dort gewachsenes Kind.

HANS-DIETER SCHÜTT: *Den 9. November 1989 nannten Sie einen »Staatsstreich«.*

FRIEDRICH SCHORLEMMER: Das habe ich ein paar Monate nach diesem Tag des Mauerfalls gesagt. Der 9. November 1989 war ein beglückendes Ereignis, keine Frage. Meine Bemerkung damals zielte auf die politischen Hoffnungen, die mit diesem Tag plötzlich vergangen waren.

HANS-DIETER SCHÜTT: *Die Hoffnung vor allem, den Sozialismus in die eigenen Hände zu nehmen?*

FRIEDRICH SCHORLEMMER: Mit dem Freudentaumel über den Mauerfall begann die Ablenkung der sanften Revolution von sich selbst. Man ließ uns nicht die Zeit, einen tiefgehenden inneren Streit zu Ende zu führen. Wir wurden zu schnell – noch lange nicht fertig mit uns selber – ins Bundesgebiet übergeführt. Einen Anflug von wahrhaftig Deutscher Demokratischer Republik gab es nur vom 18. Oktober 1989, als Honecker ausgerechnet seinen bisherigen Anbetern im Politbüro zum Opfer fiel, bis zum 18. März 1990, der ersten freien Wahl in der DDR.

HANS-DIETER SCHÜTT: *Haben Sie sich, in der DDR bleibend, als DDR-Bürger empfunden?*

FRIEDRICH SCHORLEMMER: Nie. Ich war, wie gesagt, ein Kind der DDR, aber als Staatsbürger empfand ich mich nicht. Ich war ein Deutscher in der DDR.

HANS-DIETER SCHÜTT: *Was verdanken Sie dem erlittenen Zwang im Staate?*

FRIEDRICH SCHORLEMMER: Einen Teil meiner Freiheit, die ich mir selbst erkämpfen musste.

HANS-DIETER SCHÜTT: *Ein Zitat von 1990: »Es hat lange gedauert, bis ich Abschied nehmen konnte, Abschied von der Hoffnung, dass es noch nicht zu spät sei für einen Aufbruch in eine neue DDR. Es hat lange gedauert, bis ich endlich einsah, dass die Zahl der angepassten Lügner nicht nur groß war, sondern dass es mehr als zwei Drittel meiner Mitbürger waren, die nun ihr wahres Gesicht zeigen. Gern hätte ich deren Wut und Streitbarkeit erfahren, als wir allein standen, noch im Sommer 1989, als sie zu der drohend schweigenden Mehrheit gehörten, willfährige Mitläufer und Komplizen der Unterdrücker, die mit denen ihre karrierebewusste gemeinsame Sache machten, um sich dann in ihrer Nische zurückzulehnen, um gewissenlos oder in Selbsttäuschung ihr Schäfchen ins Trockene zu bringen. Und sie hatten ihre Kinder das Schweigen, die Doppelzüngigkeit als (Über-)Lebensform gelehrt. Die Lüge wurde so geradezu institutionalisiert. Aber der Zusammenbruch eines Kartenhauses der Lüge allein führt noch nicht zur Wahrheit. Es hat lange gedauert, bis ich mir eingestand, dass alles zu spät war, viel zu spät. Was gestern an Mut fehlte, äußert sich jetzt als Wut. Und diese Wut gegen Sündenböcke trägt krankhafte Züge, weil sie immer ein Objekt sucht, statt sich selber zu befragen.«*

FRIEDRICH SCHORLEMMER: 1990 war das ... Wenn ich das jetzt so höre, ja, das trifft meine damalige Empfindung. Es sind sehr harte Sätze.

HANS-DIETER SCHÜTT: *Der Intellektuelle ist enttäuscht vom Volk.*

FRIEDRICH SCHORLEMMER: Klingt so, zweifelsohne.

HANS-DIETER SCHÜTT: *Schwäche ist ein Menschenrecht, sagte Günter Gaus. Als Pfarrer haben Sie doch ein unübertreffliches Sensorium für die Schwachen. Sie müssten sie in Schutz nehmen.*

FRIEDRICH SCHORLEMMER: Ich habe mit diesen damaligen Bemerkungen nicht die Schwachen angegriffen, sondern andere. Diejenigen, die dann, wenn man sie darum bittet, an der Verhinderung einer Katastrophe mitzuarbeiten, sagen: Wieso gerade ich?! Wenn die Katastrophe sie dann trifft, fragen sie sehr verwundert: Wieso gerade mich?! Sich aus allem rauszuhalten, um des eigenen Vorteils willen, das ist nicht automatisch Schwäche, sondern meist Angst. Angst aber ist die grausamste Macht, die in einer Gesellschaft wirkt.

HANS-DIETER SCHÜTT: *Aus dem Satz »Wir sind das Volk« wurde der Satz »Wir sind ein Volk«, und viele wollten möglichst schnell Teil der westdeutschen Konsumgesellschaft werden. Die Menschen mochten nicht mehr von jenen Intellektuellen belehrt werden, die teilweise Nutznießer des falschen Sozialismus gewesen waren. Der Soziologe Wolf Lepenies, wie Sie Friedenspreisträger des Deutschen Buchhandels, sah angesichts dessen das Erschrecken der Künstler und Intellektuellen, die nach dem Zusammenbruch der alten DDR zunächst noch immer vom verbesserbaren Land träumten. »In der Aufforderung zur Konsumaskese, die sie an die Massen richtete, verriet die Kulturintelligenz der DDR, dass sie längst jene Bourgeoisie repräsentierte, zu der zu werden sie den Rest der Bevölkerung eindringlich warnte.«*

FRIEDRICH SCHORLEMMER: Es ist keine Schande, vor übertriebenem, geisttötendem Konsum zu warnen.

HANS-DIETER SCHÜTT: *Was heißt das: »Wir wurden zu schnell – noch lange nicht fertig mit uns selber – ins Bundesgebiet übergeführt«?*

FRIEDRICH SCHORLEMMER: Der euphorische Flug in die Einheit wurde zum Sturzflug. Ihm fehlte der beflügelnde Geist. Die Ungeduld war zu groß. Einerseits war die ökonomische Basis im Osten schon zu zerstört, und andererseits waren die konsumorientierten Sehnsüchte der Bürger schon zu groß. Aber geben Bockwurst und Banane schon ein Ganzes, wenn sie wie zwei Hälften zusammengefügt werden? Das war meine Frage damals, meine Enttäuschung. Der juristischen, völkerrechtlichen, politischen und wirtschaftlichen Vereinigung und Gleichstellung – das ist noch immer die unerledigte Aufgabe – muss die menschliche folgen. Die gegenseitige Verständigungsaufgabe liegt noch vor uns, auch wenn vieles gut gelang.

HANS-DIETER SCHÜTT: *Wenn Sie von Enttäuschung sprechen, dann ist das auch ein Problem der Fallhöhe: Offenbar gab es vorher eine Hochstimmung.*

FRIEDRICH SCHORLEMMER: Es gab eine entscheidende Situation, in der ich plötzlich merkte, dass es doch ein anderes Volk ist als noch vor Monaten bei der Kommunalwahl, wo ich doch das Bild weithin geduckter Menschen bestätigt gefunden hatte. Dieser Moment war der 4. November 1989 auf dem Alexanderplatz. Da spürte ich eine politisch unglaublich bewusste, genau hinhörende Ansammlung von Individuen. Eine Kundgebung der Einzelnen, wirklich nicht der Masse! Ich stand, als einer der Redenden, nicht einer Million Menschen gegenüber, sondern Menschen, die in der Summe eine Million ergaben. Inzwischen weiß ich, dass an diesem Tag freilich auch die Staatssicherheit am Werke war, nichts dem Zufall überließ und einen Bestandteil dieser vielen bildete. Aber auch die, die auf dem Alex ganz vorn standen und ihren Auftrag hatten, zeigten offene Gesichter. Sie waren dienstlich, funktionell hingeschickt worden, aber sie waren plötzlich sehr persönlich da, auch sehr einzeln, wenn man so will. Das empfand ich wunderbar: dass eine Volksversammlung so ausgehen kann, dass wir alle das so hinkriegen – dass der Schabowski sein Fett abkriegt, das Fell gegerbt kriegt, aber doch ungeschoren nach Hause gehen kann. Ich erlebte mit einem Male, und es kam wie ein Leuchten aus so unerwartet heiterem Himmel, dass wir Zermürbten, Weichgeklopften, Anpassungsgeübten uns zu entfalten in der Lage sind; nichts wurde gedeckelt, aber alles hinausdrängend Zornige und Wegfegende behielt eine hohe Kultur des Friedens – die doch vorher, in dieser Art, nie trainiert werden konnte. Das war eine Erleuchtung für mich. Ich weiß noch, wie der Bernhard Schaller beim Beitrag von Schabowski ans Mikrofon trat und in die Pfiffe hineinsagte: Erst zuhören, dann reagieren! Ich finde noch heute, dass es für diesen Satz das Bundesverdienstkreuz geben müsste. Ein Satz für den Weltfrieden ist das. Dieser Tag war ein symbolisches Weltereignis in dieser so kleinen, piefigen DDR.

HANS-DIETER SCHÜTT: *Was denken Sie über ihn?*

FRIEDRICH SCHORLEMMER: Schabowski? Ach, ehrgeizig, zynisch, cholerisch. Am unangenehmsten sind wahrscheinlich jene Linken, die sich selber nicht verzeihen können, mal Linke gewesen zu sein. Wobei ich andererseits nicht vergesse, dass er vom Politbüro der Einzige war, der in den Herbsttagen, als diese alte DDR in sich zusammenkrachte, hinaus auf die windigen Straßen ging und sich dem Zorn der Leute auf Augenhöhe stellte. Sein Mut dazu war immerhin größer als die Angst all seiner Genossen.

HANS-DIETER SCHÜTT: *Hatten Sie je Angst vor den Kommunisten?*

FRIEDRICH SCHORLEMMER: Mit dieser Angst bin ich aufgewachsen. Die hat sich beizeiten auf mich übertragen – die Angst von Menschen in meiner Nähe zum Beispiel, die wegen Nichterfüllung des vorgeschriebenen Solls über Nacht verschwunden und ins Zuchthaus gekommen waren. 1953, um den 17. Juni herum, wurde in der Umgebung unseres Hauses geschossen. Sehr früh schon hatte ich das Empfinden, in zwei Welten zu leben, die nicht zueinander passten. Als ich sechs Jahre alt war, sah ich die Telegrafenmasten – andere Möglichkeiten für Plakate und politische Agitation gab es noch nicht – vollgeklebt mit Karikaturen von Typen mit riesenlangen Nasen, gespensterhässliche Gesichter waren das. Eisenhower, de Gaulle, Churchill, Adenauer. Die da »drüben« im Westen waren die Grausigen, die Schrecklichen, die Feinde. Sollten es sein, in unserem Bewusstsein. Unsere Wahrnehmung des Westens aber war eine andere: Wir Kinder bekamen, über Hilfswerke, Schulspeisung von drüben. Aus den Vereinigen Staaten kamen Milchpulver und Kakao. Im Pfarrhaus wurde nicht gefragt, wer aus welcher Familie kommt, sondern nur, ob jemand Hunger hatte. Den Hunger stillten Westpakete.

HANS-DIETER SCHÜTT: *Aber da kann doch, in der Begegnung mit Kommunisten und dem Staat DDR, nicht einzig nur Angst gewesen sein.*

FRIEDRICH SCHORLEMMER: Natürlich nicht. Ich erinnere mich, dass es damals überall Blaskapellen gab, die spielten zu jeder festlichen Gelegenheit das gesamte Repertoire der schwülstigen kommunistischen Mythologie herunter. Das hatte selbstverständlich auch anrührende

Züge, am 1. Mai, am 8. Mai, am 7. Oktober. Auf irgendeiner Koppel wurde eine Fahne aufgestellt, eine Würstchenbude hingenagelt, dann kam die Kapelle, ein Transparent flatterte, eine kurze Rede folgte, es war irgendwie, wenn man das Ganze vom Inhalt löste, eine schöne Atmosphäre. Wir als Pfarrerskinder gingen da auch hin.

HANS-DIETER SCHÜTT: *Ihr Vater auch?*

FRIEDRICH SCHORLEMMER: Nein, der nicht. Aber vom Dorf waren ansonsten fast alle da.

HANS-DIETER SCHÜTT: *Sie sagten, in Ihnen sei früh eine Empfindung gewachsen von gespaltener Welt.*

FRIEDRICH SCHORLEMMER: Ja, diese bohrenden Fragen: Warum werde ich anders behandelt als andere? Warum redet niemand darüber, dass der Vater meines Freundes Dieter plötzlich verschwunden ist? Ich habe vor kurzem mit der ältesten Schwester dieses Freundes über jene Zeit gesprochen, sie waren fünf Kinder zu Hause, sie hat geweint, als die Rede auf früher kam, niemand hat damals nachgefragt, niemand ist zur Familie gekommen, alle hatten Angst. Sogar mein Vater war, glaube ich, ziemlich vorsichtig. Die Mutter von Dieter war eine so liebe Frau, ihren Knoten im Haar habe ich als das Auffälligste an ihr in Erinnerung. Ihr Mann war der Bürgermeister des Ortes gewesen, Ortsgruppenvorsitzender, Ortsgruppenleiter. Also ein strammer Nazi, wie so viele. Aber nur er war plötzlich zum Sündenbock geworden, man hat ihn abgeholt, und das Dorf tat danach, als hätte es ihn nie gegeben und nie eine mehrheitliche Gefolgschaft. Auch nach 1990 hat die Familie nicht herausbekommen, in welchem Lager der Vater damals verschwand.

HANS-DIETER SCHÜTT: *Nun könnte man bekräftigen, was Sie eben sagten: Er war ein Nazi – ihn traf eine gerechte Strafe.*

FRIEDRICH SCHORLEMMER: Ihn allein. War das gerecht? Man könnte, in Ihrem Sinne, jetzt auch noch argumentieren, dass es den Kommunisten unter diesen Nazis ebenso erging: einfach abgeholt zu werden, ohne Prozess, einfach weg. Das war die Realität, in beiden Fällen, aber sie ist so oder so nicht zu rechtfertigen. Plötzlich meidet man diese

Frau, die allein fünf Kinder großzieht. Wieder ist die Mehrheit mit Wegschauen beschäftigt, mit Kopfnicken und Schweigen besiegelt sie eine Art Sippenhaft. Immer werden die Mechanismen der Unbarmherzigkeit weitergegeben, von der alten in die jeweils neue Zeit. Dieters Vater war im Dorf doch nicht als einziger Nazi gewesen. Ortsgruppenleiter – er muss doch jemanden geleitet haben. Den Vater eines anderen Freundes von mir, Horst Horn, hatten die Kommunisten auch abgeholt. Auch über diese Leute wurde nicht mehr gesprochen. Horns hatten vier Kinder. Deren Vornamen begannen alle mit H. Horst, Helmut, Hedwig, Heinrich. Nachname Horn. HH. Heil Hitler. So was hat sich einem aber erst viel später erschlossen. Überhaupt hatten meine Schulkameraden bezeichnende Namen: Siegfried, Dietrich, Sigrid, Kunhild, Karin und so weiter. Preußische Namen bekam in den Kriegszeiten kaum einer. Meine Eltern sagten mir irgendwann, sie hätten mir bewusst einen preußischen Namen gegeben, keinen germanischen.

HANS-DIETER SCHÜTT: *Sie sagen, Sie hätten vor den Kommunisten Angst gehabt, aber zugleich sei da ganz normales Leben gewesen. Ich zähle zu den Erinnerungen meiner DDR-Zeit SED-Genossen, deretwegen ich in die Partei ging, gute, aufrechte Menschen, von denen man immer sagte: Wenn es mehr von denen gäbe, stünde es besser um den Sozialismus. Die Hoffnung auf solche Charaktere half, manches zu schlucken.*

FRIEDRICH SCHORLEMMER: Zum Kindheitsgut meines Gedächtnisses gehören solche Menschen auch. Als wir 1954 vom Dorf Schönberg in die Kleinstadt zogen, nach Werben an der Elbe, da fand ein Jahr später die 950-Jahr-Feier statt. Mein Vater organisierte den Festumzug, er war der Einzige, der ein bisschen historische Kenntnisse hatte. Werbens Bürgermeister hieß Friedrich Schmidt, ein Altkommunist. Im Ort hatte es fünf Kommunisten gegeben, drei überlebten den Krieg. Sie waren schon 1923 bei einem kommunistischen Aufstand dabei gewesen. Schmidt, der Bürgermeister, war einer davon. Er war anders als die Landläufigen von der Partei. Er war kein Apparatschik, wie die vom Rat des Kreises. Ein einfacher, geradliniger Mensch, aufrichtig im Denken und mit einer großen Herzensgüte, wahrscheinlich hat mein Vater diesem Friedrich Schmidt wesentlich zu danken, dass auch er nicht weggeschleppt wurde in kommunistische Haft. Man kann also nicht sagen: Kommunisten sind eindeutig so und Punkt. Ich habe das so auch nie gesagt. Die Güte Einzelner half mir immer, meinen Glauben in den Menschen zu befestigen. Es gab Funktionäre zum Fürchten, und es gab, sagen wir's ganz einfach: gute Menschen. Ich bin sehr dankbar, dass ich solche Differenzierungen erleben durfte. Dass ich sie wahrnahm und selber vornahm! Da ist vieles der frühen Erfahrung mit der Bibel zu danken. Deren Geschichten erzählen, im wahrsten Sinne des Wortes, das Menschen-Mögliche, keine charakterliche Wendung bleibt da ausgeschlossen. Ich glaube, das war auch der Wesenszug des Geistes, der bei uns daheim herrschte: Differenzierung – obwohl wir den Staat ablehnten. Mein Vater hatte in seiner großen Bibliothek eben auch Heinrich Mann. Manche Leute, bürgerlich sehr verwurzelt, lasen nur Thomas Mann, nein, mein Vater las eben auch Heinrich Mann. Bei uns zu Hause gab es nicht nur Hesse, sondern auch die Brecht-Gesamtausgabe. Der ganze Tucholsky stand bei meinem Vater im Bücherregal, es war ein zerlesenes Gesamtwerk.

HANS-DIETER SCHÜTT: *War er vielleicht doch ein Linker?*

FRIEDRICH SCHORLEMMER: Es war zumindest nicht erkennbar.

HANS-DIETER SCHÜTT: *Listig ausgedrückt. Ihr Vater, so klang es eben an, war auch in Gefahr, verhaftet zu werden?*

FRIEDRICH SCHORLEMMER: Um 1956 herum. Es gab bei uns einen ganz scharfen Lehrer, der war vom Kreis abgestellt zur Aushilfe. Es war für die Schulen damals nicht leicht, alle Lehrerstellen zu besetzen, weil in den DDR-Schulen sämtliche Nazis konsequent eliminiert worden waren. Eine politisch verständliche Entscheidung, aber sie führte eben auch dazu, dass eine Menge kompetenter Leute den Schulen nicht mehr zur Verfügung stand. Viele gingen in den Westen. Die freien Stellen besetzte man mit Neulehrern, und auch Funktionäre übernahmen Schuldienst. Dieser eine nun war ein ganz rabiater Typ. Der ließ keine Stunde aus, in der er nicht gegen die Kirche hetzte. Kirche, das war für ihn nur: Kreuzzüge, Verbrennung von Jan Hus, Verbrennung von Hexen, das war die Ermordung von Thomas Müntzer. Der Kerl ging mich, als Pfarrerskind, regelrecht an. Bevor ich irgendwas Fundiertes von Kirchengeschichte, von Christentum wusste, musste ich mich bei dem schon für Verbrechen des Klerus rechtfertigen. Im Konfirmanden-Unterricht hat mein Vater den verunsicherten Schülern gesagt, was der

Mann da dauernd erzähle, sei in dieser Verabsolutierung und Verächtlichmachung dumm, aber Lehrer seien halt arme Schweine, die müssten tun, was die Regierung von ihnen verlange, sie seien ein im Grunde bedauernswertes Sprachrohr der Oberen. Das sei immer schon so gewesen, es sei auch heute noch so, wir sollten es tapfer ertragen. Am nächsten Tag fängt dieser Aushilfslehrer in der Klasse wieder an zu hetzen. Da meldet sich der Sohn vom Pferdeschlachter, nun muss man leider sagen: einer der Dümmsten der Klasse, und er sagt, der Herr Pfarrer habe gemeint, die Lehrer seien ganz arme Schweine. Das machte natürlich sofort die Runde. Mein Vater hat Glück gehabt, viele Eltern verhielten sich tapfer, sprachen sich für ihn aus, auch die Parteigruppe der Kleinstadt dämpfte die Wut ab, die von der Kreisleitung kam; wahrscheinlich wollte man zu der Zeit von oben nichts tun, was der Stimmung an der so genannten Basis allzu sehr widersprach.

HANS-DIETER SCHÜTT: *Was würden Sie außer solchen Erlebnissen noch nennen, als wichtige Prägungen?*

FRIEDRICH SCHORLEMMER: Das ist natürlich überhaupt nicht auf den Punkt zu bringen, und ich will das auch gar nicht. Ich will das Leben nicht einfacher reden, als es war. Aber ich meine schon, dass es sehr, sehr viel bedeutet, mit welchen Geschichten ein Mensch aufwächst. Es stellt frühe Weichen, ob dir der Vater Fontane vorliest oder der Lehrer Nikolai Ostrowski. Die Geschichten, die einem erzählt werden, noch ehe man selber liest und schreibt, gehören zur seelischen Grundausstattung. Mein Leben ist gar nicht denkbar ohne die Erzählungen meines Vaters aus dem Krieg, dazu gehören aber auch die Erzählungen aus dem Umkreis meines Vaters, die Geschichten der Bauern, die von ihren Feldern verjagt oder in die LPG getrieben wurden. Mein jüngerer Bruder ist da schon anders geprägt, der hat diese Dinge nie erlebt und war also für Sachen offen, bei denen ich politisch bereits besetzt war. Als mein Vater 1956 knapp dem Zuchthaus entrann, da war mein Bruder sieben Jahre alt, davon bekam er nichts mit. Ich aber war schon zwölf. Da bist du ganz anders beteiligt an der Welt. Ich habe die Manipulierbarkeit der Masse gewissermaßen am eigenen Leibe erlebt. Auch viel später dann. Wenn alle gleichgeschaltet denken und einzig nur du ausscherst und plötzlich mitbekommst, wie Leute, mit denen du gut befreundet bist, in jener geschützten Masse bleiben, die sie gestern doch selber noch so verachteten ... Wie die Strammsten des Systems plötzlich montags nicht mehr da waren – einfach abgehauen. Parteiabzeichen oder FDJ-Hemd zu Hause gelassen .... Als ich siebzehn war, hatte mein Vater aus Westberlin ein Taschenbuch mitgebracht, das habe ich regelrecht verschlungen, und irgendwann klaute ich es – »Der Mensch und die Masse« von Ortega y Gasset. Ich, der Einzelgänger, brauchte Bestärkung gegen die Masse. Das war für mich eine erste Analyse jener Gesellschaft, die den Einzelnen auslöscht, indem sie ihn manipuliert; der Mensch als formbare Masse. Das sind so Linien, Leselinien, die werden zu Lebenslinien.

HANS-DIETER SCHÜTT: *Andere Menschen sind mit anderen Geschichten aufgewachsen. Sie selber haben von Nikolai Ostrowski gesprochen und meinten sicher »Wie der Stahl gehärtet wurde«. Andere Geschichten, andere Weichen fürs Leben. Man liest, was zu den eigenen Erfahrungen passt, oder man liest sich in fremde Erfahrungen mit dem Wunsch hinein, das eigene Leben würde damit größer, bedeutender. Ich stelle mir vor, was geschehen wäre, hätten Sie bewegende Geschichten von Kommunisten gehört, gelesen.*

FRIEDRICH SCHORLEMMER: Das konnte ja, wer wollte. Man brauchte nur »Nackt unter Wölfen« zu lesen, auch mich hat das Buch sehr berührt. Ich habe es damals auch nicht als Propaganda-Werk aufgefasst, zumal Bruno Apitz selber Häftling war. Da hatte einer etwas geschrieben, der genau wusste, wovon er redete, der Autor stand mit seinem Leben für diesen bewegenden Roman. Deshalb verstand ich 1989 nicht, dass man das Buch im Zuge der Geschichtsbereinigung so kalt zu erledigen versuchte – mit dem Hinweis darauf, die so menschlich gezeigten Kommunisten im Lager, auch unter KZ-Bedingungen eiskalte Kaderpolitiker, seien von außen gesteuert gewesen. Das ist alles richtig, aber die Realität des faschistischen Grauens, in der diese Kommunisten zuallererst Opfer und Widerstandskämpfer waren, diese Realität verträgt keine wie immer geartete Gegenrechnung. Ich will damit nur sagen, ja, ich kann die anderen Perspektiven, kann andere Weltsichten und kann auch Parteizugehörigkeit verstehen. Ja, andere Geschichten, andere Weichen. Aber ich war erst viel später für dieses Verständnis, für diese Öffnung fähig und bereit. In meiner Kindheit, wir haben darüber gesprochen, empfand ich die Träger des neuen Systems hauptsächlich als bedrohliche Menschen. Der Bürgermeister. Der Polizist. Der ortsbekannte, fast schon komisch unermüdliche Russen-und-Ami-Spitzel

Willi Baum, beinahe schon ein originelles, belächeltes Faktotum der Anscheißerei, der 1959 in den Westen abhaute. Dann die Schule – wo es freilich auch Lehrer gab, die mir sehr verhalten, aber entschieden so etwas wie Zuneigung zumaßen, deren Vorsicht ich geradezu körperlich spürte. Andere aber konfrontierten mich offen mit Hass, Verachtung und ganz groß mit ihrer kleinen Macht – denen war ich wohl ausgeliefert.

HANS-DIETER SCHÜTT: *Die kommunistische Heldenmythologie hatte doch auch etwas Erhebendes.*

FRIEDRICH SCHORLEMMER: Nein, das kommunistische Menschenbild hat mir nie eingeleuchtet. Mich machte stets misstrauisch, dass ein System derart antireligiös agierte, aber selber so religiös war. Politbüromitglied Werner Eberlein erzählte, sein Vater, kommunistischer, antifaschistischer Emigrant in der Sowjetunion, sei erschossen worden, und dennoch habe man Stalin wie einen Gott betrachtet. Und Lenin, der war nicht wie ein Gott, der war Gott. Je mörderischer sich Revolutionsführer verhielten, desto größer wurde die Zustimmung zu ihnen. Bis sie gestürzt wurden und neue Götter kamen. Denken Sie nur an Mao, Pol Pot.

HANS-DIETER SCHÜTT: *Das ist in der Kirche anders?*

FRIEDRICH SCHORLEMMER: Reden wir in dem Zusammenhang nicht über die Kirche, sondern über die Bibel. Die Bibel ist ein Buch des äußerst realistischen Bildes vom Menschen, der ein fehlbares und sich verfehlendes Wesen ist. Ich konnte für meine Erfahrungen mit mir und mit anderen Menschen immer Entsprechungen und Anknüpfungspunkte in der Bibel finden. Sie basiert auf keinem angeblichen neuen Menschen, sondern, wie Günter Gaus gern sagte, auf der alten Eva und dem alten Adam. Zugleich spricht die Bibel von einer »neuen Schöpfung«, wo der Mensch sich von Christus bestimmen lässt. Die Partei übrigens war nicht konsequent. Sie wusste zum Glück nicht immer, was sie tat. Sie hätte zum Beispiel 1962 nicht das Gesamtwerk von Wolfgang Borchert zum Druck freigeben dürfen. Auch mit der Veröffentlichung von Brechts Gedichten hat sie sich gefährliche Maulwürfe in den scheinbar blühenden Garten geholt ...

HANS-DIETER SCHÜTT: *Gibt es etwas an der kommunistischen Idee, was Sie für wert halten, es zu verwirklichen?*

FRIEDRICH SCHORLEMMER: Ich ertrage kein System, das mir Wahrheitsbeschränkungen auferlegen will. Deshalb bin ich als Christ auch ein Antirömer. Ich bin kein Antikatholik, aber ich bin ein Antirömer, durch und durch. Rom als Prinzip funktioniert für mich nicht. Was mich bei den Kommunisten abstieß, war diese Anmaßung, sie hätten der Geschichte einen neuen Anfang gegeben, zu behaupten, alles Vorherige sei nur Vorgeschichte gewesen, und die Widersprüche seien im Kommunismus nicht mehr antagonistisch. Was mich konkret wie eine Verelendung ansprang, waren diese toten Bilder. Schon in der 1. Klasse auf dem Schulheft: die grünlich schimmernden Klassiker. Eine Tradition des Leblosen war das, diese Fotos der Führer in den Zeitungen, in den Klassenzimmern, in den Büros. Unter denen sah Honecker später geradezu lebendig aus, aber Stoph, der sah gleichbleibend abgestorben aus. Im Grunde komme ich über den Zweifel am Grundsätzlichen der kommunistischen Idee nicht hinweg: Ich habe sehr früh nicht glauben können, dass man nur die äußeren Umstände ändern müsse, und der Mensch würde gut.

HANS-DIETER SCHÜTT: *Das ist eine Idee weit vor dem Kommunismus.*

FRIEDRICH SCHORLEMMER: Aufrührerische Gedanken gegen die soziale Ungerechtigkeit hat es immer gegeben und wird es weiter geben. Aber dem darf kein bestimmtes Wunschbild vom Menschen zugrunde liegen. Ein Mensch kann auch unter guten Umständen böse werden, und er kann unter bösen Umständen gut bleiben. Er kann, unter welchen Umständen auch immer, beides zugleich sein. Wir sind bereit für alle Möglichkeiten; nichts in unserer Seelenentwicklung ist mit Garantieabgabe vorauszuberechnen. Der Marxismus ist für mich im Wesentlichen daran gescheitert, dass er sich nicht der gebrochenen menschlichen Existenz stellte.

HANS-DIETER SCHÜTT: *Es ist eine Lehre aus vorpsychologischer Zeit.*

FRIEDRICH SCHORLEMMER: Er hat nicht die Seinsfrage in der individuellen Existenz gestellt, sondern nur die Frage der Verhältnisse, in denen Menschen jeweils leben.

HANS-DIETER SCHÜTT: *Mit der Geburt jedes Menschen fängt alles von vorn an?*

FRIEDRICH SCHORLEMMER: Alles in Jahrhunderten Angehäufte an Wissen, an Moral, an Tugend, an Lehre nützt zunächst gar nichts, wenn ein neues Leben die Welt betritt. Alles muss für jedes neue Leben, in jedem neuen Leben wieder entdeckt, neu erworben und erfahren werden, und das Risiko der Abirrungen ist immer gleich groß. Wieder denke ich an die Bibel. Sie ist, was die Menschheit betrifft, das hoffnungsvollste Buch, aber zugleich, was den einzelnen Menschen betrifft, auch das illusionsloseste.

HANS-DIETER SCHÜTT: *Aber ein Mensch wie Sie, der ein Menschenversteher ist, muss doch trotzdem verstehen, dass dem Kommunismus immer wieder neue Hoffende zulaufen.*

FRIEDRICH SCHORLEMMER: Ich verstehe jeden, und ich habe Hochachtung vor denen, die nach 1989, als die SED an den Pranger der Geschichte kam, trotzdem nicht eilfertig nach neuem Wind ausblickten, in den sie ihr Fähnchen hätten hängen können. Am charaktervollsten scheinen mir jene Menschen zu sein, in deren Leben Leidens- und Hoffens- und Illusionsgeschichte eine gemeinsame Geschichte sind. Mir hat damals, nach dem Ende der DDR, eine Frau einen Brief geschrieben, der mich sehr berührt hat. Ich würde den gern in unser Buch aufnehmen. Diese Frau hat das hier zu Papier gebracht:

»*Ich bin 66 Jahre alt, VdN, mit acht Jahren mit meinen Eltern (linke SPD und Juden) in die Emigration gegangen. China, dann 1949 nach Frankreich. Meine Eltern kamen in die DDR, um ein neues Deutschland aufzubauen. Ende 1952 kam ich in die DDR, aus meinem geliebten Frankreich, wo ich heimisch geworden war, zu den von mir gehassten Deutschen. Die große Liebe zu meinem Mann, den ich anlässlich eines Weihnachtsbesuches bei meinen Eltern 1951 in Berlin kennengelernt hatte, brachte mich hierher. Ich wusste, wer er war, ein aktiver Widerstandskämpfer bei der ELAS in Griechenland. Voriges Jahr im Februar habe ich ihn zu Grabe getragen. Er starb zu Hause in meinen Armen, an Krebs. Wir haben 36 Jahre in Liebe und Harmonie zusammengelebt. Seinen Tod kann ich nicht verwinden. Die Trauer um ihn wird jeden Tag schlimmer, trotz vieler treuer, einfühlsamer Freunde, trotz Kinder und Enkelkinder. Jetzt liege ich in der Klinik. Alles wird gut, sagt man mir.*

Mein Mann war seit seinem 17. Lebensjahr Jungkommunist, dann Mitglied der KP Griechenlands, dann der SED. Ich trat – nicht unter seinem Einfluss, aber er war mir Vorbild – 1956 in die SED ein. Wir haben viel getan, um etwas zu ändern, hauptsächlich mein Mann (Parteiverfahren, zwei Jahre arbeitslos im Zusammenhang mit dem Film ›Das Kaninchen bin ich‹). Eine meiner Töchter ist wegen Republikflucht (1973) zu vier Jahren Gefängnis verurteilt worden. Nach einem Jahr wurde sie mit Hilfe ihres Verlobten für 40 000 DM von Rechtsanwalt Vogel nachts über die Grenze abgeschoben. Wir haben bei Besuchen (einmal alle drei Monate) im Gefängnis schreckliche Dinge erlebt, aber ich habe es immer nicht glauben wollen, nicht glauben können. So etwas in unserem Sozialismus? Das ist meine Schuld, die ich abtragen muss: dass wir es nicht hinausgeschrien haben. Sicher war es auch Angst, vielleicht sogar selber ins Gefängnis zu kommen, und dann womöglich ohne die Medikamente, die ich dringend brauchte, ohne meine Kinder, ohne meinen Mann? Nein. Außerdem dachte ich immer, einem aktiven Widerstandskämpfer werden sie nichts antun. Erst jetzt, nach dem Janka-Report und anderem veröffentlichten Material ist mir klargeworden, wie oft mein Mann mit einem Bein auf einer Bananenschale und mit dem anderen schon im Gefängnis gestanden hat. Unwissenheit hat uns geschützt, noch mehr Angst zu haben, dennoch: Genug haben wir nicht getan. Viel geglaubt, oft weggeguckt. Von uns hätte die Revolution kommen müssen, nicht von anderen.

Dennoch, ich bleibe Mitglied der PDS. Ich glaube an einen demokratischen Sozialismus. Ich will mithelfen in der DDR oder in einem geeinten Deutschland, für einen wahren, demokratischen Sozialismus zu arbeiten und unsere Partei nach und nach von den alten großen und kleinen Stalinisten, die nicht umdenken wollen, frei zu machen. Menschlich und humanistisch, ohne Schadenfreude oder Rachegefühle, aber ehrlich und konsequent. Ich hoffe, dass ich es noch erlebe, dass die PDS eine wirkliche Partei des demokratischen Sozialismus wird.

Ich selbst bin sehr verzweifelt, durch mein persönliches Schicksal und das Schicksal dieses Landes. Nie im Leben habe ich Wurzeln gefasst – auch hier nicht, wo mich so viele Menschen liebten und lieben. Bis zum 4. November 1989. Da spürte ich etwas ganz Kümmerliches plötzlich wachsen … Sie, Herr Schorlemmer, haben mir und vielen anderen Mut gemacht. Ich würde Sie am liebsten umarmen.«

HANS-DIETER SCHÜTT: *Sie haben angedeutet, in der Nähe Ihres Hauses seien 1953 Schüsse abgegeben worden. Was passierte da?*

FRIEDRICH SCHORLEMMER: 1953 sind Leute aus dem Zuchthaus in Lichterfelde abgehauen. Einer der Flüchtenden war in einer Großaktion gesucht worden, weil er angeblich einen Traktoristen bedroht hatte, darüber war groß in der Zeitung berichtet worden. Aber er hatte wohl nur dessen Frühstück haben wollen. Jetzt nun streunten die frei herum, und natürlich hatten wir Angst. Bei uns auf dem Gelände sind Schüsse gefallen, man hatte auf diesen Mann geschossen. Das war dann eines meiner Kindheitsträume. Schüsse auf einen Flüchtenden! Auf unserem Pfarrgelände! Und vielleicht war er unterwegs, in unser Haus einzudringen. Die Angst vermischte sich mit Mitleid. Ich wusste, im Zuchthaus saßen Leute, die ein Verbrechen begangen hatten, aber auch solche, die zu Unrecht dort waren, nur weil sie unseren Groll auf diesen »Russen-Staat« teilten. Das wusste ich als Kind – und auch, dass es eine Differenz gab zwischen Gefängnis und Zuchthaus. Ich weiß den wahren Unterschied bis heute nicht, aber Zuchthaus, das war der Inbegriff des Entsetzlichen, des Unlebbaren, und jener, auf den geschossen worden war, der hatte im Zuchthaus gesessen.

HANS-DIETER SCHÜTT: *Sie haben die DDR so, wie sie war, gehasst. Aber in den Gesprächen, die wir jetzt führen, merke ich: Die DDR lebt in Ihnen. Sie werden durch dieses Gebilde weiter bewegt. Es lässt sich nicht abschütteln. Vielleicht wollen Sie gar nicht, dass sie aus Ihrem Leben verschwindet.*

FRIEDRICH SCHORLEMMER: Gehasst? Diesen Gefallen, mich von Hass auffressen zu lassen, habe ich denen nicht getan. Es gibt Leute, die haben diese DDR sehr schnell abgelegt, haben sie sich abgeduscht und meinen nun, sie seien im Reinen mit sich, mit der Welt. Unsere staatliche Protagonistin zum Beispiel, jener Physikerin, die Bundeskanzlerin wurde – ganz rasch hat sie ihre Vergangenheit entsorgt. Sie hatte ihre Karriere machen können, auch als – angepasste! – Pastorentochter.

HANS-DIETER SCHÜTT: *Als sich Außenminister Joschka Fischer für die Steinwürfe seiner rebellischen Achtundsechziger-Zeit in Frankfurt am Main verantworten musste, hielt sie eine flammende Ansprache gegen ihn, als habe sie selber damals schon in der Bundesrepublik gelebt.*

FRIEDRICH SCHORLEMMER: In mir ist die DDR noch sehr präsent. Bis zu meinem 46. Jahr habe ich dort gelebt, und ich habe diese Existenz größtenteils damit verbracht, mich am ungeliebten Gesellschaftskonzept zu reiben. Das war häufig eine frustrierende, enttäuschende, zermürbende Reibung, und es war doch eine produktive Reibung, bei der Gedankenlust aufkam. Bestürzend einerseits, erhellend andererseits. Die Dinge, die man tat, hatten Sinn. Man kämpfte gegen etwas Reales, aber man dachte doch zugleich die ganz andere Möglichkeit. Der Kampf nahm sich seine Energie aus dem schönen Trotz, alternativ zu träumen. Zum anderen: Ich konnte die DDR nie ohne 1933 denken. Ich sah sie nicht nur als spießige Selbsterfindung der Kommunisten, ich sah sie als Produkt einer Spaltung, und diese Spaltung wiederum als Folge eines Datums, für das Zuständigkeit bleibt – nicht Schuldgefühl, wohl aber Zuständigkeit. Die DDR blieb, durch Geschichte begründet, ein fremdgesteuertes Gebilde. Als Moskau den Staat 1990 fallen ließ, war eigentlich klar, wie sehr sie Handlungsmasse, wie wenig sie den Russen Herzenssache war. Dass ich diesen Staat furchtbar fand, hat nichts damit zu tun, dass der Kommunismus – und jetzt gebe ich die Antwort auf Ihre Frage vorhin, was wert wäre, verwirklicht zu werden – eine große Emanzipationsbewegung des 19. Jahrhunderts ist, eine universalistische Weltidee, der Traum davon, dass die Welt letztlich allen gehört und alle Menschen gleiches Lebensrecht haben, und gleiches Lebensrecht bedeutet: Recht auf ein Dach über dem Kopf, Recht auf reines Wasser, Recht auf Nahrung und Recht aller Einzelnen darauf, gleichberechtigt mitzuwirken am Leben – als einem gesellschaftlichen Prozess zur Verbesserung sozialer Verhältnisse.

HANS-DIETER SCHÜTT: *Ist das religiöser Sozialismus?*

FRIEDRICH SCHORLEMMER: Vielleicht. Zwischen den Gedanken des Lukas-Evangeliums und des Kommunistischen Manifestes gibt es Verbindungen. Johann Hinrich Wichern, der Begründer der Inneren Mission, mit der die protestantische Kirche soziale Aufgaben mit religiöser Bindung vereinte, hat in der Schlosskirche zu Wittenberg 1848 die »Revolution der Barmherzigkeit« vertreten, Karl Marx war auf eine »Revolution der Strukturen« aus – zwischen beidem, zwischen seelischer Emanzipation des einzelnen Menschen und einer Änderung gesellschaftlicher Verhältnisse, kann es eine Verknüpfung geben, weit jenseits des sozialistischen Homunculus, des so genannten neuen Menschen. Der Nationalsozialismus war, mit seinem Herrschaftsbeginn, sofort zu seinem Wesen gekommen. Wesen und Erscheinung waren identisch. Während die sozialistische Idee keineswegs zu ihrem Wesen kam, sie wurde Fratze. Und dieser Widerspruch zwischen Ideal und Realität, die der Nationalsozialismus nicht kennt, der ist für mich als Denkarbeit in der DDR erhalten geblieben. Es gab nie eine nazistische Dissidenz, den Nationalsozialismus konnte man nur bejahen oder ihn ablehnen, sozialistische Dissidenz gab es, weil es die Hoffnung gab, das System wirklich zu verbessern. Vielleicht war die Hoffnung eine Illusion, und höchstwahrscheinlich hat bereits die Grundidee, die ich eben skizzierte, nicht behebbare genetische Fehler, mag sein, aber wenn man in einer Welt lebt, in der man von einem Dissens zwischen Vorstellung und Wirklichkeit angetrieben, angestachelt wird, dann lohnt doch ein Leben in dieser Gesellschaft, und ich kann es nicht einfach abstreifen, als sei da gar nichts gewesen. Da würde ich doch mich selber von mir abstreifen. Ich halte die Leute nicht aus, die mir sagen, du, das wusste ich schon immer. Zum Beispiel die DDR und ihr nahendes Ende – wie viele alles schon gewusst haben wollen, leider erst hinterher. Denen, die mir so kommen, kann ich nur sagen: Ich habe dich wahrscheinlich damals nicht gefragt, aber gesagt hast du mir nicht, dass du alles schon weißt.

HANS-DIETER SCHÜTT: *Günter Gaus sagte, er glaube aus Liebe zur Vernunft nicht daran, dass es je Kommunismus gebe, aber er wisse nicht, warum er das hämisch sagen und sich also darüber freuen solle.*

FRIEDRICH SCHORLEMMER: Genau so denke ich. Wenn die Utopie, wie bei Lenin, zur politischen Partei-Programmatik wird, gerät sie sofort zur Tscheka. Die Utopie muss immer der Überschuss bleiben, sie ist nicht herabzuziehen in ein Programm von Parteitag zu Parteitag. Nur lebe ich gegenwärtig in einer Gesellschaft ohne jeden geistigen Überschuss. Der Überschuss ist heute der Mehrgewinn und nicht die Zivil-Vision einer Welt, in der sauberes Wasser für alle da ist.

HANS-DIETER SCHÜTT: *Im FAZ-Fragebogen nannten Sie die Frauen der Verschwörer des 20. Juli 1944 als Ihre Lieblingsheldinnen in der Wirklichkeit. Warum nicht die Frauen jener Kommunisten, die nach Hitlers Machtergreifung als Erste in die Konzentrationslager verschleppt wurden? Warum nicht jene Frauen, deren Männer überhaupt die ersten und entschiedensten Widerstandskämpfer gegen den Faschismus waren?*

FRIEDRICH SCHORLEMMER: Es ist richtig, was Sie kritisch anfragen. Nur: Von Kindheit an waren mir die Heiligenlegenden des kommunistischen Systems unsympathisch, fern, unlebendig. Ich habe erst sehr viel später, dadurch, dass ich echte Kommunisten kennenlernte, einen völlig anderen Blick gewonnen, sehr viel später. Aber wenn ich gefragt wurde, wie beim FAZ-Fragebogen, dann funktionierte sofort der alte Reflex. Und ich kannte die Briefe, die Abschiedsbriefe dieser mutigen Frauen des 20. Juli 1944, sie waren mir nah, sie haben mich zutiefst berührt, mit ihnen lebte ich. Eine dieser Frauen habe ich 2002 als Pfarrer beerdigt. Das Kommunistische aber, das war früh verbraucht durch Propaganda. Ich sah überall nur kommunistische Ritual-Helden. Nur einen einzigen anderen Helden des Widerstandes kannte ich, Dietrich Bonhoeffer. Als Vierzehnjähriger erfuhr ich von ihm, und die Art und Weise, wie er in mein Leben trat, hatte selbst etwas von einem illegalen Akt. Es war in der Kreisstadt Seehausen, Ende der fünfziger Jahre. Wir waren vier Jungen, sprangen über die Mauer eines Gartens und schlichen zum Haus eines Pfarrers. Er erzählte uns, wer Bonhoeffer war, er weihte uns ein in den Widerstand des 20. Juli. Und er las uns eine Geschichte vor, die mir nicht mehr aus dem Kopf ging: »Unruhige Nacht« von Albrecht Goes. Durch den politischen Druck der SED verlor ich das Interesse an der Wahrheit des kommunistischen Kampfes gegen Hitler. Auch in diesem Punkt war die Partei nahezu perfekt in ihrer Methode, das von ihr Gewollte in die gegenteilige Wirkung zu verwandeln. Aber mit dem Fragebogen haben Sie recht, das war eine Ausblendung. Es ist dem erwachsenen Menschen abverlangt, sich von den Erkenntnistrübungen, die ihm in Kindheit und Jugend zugefügt worden sind, zu trennen und neue Erkenntnisse zuzulassen. Es ist schwer, aber es ist nötig – und so kann ich heute die so genannte Rote Kapelle ohne Scheuklappen neben den 20. Juli stellen.

HANS-DIETER SCHÜTT: *Gab es in Ihrer Familie nazistische Verstrickungen?*

FRIEDRICH SCHORLEMMER: Ich hatte eine wunderbar liebe Großtante und einen herzensguten Großonkel, und beide waren glühende Nazis ..., da bleibt man im zehrenden Grübeln, wenn man weiß, dass andere ins KZ gingen für ihre Aufrichtigkeit – und letzten Endes ins KZ mussten, weil so viele Deutsche wie meine Tante und mein Onkel derart begeisterte Hitler-Anhänger waren. Ich habe sie beide überhaupt nicht als irgendwie böse Menschen in Erinnerung, aber später haben sie nicht einen einzigen Satz über diese Zeit erzählt. Das habe ich erst so etwa mit siebzehn mitbekommen, indem ich die Anspannung, den schwelenden Konflikt zwischen meinem Großvater mütterlicherseits und meinem Onkel Hans verstehen lernte. Mählich begriff ich, dass diese gegenseitige Unverträglichkeit etwas mit Politik zu tun haben könnte. Von sich selber erzählten Onkel und Tante nichts, aber ständig machten sie zum Thema, dass die Russen die Maschinen der kleinen Parkettfabrik des Ortes weggeschleppt hatten. Die Tante war in Fürstenberg Gymnasiallehrerin gewesen, unweit von Ravensbrück. Sie blieb dort. Bis zu ihrem 75. Lebensjahr pflegte sie Hilfsbedürftige. Sie hatte nur die DDR-Mindestrente, ganz still arbeitete sie etwas ab von ihrer Schuld, jener fraglosen Ergebenheit unter Hitler. Sie liebte Mörike und sang Kantaten von Bach – das Dunkle ihres Lebens nahm sie mit ins Grab. Sie hatte »nichts« getan, außer eine Verführte gewesen zu sein und an dieser deutschen Volkskrankheit zu leiden: zu lange nichts gewusst zu haben und mit allen anderen dafür gewesen zu sein.

HANS-DIETER SCHÜTT: *Ihr Großvater mütterlicherseits war Pfarrer. Und der andere Großvater?*

FRIEDRICH SCHORLEMMER: Er war Grundschullehrer und fiel in der ersten Kriegswoche 1914.

HANS-DIETER SCHÜTT: *Was war das für ein Konflikt, den Sie eben andeuteten?*

FRIEDRICH SCHORLEMMER: Zwischen Großvater und Großonkel? Der Großvater entging knapp dem KZ. Jemand hatte ein nazistisches Flugblatt in den Briefschlitz geworfen, mein Großvater warf es auf die Straße. Der Wind wehte es weg. Der kleine, etwas rundliche Herr mit Glatze lief hinterher und trat das Papier in die schmutzige Gosse. Es gab damals noch keine Kanalisation, sämtliche Abwässer liefen in dieser Gosse ab. Dort schwamm jetzt der Nazi-Zettel. Das hat einer gesehen, und zwar einer von denen, die neuerdings in Uniform sonntags in den Gottesdiensten meines Großvaters saßen. Er bekam einen Prozess auf Grund einer Anzeige, das geschah zum Glück am Anfang des »Dritten Reiches«, da fungierten noch für kurze Zeit die ordentlichen Gerichte – er fand einen Richter, der eine kleine Geldstrafe aussprach. Aber sie hätten ihn auch wegsperren können. Mein Großvater war kein

Widerstandskämpfer, aber er war ein Lutheraner, und Luther hat Machtanbetung von Menschen grundsätzlich abgelehnt: »Ihr könnt nicht zwei Herren dienen.« Die Widersprüchlichkeiten in dieser Familie habe ich mir erst später selber entdeckt. Ich weiß also, wie tief der Nationalsozialismus im deutschen Kleinbürgertum verankert war und dass das Großbürgertum sich zu fein war, frühzeitig gegen diese ruchvolle Bewegung »von unten« anzugehen. Aber kein Bahnangestellter kann mir weismachen, er hätte das Schreien von Menschen in Viehzügen nicht vom Brüllen der Schweine unterscheiden können. Und wer Klemperers »LTI« liest, das Buch eines Dresdners, der sollte nicht nur immer vom 13. Februar 1945 sprechen.

HANS-DIETER SCHÜTT: *Die DDR ermöglichte allen – wenn man denn kein ausgewiesener Nazi gewesen war –, sich mit denen zu identifizieren, die gegen Hitler kämpften. Man hatte die Nazis in den Westen verdrängt. Die Verbrecher hießen Globke, Oberländer – das Volk der DDR aber war sauber.*

FRIEDRICH SCHORLEMMER: Zugleich hatte die DDR nicht nur einen verordneten, sondern auch einen ehrlichen Antifaschismus – im Versuch, mit der Vergangenheit zu brechen. Was ich diesem System aber vorwerfe, ist die Absage an jede Art kritischer Selbstauseinandersetzung. Als sei man völlig entsorgt von Zuständigkeit für das, was 1933 möglich geworden war. Als regiere man ein neues, ein unschuldiges Volk, und auch die Mitläufer lebten nur im Westen. Erst 1988 gab es in der »Jungen Welt«, ausgerechnet in Ihrer propagandascharfen »Jungen Welt«!, ein Interview mit Stephan Hermlin, und er sagte einen geradezu umstürzlerischen Satz. Dass dieser Satz überhaupt gedruckt wurde, war für mich schon ein Signal wechselnder Zeiten. Er sagte, im Widerstand gegen Hitler seien nur etwa zwei Prozent der deutschen Bevölkerung gewesen. Damit war ausgesprochen worden, und zwar über Staatsgrenzen hinweg: Die Nazis waren Deutsche, und die Deutschen waren Nazis. So einfach war das.

HANS-DIETER SCHÜTT: *Ein Feindbild zu haben und Offenheit gegenüber diesen kommunistischen Feinden – das ging bei Ihnen so gut zusammen?*

FRIEDRICH SCHORLEMMER: Ich hatte kein Feindbild, ich hatte Erfahrungen. Ich ließ mir von niemandem die Klarheit nehmen, mit der ich sah, dass die DDR ein ideologischer Abgrund war. Aber ich ließ mir auch nie die Neugier darauf nehmen, wo und wie Alternativen und Bündnispartner für Alternativen zu finden seien – und seien sie noch so klein. Ich habe verstanden, warum die Russen dieses Deutschland lieber geteilt als geeint sahen, nach diesem furchtbaren Krieg. Deswegen dachte ich nie über deutsche Stärke nach, sondern über die Gestaltung einer Welt mit mehr Offenheit, mehr Gemeinsinn, mehr Gerechtigkeit, weniger Waffen. Und für so eine Welt sah ich mich nach jedem Strohhalm um, selbst wenn er auf dem Betonweg zu Parteibüros wuchs. Ich danke meinem Herrgott, dass ich mich nicht mit Feindbildern infiziert habe. Warum das gelungen ist, weiß ich nicht, ich kann wirklich nur dankbar sein.

HANS-DIETER SCHÜTT: *Einfacher macht dies ein Leben nicht.*

FRIEDRICH SCHORLEMMER: Nein, einige sagen, ich sei ein streitbarer Pfarrer, aber sie meinen: ein streitsüchtiger Pfarrer. Und andere meinen, ich hätte mich dem System zu sehr genähert, ich sei der »Versöhner vom Dienst« oder das »sanfte Fleisch von Wittenberg«.

HANS-DIETER SCHÜTT: *Im besagten FAZ-Fragebogen nennen Sie Selbstüberforderung Ihren größten Fehler.*

FRIEDRICH SCHORLEMMER: Heute würde ich noch hinzufügen: … und die Überforderung anderer. Man hat in schwierigen Zeiten dem System widerstanden; man hat einer Vision poetisch, theologisch, geistlich-spirituell und politisch Raum zu geben versucht; man hat sich bemüht, Menschen dafür zu gewinnen. Mehr kann man doch nicht tun, jedenfalls nicht als Mensch an der Basis, als Pfarrer in der kleinen Welt, in der ich stets gelebt habe. Dafür bin ich – unterm Strich – gescholten, bewundert und verdächtigt worden. Bis hin zu der öffentlich gemachten Verleumdung, die Aktion »Schwerter zu Pflugscharen« 1983 sei eine Initiative des Schmiedes, ich aber nur ein Trittbrettfahrer gewesen. Natürlich hat der Schmied geschmiedet, das ist seine ureigentliche Sache. Aber sein Schwert hätte er nirgendwo umschmieden können, wenn es uns, als organisierende Friedensgruppe, nicht gegeben hätte. Ohne uns hätte er sich kaum auf die Straße stellen und rumhämmern können. Was denkt er sich denn? Den Kopf für die Sache insgesamt habe ich hingehalten. Und andere, die mitgemacht haben, auch, etwa mein Propst Treu.

Hans-Dieter Schütt: *Denken Sie an Camus, der sich Sisyphus als glücklichen Menschen vorstellte.*

Friedrich Schorlemmer: Ein schönes Bild ja, aber leider nur so wahr, wie jede poetische Metapher wahr ist. Die Metapher hilft, als Trostpflaster. Aber man darf sie nicht überdehnen. Sisyphus ist kein glücklicher Mensch, nein. Man lügt sich seelsorgerisch in die Tasche, wenn man das annimmt. Du quälst dich, und der Stein rauscht wieder bergab. Wo soll denn da das Glücksgefühl herkommen? Nein, für so eine ständig sich wiederholende Situation arbeitet man nicht. Das war mein Streit mit Günter Gaus: Er hatte seinen Frieden mit der Welt gemacht, indem er sagte, es gebe keinen Frieden *mit* der Welt. So kann ich nicht leben.

Hans-Dieter Schütt: *In dem Moment, da Sisyphus den Stein hochwälzt, sagt er sich nicht, der rollt sowieso wieder runter, sondern: Er wälzt ihn hoch. Das heißt, er begegnet aktiv der Sinnlosigkeit, er hat in diesem Augenblick eine tiefe Sinngewissheit.*

Friedrich Schorlemmer: Das ist Trutzigkeit, ganz lutherisch. Na ja, wahrscheinlich hat es doch mit Glücksgefühl zu tun – nämlich dann, wenn die Steine wieder herabrollen, wenigstens sagen zu können: Ich habe das Meinige versucht.

Hans-Dieter Schütt: *Er stellt sich nicht hin und sagt, es habe eh alles keinen Zweck. Er handelt immer wieder gegen die Erfahrung.*

Friedrich Schorlemmer: Er glaubt. Denn woher will einer ganz genau wissen, dass er wirklich immer wieder herunterrollt? Vielleicht bleibt der Stein beim nächsten Mal liegen? Wie willst du das wissen?

Hans-Dieter Schütt: *Und warum will man das vorher wissen?*

Friedrich Schorlemmer: Sich bei aller absehbarer Anstrengung einem Ziel stellen, nicht bei jedem Schritt an sperriger Wirklichkeit verzweifeln, ja, ich gebe zu, das ist wahrscheinlich doch Glück – im Gegensatz zu jenem neunmalklugen Realismus, der sich gar keine Ziele mehr stellt. Es ist furchtbar, kein Ziel zu haben, das ist Gestorbensein vor dem Tod. Wir leben, was ein kräftiges Bekenntnis zu Zielen betrifft, die uns übersteigen, in einer ziemlich toten Zeit.

HANS-DIETER SCHÜTT: *Darf ich etwas Seltsames fragen? Glauben Sie, dass Ihre Eltern sich jemals ernsthaft überlegten, ob sie überhaupt Kinder in diese verhasste DDR setzen sollten?*

FRIEDRICH SCHORLEMMER: Nein, nie. Also jedenfalls habe ich davon nichts mitbekommen. Ich glaube nicht, dass das, was Sie vermuten, eine Frage für meine Eltern war. Sie wussten wohl trotz ihrer Ablehnung des kommunistischen Regimes, dass sie das Schlimmste im Leben hinter sich hatten. Dieses Schlimmste: was einem Land passieren kann, wenn es so einen furchtbaren Krieg anzettelt, ihn führt und ihn verliert. Niederlage nicht im Sinne der subjektiven Trauer, sondern im Sinne der objektiv demütigenden, elenden Umstände, die so eine politische, militärische Niederlage für alle Menschen eines Volkes mit sich bringt. Zum anderen glaubten meine Eltern fest daran, dass Deutschland nicht für immer geteilt bleiben würde, und drittens wäre mein Vater nie auf die Idee gekommen, den ihm zugewiesenen Ort zu verlassen – man erfüllt seine Aufgabe an der Stelle, an die man gestellt ist.

HANS-DIETER SCHÜTT: *Haben Sie als Kind gespürt, dass es eine schwierige Kindheit werden würde?*

FRIEDRICH SCHORLEMMER: Ich habe, seit ich denken kann, keine Vergleiche gesucht. Im Grunde hatte ich immer, so wie meine Eltern und Geschwister, eine naive, dem Leben zugewandte Einstellung: Das, was ist, das ist. Punkt. Ich stellte mich auf gegebene Umstände ein und sah zu, was ich angesichts dessen mit mir anfangen, aus mir machen könnte. Ich hing nie kitschigen Traumvorstellungen an, wie sie etwa kabarettistisch aufs Korn genommen wurden im Film »Wir Wunderkinder« von Wolfgang Staudte, dem Film, den ich so oft sah wie keinen anderen. Ich jammerte nicht, und ich denke zum Beispiel an die bitterkalten Winter, in denen sogar die Steine, die wir erhitzten und ans Bettende legten, um uns die Füße zu wärmen, schnell wieder ausgekühlt waren. Die Wände des Hauses glitzerten innen, so stark war der Frost. Das wusste man, das spürte man, aber man wusste auch, dass der Winter vorübergehen würde. Weiter kein Wort. Die Nähe zu den natürlichen, eben auch beschwerlichen Bedingungen haben wir schlicht und einfach gelebt. Ohne Widerworte. Das Beglückende hat man oft aus dieser Erschwernis heraus erfahren. Wenn die Hände steif geworden waren und es wahnsinnig wehtat – und wenn dann das Leben doch wieder langsam zurückkehrte in die Blutbahn, wenn die Klammheit sich also mählich löste, konnte man sagen: Ach, ist das schön, dass es Wärme gibt! Oder wenn die Märzensonne den vereisten Schnee weggeholt hatte und sich die Schneeglöckchen wieder den Weg durch die verhärtete Erde bahnten – schön! Ich habe in meinen Erinnerungen an jene Jahre eher das Ende der jeweiligen schweren Phasen bewahrt als den Schmerz, die Mühe, die Last. Ich danke meinen Eltern sehr, dass sie uns so selbstverständlich liebten. Denn es war eine Zeit, in der auch ein Kind schon wusste, dass nichts selbstverständlich war, nicht die Wärme, nicht das Essen, nicht das Leben in der kleinen Freiheit. Nicht einmal das Leben selbst war selbstverständlich. Wenn man das weiß, nimmt man alles ganz anders wahr. Ich finde, dass »wahr-nehmen« eines der schönsten deutschen Worte ist. Ein anderes betörendes Wort ist »Geschick«. Man ist geschickt in diese Welt, aber wie viel Geschick braucht man innerhalb dieses Auftrags? In was muss man sich schicken, wo aber sollte man rebellieren? Die Ungerechtigkeit der Zeit – jeder Zeit! – als Geschick hinzunehmen, muss nicht bedeuten, ein total ergebener Schwächling oder kraftloser Duckmäuser zu sein, es kann ebenso bedeuten, den Unabänderlichkeiten ein bisschen Sinn abzutrotzen. Und demnach nicht falschen Träumen hinterherzuhecheln und letztlich an dem Gedanken zu verzweifeln, dass es anderen besser geht. Ich habe in meiner Kindheit auch das Glück des Mangels erfahren. Klar, damals hatte der Mangel weit mehr mit einer tatsächlichen Schmerzgrenze zu tun, die mitunter allein schon der Hunger zog, und doch geschah plötzlich das Gute, das unerwartet Gute. Ein Beispiel: Es gab im Ort einen Postboten, Opa Behrens. Zwei Meter lang, schlaksig, etwas gebeugt, mit Hut, Bart und altem Fahrrad. Ich wusste als Kind, Onkel Behrens kommt jetzt irgendwann vorbeigefahren, also bin ich vom Gehöft an die Straße gelaufen, um ihn nicht zu verpassen. Der stieg auch immer ab, und wenn er eine große gelbe Birne aus der Tasche holte und sie mit mir teilte, war die Welt eine friedliche, paradiesische Welt. Ich vergesse diese saftigen Birnen nicht und nicht die strahlenden Augen des Mannes.

HANS-DIETER SCHÜTT: *Das ist doch das Problem Ihres Berufes: Menschen quälen sich mit existentiellen Fragen – Sie jedoch, bibelfest, wissen längst schon die Antworten.*

FRIEDRICH SCHORLEMMER: Mir fiel dieses Problem erstmalig auf, als ich Ende der sechziger Jahre den Lyriker Heinz Czechowski kennenlernte, in einer Neubauwohnung im Norden von Halle. Er war in der Sowjetunion gewesen, und im Gespräch haute er mir plötzlich auf die Schenkel und sagte: »Müssen Sie mir doch als Theologe sagen können: Gibt es das Böse?« Da hatte sich ein Mensch zu einer sehr existentiellen Frage aufgemacht – sollte ich ihm sagen: Herr Czechowski, was Sie zu erkunden suchen, weiß ich schon lange, denn ich habe mich berufsmäßig mit Fragen befasst, wie Sie von Ihnen gestellt werden?

HANS-DIETER SCHÜTT: *Was haben Sie Czechowski geantwortet?*

FRIEDRICH SCHORLEMMER: Das weiß ich nicht mehr. Aber: Ich bin Theologe, und ich darf in meinen Antwortversuchen nie in eine Arroganz abrutschen, die demjenigen, der sich zu einer quälenden Frage durchringt, sehr schnell klarmacht, dass das für mich keine quälende Frage mehr ist. Ihr Kommunisten hattet ja jedes Problem, das euch hätte belasten können, mit der Dialektik abgewürgt ...

HANS-DIETER SCHÜTT: *Es gibt bei jeder Sache zwei Ansichten – eine falsche und unsere.*

FRIEDRICH SCHORLEMMER: Genau. So war das. Aber es gibt die Dialektik ja wirklich.

HANS-DIETER SCHÜTT: *Es gibt das Böse?*

FRIEDRICH SCHORLEMMER: Wenn es zum Beispiel Gott gibt, gibt es auch das Böse. Wenn es das Böse nicht gibt, gibt es auch Gott nicht. Diese Pole sind aneinander gebunden. Du musst wissen, was Gott und was Abgott ist, du musst wissen, was Gott und was Mammon ist, und du musst wissen, dass Mammon nicht Gott ist, und dass es einen Kampf gibt zwischen Gott und Mammon und außerdem noch einen Kampf zwischen Gott und Abgott – und auch zwischen Abgott und Abgott. Die größten, weitesten Räume, die der Mensch hat, sind seine Untiefen. Ich kann von mir immer nur sagen: Welch ein Glück, dass ich von meinen genetischen Verwurzelungen in der furchtbaren Gattungsgeschichte nicht eingeholt werde. Wir sind an alles angeschlossen, was dem Menschen an Größe und Grauen innewohnt. Neulich sah ich im Fernsehen abends, drei oder vier Minuten lang, einen dieser brutalen Kampfsportarten, bei denen sich zwei genussvoll die Fressen breit klopfen oder auch nur so tun, egal. Statt gleich wegzuschalten, merkte ich, wie ich in eine Spannung kam zwischen: »Hau zu!« und »Wehr dich!« Das heißt: Ich war drin im beabsichtigten Sog. Ich empfand für den, der unten lag, ganz und gar, aber gleichzeitig faszinierte mich derjenige, der den anderen so beherrschte. Die Identifikation mit dem Verlierer war zunächst stärker, aber zugleich entwickelte sich eine Identifikation mit dem Angreifer. Als der Niedergeworfene sich erholte, freute ich mich – aber woran freute ich mich denn wirklich? Daran, dass der jetzt das Gleiche mit seinem Gegner machen würde, was ihm eben widerfahren war. Die Spirale der Rache. Jetzt erst wachte mein Verstand wieder auf: Drei, vier Fernsehminuten war ich von meinen niederen Instinkten besiegt worden – getarnt als Sport und Unterhaltung.

HANS-DIETER SCHÜTT: *Die bösen Instinkte in uns – sie sind nicht auszumerzen?*

FRIEDRICH SCHORLEMMER: Nein. Sie sind das ewige Gefahrenpotential in uns. Darüber sollten wir uns keine Illusionen machen. Aber wir können diese Instinkte isolieren – mit dem gar nicht so üblen Ergebnis, dass sie zwar noch in uns stecken, doch gleichsam nicht mehr mit uns identisch sind. Sie stecken gewissermaßen eingekapselt in uns, ohne den Gesamtorganismus zu infizieren. Man kann seine bösen Instinkte dann von außen betrachten und sie mit angemessener Ironie behandeln. Ich habe mal in einem Gefängnis gepredigt, vor lauter Mördern und Schwerverbrechern. Ich erlebte einen nachmittäglichen Hofgang, als ich mit dem Gefängnisdirektor und den Wachleuten über den Gefängnishof ging, ich sah eine Gruppe junger Russen kauern, und ich fühlte einen Schauder beim Blick in die Gesichter. Ich sagte mir, mit denen möchtest du nichts zu tun haben. Der Schauder über diese Menschen war auch ein Schauder über mich. Wir sind ein Ebenbild Gottes, aber wir sind auch das verzerrte Ebenbild. Wir sind konditionierbar für das Böse, und deshalb bleibt für mich die zentrale Frage, was ich als Einzelner tun kann, damit diese schlimmen Möglichkeiten, die wir in uns tragen, weder bei mir selber noch bei anderen zum Ausbruch kommen. Deswegen mein Widerstand gegen eine Gesellschaft, die sich sozialistisch nannte, die aber auch Fanatismus erforderte, fraglosen Gehorsam mit den großen herzerweichenden Idealen von Frieden und Völkerfreundschaft verband. Also auch: Schüsse an der Grenze …

HANS-DIETER SCHÜTT: *Gab es Momente, in denen Sie sagten: Ich will nicht mehr Theologe sein?*

FRIEDRICH SCHORLEMMER: Es ist eine tägliche Frage, ob man es bleiben kann. In so einem Beruf! – in dem man nach außen das vertritt, was man gemeinhin »moralisch« nennt. Im Urteil, dem ein Theologe ausgesetzt ist, wird alles daran gemessen, ob er das, was er predigt, auch selber lebt. Wenn man ganz ehrlich ist, kann man natürlich nicht das rein leben, was man selber für gut und richtig hält, und insofern könnte, müsste man jeden Tag aufhören … Aber da wird mir die Erkenntnis meines lieben verehrten Kollegen Dr. Martinus Luther wach: »Du bist der Gerechte, der Aufgehobene, der Aufgerichtete, der Gutgemachte … Du bist der Sünder, du bist der Versager … Du bist der Zerrissene. Du bist der Mensch im Widerspruch. Du bist der, der sich belügt und andere belügt und sich und anderen was vormacht.« All das ist man. Wenn man diese Widerspruchsseiten zusammen sieht, dann bleibt eine nicht behebbare Spannung, aber gleichzeitig bleibt auch ein Gleichgewicht. Und also hört man nicht auf! Demütig, aber nicht gedemütigt; schuldbelastet, aber nicht erdrückt.

HANS-DIETER SCHÜTT: *Was Sie in der Theologie hielt, waren nicht die Utopien, sondern die Abgründe?*

FRIEDRICH SCHORLEMMER: Im Grunde ja. Die Abgründe, die im Menschen stecken, meine eigenen Abgründe – und die Frage, was ich tun kann für das große Ziel. Ein Ziel, das immer wieder nur darin besteht, gewissermaßen dreißig Zentimeter vor dem uns verschlingenden Abgrund standhaft stehen zu bleiben. Abgründe der Lieblosigkeit, des Richtgeistes, der Herzenskälte, der Unaufrichtigkeit, der Angst.

HANS-DIETER SCHÜTT: *Es gibt diese Einheit von Wort und Tat, die der protestantischen Moralität so etwas furchtbar Gnadenloses gibt. Als hätte nur jenes Wort Berechtigung, das durch Taten abgedeckt ist. Das bedeutet doch aber eine entsetzliche Überforderung des Menschen. Wir sind schwach – ist doch schön, wenn unser Wort, unser hoher Text besser, klüger, menschlicher ist als unser fleischliches und willentliches Vermögen.*

Gestatten wir doch dem Wort, edler zu sein als unsere Taten! Was würde denn die Einheit von Wort und Tat in der Konsequenz bedeuten? Diese Einheit wäre nur herstellbar, indem wir auch in unseren Worten klein würden. Nein, es lebe das Wort, das hoch hinaus will!

FRIEDRICH SCHORLEMMER: Das ist vollkommen richtig. Eine Sache wird nicht dadurch falsch, dass sie derjenige, der sie sagt, selber nicht leben kann. So, wie Max Frisch sagte, dass eine Utopie nicht dadurch entwertet würde, dass wir vor ihr nicht bestünden. Mögen wir uns also an bloßen Worten aufrichten und reiben und stoßen – und unter ihnen bleiben im doppelten Sinn. Die Worte sind unser Himmel. Insofern ist eine Gesellschaft unchristlich, wenn sie meint, moralisch sei nur derjenige, der alles lebt, was er als richtige Erkenntnis verbreitet. Christlich wäre: Ich habe das Defizit zwischen meinen Worten und meinem Handlungsvermögen erkannt, und ich darf mit dieser Differenz unter einer einzigen Voraussetzung leben – nämlich dann, wenn ich trotzdem immer wieder versuche, diese Differenz zu beheben. Mit dem Wissen, dass es nie gelingen kann. Es sei denn, ich senke meine Ansprüche. Aber dann vermindert sich der Wert des Wortes. Ja, das Wort, der hohe Text als Himmel, den erreichen wir nicht, wir greifen die Sterne nicht, nach denen wir greifen, aber das Licht strahlt dennoch.

HANS-DIETER SCHÜTT: *Auch die Kirche als Institution hat nicht gelebt, was sie predigt.*

FRIEDRICH SCHORLEMMER: Seit ich bewusst über Geschichte nachdenke, habe ich nie aus den Augen verloren, dass Kreuzzüge mit Christentum wirklich nichts zu tun haben, dass die Verbrennung von Jan Hus und die Art, wie sie den Thomas Müntzer und seine schwangere Frau lynchten, ebenfalls nichts mit Christentum zu tun haben. Aber auch wenn solche Wahrheiten die kommunistische Hetze gegen die Kirche prägten und wir uns dagegen wehrten – es bleiben doch Wahrheiten. Auch, dass die Kirche wissenschaftliches Nachdenken behindert hat und jetzt so tut, als sei sie eine der Mütter der Toleranz. Nein, sie war der Steigbügelhalter der Mächtigen und Reichen, der deutsche Kaiser wurde gewissermaßen zum Papstersatz, und die Oberhofprediger machten erst einen Knicks vor dem Kaiser und dann erst vorm lieben Gott. Und das auch in Zeiten, in der die Armen, die Proletarier verreckten. Mein Vater hat sie mir gezeigt, diese Welt, die Bilder-Welt von Heinrich Zille und Otto Nagel. Das muss ich ihm hoch anrechnen. Kommunistischer Propaganda habe ich diese Bilder nie geglaubt, sie kamen nicht von Herzen, sondern aus dem aggressiven ideologischen Kampf. Bei meinem Vater wurde ich still und mitfühlend. In solchem Sinn waren viele evangelische Pfarrhäuser wahrlich Kulturträger unseres Vaterlandes. Kulturträger – ich denke an mein Zuhause – trotz mickriger 500 Ostmark und sechs Kindern im Haus. Wer denn in meinem Heimatort wusste, außer meinem Vater, dass zwischen Heß und Hesse ein großer Unterschied ist!

HANS-DIETER SCHÜTT: *Die Familie nicht als kleinste Zelle der Gesellschaft, sondern als erste Gegenwelt zu ihr.*

FRIEDRICH SCHORLEMMER: Eine gelingende und glückende Welt. Eine Erfüllung, aber nicht so wie nach einem Festmahl, wenn man abgefüllt und voll ist. Ich erinnere mich an wunderbare Abende, an denen mein Vater Theodor Storm vorlas. Das waren schwere, tragische Geschichten, die einem trotzdem ein wohliges Gefühl gaben. Es gab wenig zu essen, aber viel zu erzählen. Mein Vater rauchte Pfeife, bei ihm lernte ich Wein trinken und zwar, wie man heute sagt, trockenen. Und das zu einer Zeit, da das Süßweintrinken zur höheren Kultur gehörte. Mein Vater hat mir beigebracht, dass Wein nicht süß sein darf. Und er hat gern getrunken, sein Maß lag nie unterhalb des Genusses. Ich habe andere Pfarrkollegen gesehen, die haben den ganzen Abend an einem Glas rumgenippelt. Das hat mein Vater nie gemacht. Das heißt, wir lebten zu bestimmten Zeiten, trotz der obwaltenden Kümmerlichkeiten des Alltags, auch wie die Könige. Das ist sehr schön gewesen, so schön wie das Jesus-Gedicht von Brecht, das ich so liebe: Jesus als derjenige, der die Gewohnheit hatte, unter Königen zu leben und einen Stern über sich zu sehen zur Nachtzeit. Unter Königen, das heißt nicht: unter Herrschern. Die Armen sind die Könige dieses Gedichts, und sie hatten auch ihre Feste, und dann diese beglückende Zeile: »und einen Stern über sich zu sehen zur Nachtzeit«. Das ist die beste Zeile, die man über Jesus machen kann.

DAS ZWEITE GESPRÄCH

Drei Kräfte, die in uns wirken
Spannende Stunden am Radio
Das Klavier drinnen, harte Arbeit draußen
Leberwurststullen beim Kuhhirten
Entweder alle – oder keiner!
Die Utopie des Gartens
Elende Tage im Glockenstuhl
Kellnerdienste bei der Stasi-Feier
Schindhelms Schollenmacher

Friedrich Schorlemmer

Vielleicht (1996)

Unserer Kultur ist mit der Utopie die Perspektive überhaupt abhanden gekommen. Wir wissen weder, wohin es gehen soll, noch, wohin es gehen kann, und starren auf das, wohin es gehen wird.

Die Mitte, das ohne Zweifel Bindende, um dessentwillen es Freiheit gibt, ist verlorengegangen. Wer die schöne Illusion als Illusion entlarvt, wird aber mit der Illusion nicht auch die Vision über Bord werfen – da kann die Blochsche Unterscheidung zwischen Kälte- und Wärmestrom helfen.

Die Kälte des analytischen Woher und Warum ist so notwendig wie die Wärme des erhofften Wohin. Um es paradox zu sagen: Das Läuternde hat auch die Kälte, nicht nur die Hitze.

»Die Mühseligen und Beladenen sind die weitest Selbstentfremdeten (ob sie es schon wissen und wieder nicht) und die möglichen Hebel, nächsten Erben aus dem Umsturz der Verhältnisse, worin und wodurch der Mensch ein geknechtetes, verlassenes Wesen geworden ist. So die bisherige Geschichte und ihre Ideologien detektivisch zu durchschauen, das gehört zweifellos zum Kältestrom im marxistischen Denken, doch das gesuchte Wozu, das menschhaltige Fernziel dieses Durchschauens gehört ebenso sicher zum Wärmestrom im ursprünglichen Marxismus, ja unleugbar zum christförmig zuerst gebildeten Grundtext vom ›Reich der Freiheit‹ selber.« Ernst Bloch.

Genau wahrzunehmen, was ist, ist eine Voraussetzung dafür, zu erkennen, was sein kann. Das Faktische ist nicht alles. Vielleicht ist die zeitgemäße, weil bescheidenere Form der Utopie das Vielleicht: Vielleicht ist noch eine Chance. Der heidnische König von Ninive sagt bei vorausgesagter und vorauszusehender Katastrophe: »Wer weiß? Vielleicht lässt Gott es sich gereuen und wendet sich ab von seinem grimmigen Zorn, dass wir nicht verderben« (Jona 3,9).

Nachdem uns das Voll- und Großmundige der Hoffnung vergangen ist, ist uns das ganz alltägliche Vielleicht geblieben: »Vielleicht kommt er doch noch zurück. Vielleicht kommt sie noch rechtzeitig zur Einsicht. Vielleicht ist noch nicht alles ein für allemal entschieden. Vielleicht gibt es Gott, einen Gott, der uns gut ist.« Vielleicht ist weniger als »Ich bin gewiss«, und es ist mehr als »Es ist schon alles gelaufen«. Vielleicht bricht der Kreislauf des Faktischen auf. Die Welt ist nicht mehr zu retten. Wir sind auf der schiefen Bahn. Alles spricht für Niedergang. Die Katastrophe kommt unentrinnbar auf uns zu. Visionen sind uns ausgegangen. Die Rede vom »Ende der Geschichte« bekommt einen anderen Sinn, als Fukuyama ihn beschrieben hat. Da ist es das realistische, bescheidene, motivierende und aktivierende Vielleicht, das Menschen nicht einfach abwarten lässt und selbst das böse Ende nicht festschreibt. Das Vielleicht der Hoffnung gegen alle guten Gründe des Aus-und-vorbei-Sagens. Es sind zwei Grundhaltungen zur Wirklichkeit, die Martin Buber in einer seiner chassidischen Erzählungen aufeinandertreffen lässt:

»Einer der Aufklärer, ein sehr gelehrter Mann, der vom Berditschewer gehört hatte, suchte ihn auf, um auch mit ihm, wie er's gewohnt war, zu disputieren und seine rückständigen Beweisgründe für die Wahrheit seines Glaubens zuschanden zu machen. Als er die Stube des Zaddiks betrat, sah er ihn mit einem Buch in der Hand in begeistertem Nachdenken auf und nieder gehen. Des Ankömmlings achtete er nicht. Schließlich blieb er stehen, sah ihn flüchtig an und sagte: ›Vielleicht ist es aber wahr.‹ Der Gelehrte nahm vergebens all sein Selbstgefühl zusammen – ihm schlotterten die Knie, so furchtbar war der Zaddik anzusehn, so furchtbar sein schlichter Spruch zu hören. Rabbi Levi Jizschak aber wandte sich ihm nun völlig zu und sprach ihn gelassen an: ›Mein Sohn, die Großen der Thora, mit denen du gestritten hast, haben ihre Worte an dich verschwendet, du hast, als du gingst, darüber gelacht. Sie haben dir Gott und sein Reich nicht auf den Tisch legen können, und auch ich kann es nicht. Aber, mein Sohn, bedenke, vielleicht ist es wahr.‹ Der Aufklärer bot seine innerste Kraft zur Entgegnung auf; aber dieses furchtbare ›Vielleicht‹, das ihm da Mal um Mal entgegenklang, brach seinen Widerstand.«

Der Aufklärer ist voll von Kühle. Er hat gute Argumente. Der Zaddik ist voll von Leidenschaft und hat nichts als das »furchtbare Vielleicht«. Es ist die Kraft der Begeisterung, die keine Beweisgründe braucht und weiterreicht als alle Argumente. Der Dialog zwischen diesem rational-nüchtern Fragenden und dem begeistert Schauenden darf nicht abbrechen. Der Dialog verkommt, wenn der von einem Positiven Begeisterte oder der (von einem Negativen) Betroffene von den Zynikern des eisigen Realismus verlacht wird.

Das Vielleicht bricht das Eis. Und vielleicht bricht das Eis. Der Psalm 126, mit Bedacht in Brahms' Requiem aufgenommen, gibt die Struktur der Hoffnung angesichts einer verzweifelten Situation wieder: »Wenn der Herr die Gefangenen Zions erlösen wird, dann werden wir sein wie die Träumenden.« Wenn er das tun wird, dann wird es geschehen. Es kann sein, dass es nicht geschieht, aber die Hoffnung bleibt bestehen, dass es sein kann und dass dann die Menschen, die mit Tränen ausziehen, mit Freuden zurückkehren. Die Realität der Tränen wird nicht verschwiegen, aber die Tränen der Hoffnung sind schon im Salz der Trauer enthalten. Der Realität wird die Würze des Überschusses nicht genommen.

Die Hoffnung ist die Lebenskraft, die gerade nichts verschleiern muss. Die Hoffnung – das ist immer der Mut der Verzweifelten gewesen, die ihre Lage nicht beschönigt, aber immer gewusst haben, dass ihre Verzweiflung nicht das letzte Wort behalten muss.

Es ist kaum ein Zufall, dass der berühmteste Spruch Martin Luthers im Jahre 1544 entstanden ist: »Wenn ich wüsste, dass morgen die Welt unterginge, würde ich heute ein Apfelbäumchen pflanzen.« Formuliert wurde dieser Satz am voraussehbaren, aber noch nicht in seinen Folgen absehbaren Ende eines zerstörerischen und selbstzerstörerischen Allmachtstraums. Wer gibt uns denn das Recht, das negative Ergebnis schon vorwegzunehmen? Es gilt zu erkennen, dass noch nicht entschieden ist, dass es schiefgehen muss mit unserer Welt. Das erst kann Motivation und Solidarität der Handelnden aus Überlebensvernunft schaffen.

Über allem täglich erfahrbaren Umsonst des Tuns steht auch ein Trotzdem. Die Spannung zwischen Umsonst und Trotzdem ist die notwendige und auszuhaltende Spannung zwischen Realität und Hoffnung, zwischen dem, was ist, und dem, was kommt. Die Welt ist zu retten.

HANS-DIETER SCHÜTT: *Wären Sie gern ein Einzelkind gewesen?*

FRIEDRICH SCHORLEMMER: (*lacht*) Nein, dann hätte ich ja niemanden kommandieren können.

HANS-DIETER SCHÜTT: *So etwas haben Sie getan?*

FRIEDRICH SCHORLEMMER: Nein, nein. Aber da Sie mich schon fragen: Hätte ich diese Wahl, würde ich nicht gern wieder Ältester sein. Drittes von sechs oder sieben Kindern, das wäre angenehmer, die geschützte Mittellage.

HANS-DIETER SCHÜTT: *Sie sind ältester Sohn einer Pfarrersfamilie. Wie heißen Ihre Geschwister?*

FRIEDRICH SCHORLEMMER: Die Schwester, die nach mir geboren wurde, ein Jahr, nachdem mein Vater aus der Gefangenschaft gekommen war, ist Christine. Die nächste ist Renate. Dann kommt mein Bruder Andreas und dann Hans-Christoph. Er ist gestorben. Dann wurde Johann-Joachim geboren, oder Jochen, wie wir ihn nennen, und schließlich meine Schwester Ulrike. Sie wurde im November 1956 geboren, ich weiß noch, wie meine Mutter immer aus dem Zimmer ging, weil das Radio lief. Sie hielt es nicht aus. Sie war bereits hochschwanger, wollte Ruhe, aber mein Vater und ich hingen erregt, nervös, fiebernd an diesem Rundfunkgerät. Ungarn brannte, wir waren angespannt, für meine Mutter in ihrer Lage war das jedoch zu viel Aufregung.

HANS-DIETER SCHÜTT: *Wie würden Sie Ihre Mutter beschreiben?*

FRIEDRICH SCHORLEMMER: Zunächst möchte ich einschränken, dass ich in dem, was meine Familie betrifft, während unserer Gespräche sehr spröde bleiben werde. Das haben wir unter uns Geschwistern so vereinbart. Von Dingen, die meine Mutter in ihrem Innersten bewegten, habe ich wenig mitbekommen. Sie hatte begonnen, Medizin zu studieren. 1944 wurde ich geboren. Wir waren vorher gemeinsam, ich in ihrem Leib, in einem Rostocker Luftschutzkeller, befanden uns auf der Flucht. Sie ist dann in die Altmark gezogen, aufs Dorf, wo mein Vater eine Pfarre hatte. Zunächst lebte sie dort zwei Jahre allein, in diesem einsamen Gehöft, nur mit mir. Nahezu unbegreiflich, in so einer harten Zeit da zu leben. Vater war noch in US-amerikanischer Kriegsgefangenschaft – die er einer Verletzung in Russland verdankte. Später, nachdem er zurückgekehrt war, hat sich meine Mutter ganz und gar den Aufgaben meines Vaters untergeordnet. Untergeordnet? Nein, wohl eher eingeordnet hat sie sich, sie verstand sich in bestimmtem Sinne als seine treue Gehilfin im Pfarramt. Sie praktizierte das offene Haus, sie brachte sieben Kinder zur Welt. Es blieb ihr für die geistige Durchdringung dessen, was von Amtes und Berufung wegen in der Familie gelebt wurde, sehr wenig Zeit. Zum Bild meiner Mutter gehört sicher auch, wie merkwürdig wenig ich von ihr weiß, wie schemenhaft sie jetzt in dem wirken muss, was ich erzähle. Sie ist mit neunundvierzig Jahren an Krebs gestorben. Sehr tapfer starb sie. Jedes Jahr, das ich älter als neunundvierzig werde, macht mir auf traurige Weise klar, zu welchem Zeitpunkt meine Mutter das Leben lassen musste. Ich weiß noch zwei Dinge von ihr: Sie las unglaublich gern Stefan Zweig, und sie hörte mit großer Innigkeit Franz Schubert. Mehr könnte ich von ihr nicht sagen. Zu mehr, so glaube ich, kam sie auch nicht.

HANS-DIETER SCHÜTT: *Wie würden Sie Ihren Vater beschreiben?*

FRIEDRICH SCHORLEMMER: Er ist ein Mann gewesen, der sein Leben lang nicht damit fertig wurde, selber keinen Vater gehabt zu haben. Der, mein Großvater also, ist in der ersten Kriegswoche, im August 1914, verschollen. Meine Großmutter wartete gleichsam bis zur Stunde ihres eigenen Todes auf ihren Mann. Sie wurde vierundneunzig Jahre alt. Weil meinem Vater der Vater fehlte – ich glaube, gerade deshalb ist er selber ein so wunderbarer Vater für uns geworden. Das war eine Kompensationsleistung, gewachsen aus Tragik. Unsere Eltern sind auf schöne, bewundernswerte Weise mit ihren vielen Kindern umgegangen. Wie sie diese Unterschiedlichkeit bewältigt haben, in so schweren Zeiten, das hatte eine stille, selbstverständliche Größe. Ich sehe das auch unter dem Blickwinkel der Bedingungen, unter denen man sich damals wusch, wie man abgewaschen, wie man geheizt, wie man eingekauft hat, ich sehe noch die riesigen Wasserkessel vor mir, und dann diese gnadenlose Kälte im Winter ... Was ich allerdings auch sagen muss: Mein Vater ist dann später, mit mir als Heranwachsendem, nicht gut klargekommen. Er hat meinen Weg ab einem bestimmten Punkt nicht mehr begleitet; eigentlich wuchs ich etwa ab dem sechzehnten Lebensjahr, in gewisser Weise, ohne Eltern auf. Darf ich das so hart und entschieden sagen? Man möchte sich bei solchen Wertungen selber ins Wort fallen. Aber es ist wahr: Vater war für mich kein Gesprächspartner mehr. Er war vielleicht zu ausgelaugt inzwischen. Ich konnte auch nie verstehen, warum dieser Mann so viele wunderbare Bücher las, aber ein wenig trocken wirkende, sehr theologisch anmutende Predigten hielt.

HANS-DIETER SCHÜTT: *Er hat Ihren politischen Weg doch aber gebilligt?*

FRIEDRICH SCHORLEMMER: Er selber schuf die Grundlagen für mein Denken. Er hat mir ja auch keine Hindernisse in den Weg gelegt, aber er hat mich nicht direkt unterstützt, nicht gehalten, nicht bestätigt; er riet eher ab und sagte immer öfter: Lass sein, Junge, du wirst schon sehen, was du davon hast, überleg dir, wohin du dich und uns bringst. Als ich den Wehrdienst verweigerte, sagte auch meine Mutter: Junge, wie kannst du uns so etwas antun! Nicht, dass sie den Staat in Schutz nahm, sie nahm sich selber in Schutz, sie sah mich schon im Gefängnis, sie hatte Angst vor dieser drohenden Erfahrung. Natürlich habe ich das verstanden, und trotzdem fühlt man da einen Stich im Herzen. Man trifft eine solch einsame Entscheidung für sich und wünscht sich doch von den eigenen Eltern ein starkes gutes Zureden. Dieser Zuspruch aber kam nicht, es gab nicht dieses verschworene, Mut machende familiäre Bündnis, dieses Einsamkeit zu Einsamkeit, das einen ganz stark machen kann gegen die Welt.

HANS-DIETER SCHÜTT: *Wie wird ein Mensch, was er wird?*

FRIEDRICH SCHORLEMMER: Es gibt drei Kräfte, die an unserem Leben wirken, und jede Kraft wirkt auf geheimnisvolle Weise und zu unterschiedlichen Zeiten ganz anders. Das Gewicht zwischen diesen Kräften wandelt sich. Die eine Kraft ist das, was ich genetisch mitbringe, an Talenten, an Ausstrahlung, an Unverwechselbarkeit. Die zweite Kraft ist die Prägung durch andere Menschen, und die dritte Kraft erwächst aus dem, was ich selber aus meinen Gaben, aus meinen Begegnungen und Erfahrungen, aus den Impulsen und Konstellationen meines Lebens mache. Die Frage ist immer, welche Kraft wirkt in welchem Alter auf welche Weise, wie sind diese Kräfte verteilt, wie bleibt man verlässlich in der inneren Justierung, wo gerät man in Gefahr, sich zu verlieren, wann fängt das an, was man später sein Schicksal nennen wird? Wann gibt es auf eingeschlagenen Wegen kein Zurück mehr? Wie geschieht die Wandlung der vielen Möglichkeiten in die eine Festlegung? Wann, wie, wo? Ich halte es für entscheidend, immer ein wenig der Beobachter dieser drei Kräfte zu bleiben. Das ist schwer, aber nicht unmöglich. Es geht also darum, ein Stückchen neben sich zu stehen und sich in Abständen selber zu fragen: Was machst du da, warum machst du das, was meldet sich jetzt in dir, welche Dinge sind es eigentlich, die dich prägen – und willst du das denn überhaupt?

HANS-DIETER SCHÜTT: *Sie sagten, Ihr Vater habe die Grundlagen geschaffen für Ihr politisches Denken. Wann fing das an?*

FRIEDRICH SCHORLEMMER: Etwa mit dem sechsten Lebensjahr. Mit meinem Vater hockte ich am Radio, jeden Tag kam im RIAS eine Kalte-Kriegs-Sendung, da unterhielten sich zwei – »Pinsel und Schnorchel« – über den Kommunismus, eine richtige Hetzsendung, bei der man sich den Frust über die Ostzone ablachen konnte. Die haben wir regelmäßig gehört. Ich saß da, neben meinem Vater, habe ihm liebevoll die Glatze gekrault, ja, die hat mich irgendwie fasziniert, und wir fühlten uns als Verbündete gegen die Ostzone, nickten zu den Kommentaren eines Egon Bahr. Da war es noch ganz anders mit meinem Vater, da fühlte ich etwas von politischer Geheimbündelei. Es waren für mich ganz spannende Stunden. Ich wusste genau, worüber ich zu schweigen hatte. Später hörte mein Vater nicht mehr RIAS, so, als sei er vom DDR-Urteil infiziert, dies sei nur ein wütender, ein geifernder, aber kein intelligenter Sender.

HANS-DIETER SCHÜTT: *Sie haben bereits die Geschichten erwähnt, die Ihnen Ihr Vater erzählte ...*

FRIEDRICH SCHORLEMMER: Geschichten, in denen ich Leben erfuhr, obwohl ich noch nichts verstand. Aber so kriegt man Lust und Selbstbewusstsein, nach Zusammenhängen zu fragen.

HANS-DIETER SCHÜTT: *Haben Sie auch Karl May gelesen?*

FRIEDRICH SCHORLEMMER: Nein. Schiller, das war mein erster großer Dichter, Karl May nicht. Ich habe keinen einzigen Karl May-Schmöker gelesen. Das ist sicherlich ein Verlust, das will ich gern gestehen. Aber dafür las ich Cooper und Stevenson und vor allem Friedrich Gerstäcker. Der hat mein Bild von »unserem« Südwestafrika geprägt.

HANS-DIETER SCHÜTT: *Spielen Sie ein Musikinstrument?*

FRIEDRICH SCHORLEMMER: Leider nein. Der Weg zwischen meinem Gehirn und meinem Händen ist verstopft. Ich habe es probiert, ich kriege das aber nicht hin.

HANS-DIETER SCHÜTT: *Sie reden vom Klavier.*

FRIEDRICH SCHORLEMMER: Natürlich, das Königsinstrument. Ich würde es gern von ganzem Herzen spielen können. Ich könnte verrückt werden bei dem Gedanken, ich wäre in der Lage, Schumann zu spielen oder Chopin oder Brahms.

HANS-DIETER SCHÜTT: *Hatten Sie Klavierunterricht?*

FRIEDRICH SCHORLEMMER: Nein. Zu meinen Kinderzeiten war keine Gelegenheit dafür. Ich musste dafür sorgen, dass die Ziegen, Schafe und Enten genug zu fressen hatten. Während andere Kinder vielleicht Französisch und Klavier lernten, habe ich Kartoffeln gelesen sowie im Garten gehackt und gegraben. Wirklich, ich musste kräftig mitarbeiten, ich musste richtig ran. Wir hatten zwar ein Klavier im Hause, aber Klavierstunden waren erstens unbezahlbar und zweitens schon rein zeitlich für mich nicht drin. Ich habe jahrelang im Sommer draußen gearbeitet, gemeinsam mit meinem Vater und frühmorgens bereits vor Schulbeginn.

Hans-Dieter Schütt: *Ihr Vater konnte Klavier spielen?*

Friedrich Schorlemmer: Die Mutter. Und Geschwister von mir können Trompete spielen. Sie waren jünger, sie hatten das Glück anderer Zeiten. Sie lernten es beim Diakon.

Hans-Dieter Schütt: *Welche Lieder aus Ihrer Kindheit sind Ihnen besonders in Erinnerung?*

Friedrich Schorlemmer: »Es kommt ein Schiff, geladen« – das kenne ich, seit ich denken kann, weil meine Mutter es so liebte. Wenn sie es spielte und sang, fühlte ich das Glück. Oder »Ich stehe an deiner Krippe«, von Bach vertont. Das ist mein Kinderschatz.

Hans-Dieter Schütt: *Wenn Sie an frühe Kindheit denken, was geht Ihnen spontan als Erweckungserlebnis durch den Kopf? Was brachte jenes Gefühl von Getragensein, Willkommen im Leben?*

Friedrich Schorlemmer: Jetzt erzähle ich wieder von Onkel Behrens! Ich muss so etwa vier Jahre alt gewesen sein. Jedenfalls bin ich da immer raus auf die Straße gelaufen, ganz allein auf die große Lindenallee, das muss man sich vorstellen, das wäre heute gar nicht mehr möglich ohne Begleitung Erwachsener, Hoppelpflaster natürlich, mit Fußweg und Radweg natürlich, denn auf dem Pflaster wäre jedes Fahrrad machtlos gewesen, dazu links und rechts die riesengroßen Bäume. So schön üppig war das. Ich setzte mich in den Graben, futterte Sauerampfer, beobachtete Franzosenkäfer und wartete darauf, dass er endlich kommt. Und er kam, regelmäßig. Und er stieg ab vom Rad, und meine Eltern erzählten mir später, er habe mich immer gefragt, wie ich denn heiße, und ich hätte geantwortet: Riri Pasterjunge. Riri, das hieß Friedrich. Ich konnte noch nicht richtig sprechen, aber ich muss wohl, wie jedes Kind, sehr früh gewusst haben, was Erwachsene entzückt. Riri Pastorjunge, das entzückte ihn, und also sagte ich es jedes Mal, wenn er kam. Dann nahm er sein großes Taschenmesser, mit Horn dran, und schnitt jene schon erwähnte große saftige Birne auf, schnitt sie in Scheiben. Die aßen wir gemeinsam. Unvergesslich. Schon allein, wie er dieses Mal bereitete. Immer, wenn ich heute in den Auslagen der Obstmärkte oder in den Supermärkten die Birnen sehe, die europäischen Normen genügen müssen, denke ich an die Birnen von Onkel

Behrens. Oder er brachte einen Apfel mit, auch riesengroß, Grafensteiner. Ein wunderbar gütiger Mensch, der Wilhelm Raabe las. Früh bin ich auch zum Schäfer gegangen und zum Kuhhirten, der Kuhhirte hatte Leberwurststullen mit, und auch die schnitt er mit dem Messer in kleine Portionen, ich bestaunte die Schärfe der Klinge. Ich glaube, ich habe bewusst immer bis zur Vesper gewartet mit meinen Besuchen, und natürlich bekam ich was ab von den wunderbaren Stullen. Das sind Glückserfahrungen gewesen, die mich weiter begleiten. Von meinem sechsten Lebensjahr an nahm mein Vater mich mit in den Wald, früh halb fünf, zum Pilzesuchen. Diese Stille, dann plötzlich Eichelhäherschreie, als solle der ganze Wald vor uns gewarnt werden. Und der Stolz, mit zwei vollen Körben heimzukehren. Unglaublich schön. Ich hatte das Empfinden, Elementares mitzuerleben, das trägt eine Existenz auf eine Weise, die gar nicht logisch zu entschlüsseln ist, und man sollte es auch gar nicht erst versuchen. Die Rätsel kennen und sie leben, nicht lösen!

HANS-DIETER SCHÜTT: *Und der Tod? Trat der auch früh in Ihr Leben? In einer Pfarrersfamilie gehört er praktisch zum Alltag.*

FRIEDRICH SCHORLEMMER: Mein Vater nahm mich oft mit zu einem alten Mann, dessen Hinfälligkeit mehr und mehr zum Sterben wurde, während der Geist sich aber weiter aufbäumte. Er war Stellmacher gewesen. Ich erlebte den Kontrast zwischen den guten tiefen Gesprächen, die mein Vater mit ihm führte, und andererseits dem Elend, dem Uringeruch zum Beispiel – er konnte das Wasser nicht mehr halten – sowie der Enge und Niedergedrücktheit des Zimmers. Da spürte ich etwas vom Geheimnis des Todes und der seltsamen Wahrheit, dass Gespräche mit Sterbenden so ganz anders, so faszinierend ernsthaft waren, ganz im Gegensatz zu der Art, wie sich die Menschen im Alltag unterhielten. Ein anderes Erlebnis hatte ich 1954, da war ich zehn, es war im Mai beim Mähen unserer Wiese. Wir hatten einen so genannten Balkenmäher, die Messer klappte man herunter, und sie arbeiteten gegenläufig, eine erstaunliche Erfindung aus Zeiten, da die Deutschen noch große Ingenieure waren, Ende des 19. Jahrhunderts. Man saß auf diesen Dingern, vorn die Pferde, und durch die Bewegungskraft der Tiere wurden die Messer bewegt, das Gras lag danach in schönen Schwaden. An jenem Tag wurde beim Mähen in hohem Gras ein Rehkitz verletzt, ziemlich stark, am Schenkel. Es konnte sich nicht mehr bewegen. Mein

Vater nahm sein Seziermesser und das Verbandszeug, er verarztete das Tier regelrecht, er hat den Schenkel verbunden, auch das Gelenk erwies sich als beschädigt. Mit derselben Flasche, aus der mein Bruder Jochen – neun Monate alt – Milch bekam, wurde dann das Rehkitz Resi versorgt, das heißt: Wir hatten nun noch ein weiteres »Geschwisterchen« – das bei uns blieb, bis es wieder laufen konnte. Ganz natürlich vollzog sich dieser Familienzuwachs, richtig ursprünglich. Natürlich kam das Tier mit ins kleine Schlafzimmer, und dort fand auch die Versöhnung zwischen Hund und Rehkitz statt. Ich bekam die verantwortungsvolle Aufgabe, auf das Rehkitz aufzupassen, aber mich gleichzeitig darum zu kümmern, dass die Zuwendung zu Holle, unserem Schäferhund, nicht nachließ. Sorgsamkeit für die Kreatur – das fand ich später so erschütternd wahr bei Brecht, im Gedicht »Von der Kindesmörderin Marie Farrar«, da steht das Entscheidende: »Doch ihr, ich bitte euch, wollt nicht in Zorn verfallen / Denn alle Kreatur braucht Hilf von allen.« Diese Verse haben mich in meiner innersten Empfindung getroffen, und »alle Kreatur« hat für mich seit damals mit Resi zu tun. Und ich würde schon sagen, dass mich diese ländliche Ausgewogenheit von harter, mühsamer Existenz und ungebrochener Natürlichkeit, dieser Zusammenhang von Dörflichem und später Städtischem untergründig geprägt hat.

HANS-DIETER SCHÜTT: *Was ist das für eine Zeichnung, da auf Ihrem Tisch?*

FRIEDRICH SCHORLEMMER: Ein Lageplan, ich habe ihn als Kind gezeichnet, er ist mir dieser Tage wieder zufällig in die Hände gefallen. Sehen Sie: Hier wohne ich, hier ist der LPG-Garten, hier sind die anderen Gärten und alle Straßen, hier ist die Kirche, ziemlich klein. Dann hier: Deichstützpunkt vier des ersten Räuberregiments. Ich habe mir das alles aufgehoben. Strategische Zeichnungen gewissermaßen. Gegen einen imaginären Feind. Ich war elf, als dieser Lageplan entstand. Er dokumentiert die Beschlagnahmung eines Reviers. Das ist das Interessante: Viel später habe ich Psychologiebücher gelesen und darin erfahren, der Mensch sei ein Revierwesen. Sehen Sie, auch ich habe mir da mein Revier gemacht, also: ein Terrain, das erreichbar, überschaubar ist. Für den US-amerikanischen Präsidenten Bush ist die Welt leider auch nur ein Revier.

HANS-DIETER SCHÜTT: *Sie spielten Räuber und Gendarm?*

FRIEDRICH SCHORLEMMER: Ja, und ich besaß ein Seitengewehr, noch aus dem Krieg. Ein richtiges Seitengewehr! Das hatte ich gefunden und habe es sogar öffentlich gezeigt.

HANS-DIETER SCHÜTT: *War der Besitz so eines Gewehres nicht verboten?*

FRIEDRICH SCHORLEMMER: Natürlich war das verboten. 1955 zur 950-Jahrfeier unserer Stadt bin ich mit meinem Freund, einem Bauernsohn, als Germanenjunge hinter einer Kuh hergegangen. Ich hatte ein Fell um und trug das Seitengewehr. Mensch!, das kannst du doch nicht machen, raunte man mir zu, mich störte das nicht, und glücklicherweise passierte mir nichts.

HANS-DIETER SCHÜTT: *Das martialische Kind Friedrich Schorlemmer!*

FRIEDRICH SCHORLEMMER: Man muss bestimmte Spiele als Kind absolvieren, um sich von ihrer Ansteckungsgefahr zu befreien. Man darf Kriegsspielzeug nicht zu früh moralisch wegdrängen – so wenig wie man, in der DDR geschehen, Kriegsspielzeuge von vornherein ideologisch instrumentalisieren darf.

HANS-DIETER SCHÜTT: *Hatten Sie frühe, klare Vorstellungen über Ihre berufliche Zukunft?*

FRIEDRICH SCHORLEMMER: Ich war, nachdem ich die Mittelschule abgeschlossen hatte, sehr ratlos: Was sollte nun werden mit mir? Was sollte ich machen? Als einziges kam mir die Idee, Gärtner zu werden. Ich wollte einen praktischen Beruf erlernen und in der Natur arbeiten. Meine Idee als Vierzehnjähriger war: nur ja keine Arbeit, die der meines Vaters ähnlich wäre. Ich wollte nicht an den Schreibtisch, sondern an die frische Luft. Bauer freilich mochte ich nicht werden, ich wollte nicht auf großen Feldern pflügen und Rüben ernten. Aber Erde gestalten, das war mein Wunsch. Der Garten ist für mich seit jeher die eigentliche Utopie. Mein Freund Heinz ging in den Westen, er begann die Lehre in einer richtig großen Gärtnerei, in Wedel. Wollte ich auch. Aber meine Mutter erlaubte es mir nicht, ich musste im Osten bleiben. »Entweder wir gehen alle, oder alle bleiben!« Also wurde ich nicht

Gärtner, auch aus einem Grunde, der reflektiert war, sozusagen nachgeschoben: Ich dachte: Wenn du nur Gärten bestellst, kannst du in der gesellschaftlichen Auseinandersetzung, die hier im Lande nötig ist, nicht mitwirken. Mich interessierte, was ich geistig diesem deterministischen Gesellschaftsbild entgegenstellen könnte, das so prahlte mit seiner Wissenschaftlichkeit.

HANS-DIETER SCHÜTT: *Sie besaßen kein Abitur.*

FRIEDRICH SCHORLEMMER: Nein. Ich war im Arbeiterstaat kein Arbeiterkind. Das bekam ich zu spüren. Mein Vater gehörte als Pfarrer zur Rubrik »Sonstige«, keine förderungswürdige Herkunft.

HANS-DIETER SCHÜTT: *Wie haben Sie das Abitur trotzdem abgelegt?*

FRIEDRICH SCHORLEMMER: Eine Möglichkeit hätte im Besuch einer kirchlichen Einrichtung bestanden, da hätte ich ein Quasi-Abitur ablegen können, das dann freilich doch nicht anerkannt würde vom Staat. Das wollte ich nicht. Außerdem hatte ich keine Lust, mit lauter Pastorenkindern zusammen zu sein, von denen viele, wie ich, irgendwo abgelehnt worden waren. Ich ahnte Geschlagene und Gebeutelte, fürchtete ein Klima der Verbitterung, des isolierten Bewusstseins, des stolz kultivierten Außenseitertums. Ich dachte, obwohl das sicher ungerecht war, an den Hauch einer realitätsfernen Sekte, die stolz ihr Festungsdasein zelebriert. Bei den Pfarrerskindern fürchtete ich die Neurotisierung im geschützten Raum. Ich bin sehr froh, dass ich das nicht gemacht habe.

HANS-DIETER SCHÜTT: *Hatten Geschwister von Ihnen auch solche Schwierigkeiten?*

FRIEDRICH SCHORLEMMER: Meine kleine Schwester Ulrike zum Beispiel hat, noch im Jahre 1972, keine Lehrstelle bekommen, ich habe sie zu einem privaten Buchhändler nach Merseburg vermittelt, sie wohnte in dieser Zeit bei mir. Meine anderen beiden Schwestern sind Krankenschwestern geworden, eine sogar an einem staatlichen Krankenhaus, die andere in einer kirchlichen Einrichtung. Meine älteste Schwester übrigens hatte auch keine Lehrstelle bekommen, und sie ging in ein solches Diakonissen-Haus, ähnlich dieser Einrichtung, in die ich

Mit Eltern und Geschwistern, 1962

Friedrich, 1952...

...*Schorlemmer*

An der Elbe, 1956

Klassenfoto mit Friedrich – erste Reihe rechts

Mit den Geschwistern, 1953

Mit den Geschwistern in Prag, 1981

»Mir fällt ein Bild von meinem 18. Geburtstag in die Hand. Da bin ich mit drei meiner nächsten Freunde zu sehen. Sie alle drei leben nicht mehr. Ich lebe noch. Ist das eine Gnade!«

(Schorlemmer 2006)

Als Student im Ernteeinsatz, 1962, Dritter von rechts

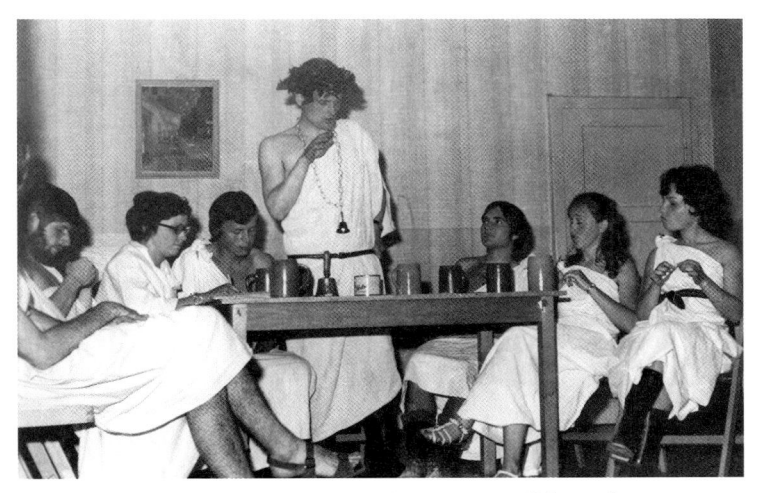

*Dürrenmatts Spiel »Herkules und der Stall des Augias« – Aufführung der
Studentengemeinde Merseburg, 1972, Schorlemmer als König Augias*

Umweltgottesdienst in Rötha, 1986

Mit der Wittenberger Friedensgruppe, Juni 1988

Podiumsdiskussion, Halle 1988: Der Platz des SED-Vertreters blieb leer

Ohne Worte

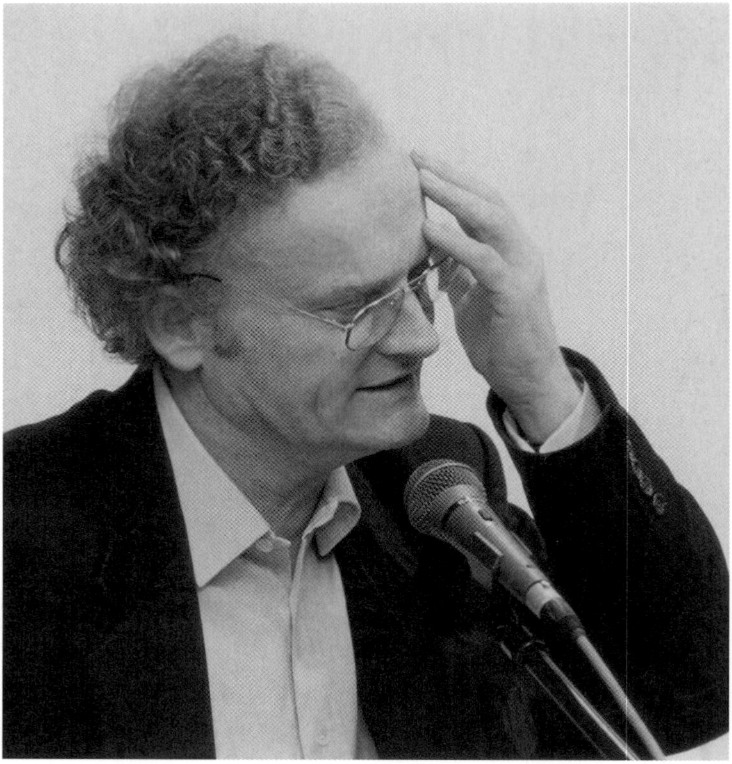

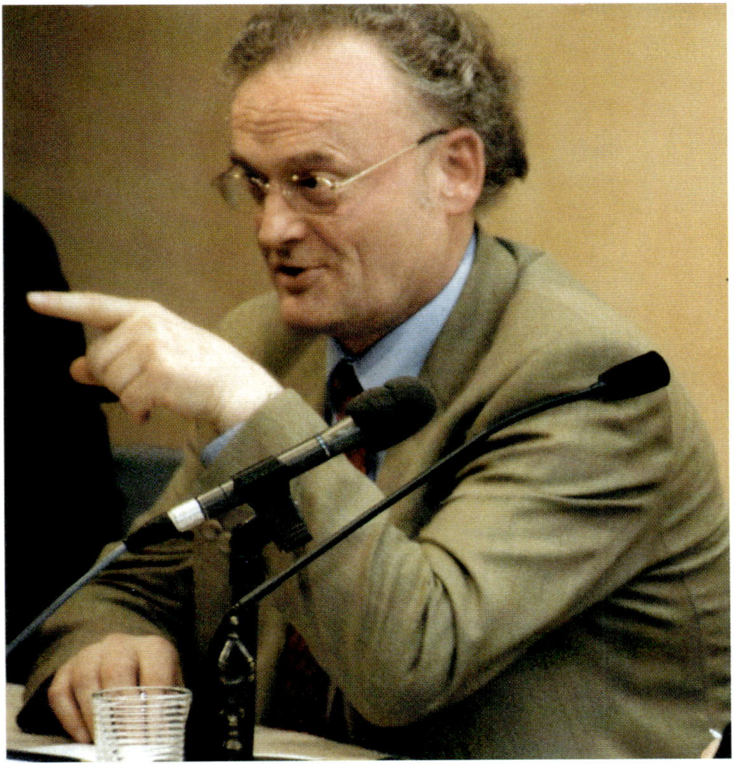

Mit Enkelkindern Hannah, Sarah und Aaron, Nichte Anne und Bundespräsident Johannes Rau, 2004

Lesung im Freien, Wernigerode 2000

60. Geburtstag im Freien, 2004

Ostermarsch 1990

Mit dem Exarchen für Berlin und Mitteleuropa German, Torgau 1990

Predigt zum Reformationstag 1991

Im Arbeitszimmer

unter keinen Umständen wollte – und sie bekam einen Schock. Ausgerechnet sie, die so ausgesprochen lebenslustig war, die so ein wunderbar unbefangenes Verhältnis zur Sinnlichkeit hatte – ausgerechnet sie kam in diese isolierte Umgebung. Sie hat sich damals nahezu kaputt geweint. Ich versuchte, auf andere Weise voranzukommen, ich sagte mir ziemlich naiv: Geh doch mal zur Volkshochschule. Ich fuhr nach Wittenberge, und die fragten mich nicht mal nach meinem Vater, nach sozialer Herkunft. Ja, war der Bescheid, ich könne im September anfangen. Ich war völlig verwirrt: Ich komme da hin, die empfangen mich und sagen, ja, bitte sehr, die Klasse sei noch nicht voll. Viermal in der Woche fuhr ich zur Abendschule, zwei Jahre lang, bis zum Abitur.

HANS-DIETER SCHÜTT: *Sie hatten aber keinen Ausbildungsberuf.*

FRIEDRICH SCHORLEMMER: Ich arbeitete in der Kirche. Was ich machte, nannte sich kirchliche Grundausbildung, und sie war für Leute wie mich eingerichtet worden, eine Art Überbrückungshilfe für junge Menschen, denen der Staat Steine in den Weg zum Studium gelegt hatte. Ich musste alles machen, was so anfiel. Es war eine schreckliche Zeit. Jeden Tag stieg ich allein auf den Glockenstuhl, um das Glockengerüst zu entrosten und zu streichen. Jeden Tag da hoch, es war ätzend. Zuerst mit der Drahtbürste die alte Farbe ab, dann Rot drauf, dann Grau hinterher. Des Weiteren setzte ich Friedhofszäune, machte Kirchenführungen. Oder ich musste für das Kirchenamt Austritte und Eintritte registrieren. Das Anlegen und Bearbeiten dieser Kirchenkarteien und -steuerkarten war das Furchtbarste. Ich weiß seitdem, was tote Arbeit ist. So habe ich meinem Vater gleichsam, wie ein Hausmeister, die Kirche geführt. Eine riesige Kirche wartete da auf mich, immer dreckig, immer verstaubt. Auch habe ich bei Hochzeiten fotografiert. Mein Vater wurde, wenn er eine Trauung machte, immer gleich mit einem Fotografen gebucht. Das war ich. Entwickelt habe ich die Bilder selbst. Zur Volkshochschule nach Wittenberge fuhr ich zunächst mit dem Fahrrad, nachts die Strecke dann zurück. Ich musste über diese berühmte Doppelbrücke, auf der man mitunter über eine Stunde lang stand. Züge und die Autos fuhren über eine einzige Fahrbahn, und nur, wenn keine Züge fuhren, kamen die Autos durch. Es fuhren aber ständig Züge, vor allem Militärzüge. Später bekam ich ein Motorrad, viermal die Woche fuhr ich, insgesamt fast hundert Kilometer – zu Zeiten, als die Winter noch sehr, sehr kalt waren. Gegen Mitternacht war ich dann endlich zu Hause. Mein Vater gab mir Geschichtsunterricht, frühe deutsche Geschichte, Reformationsgeschichte. Zusätzlich lernte ich Latein, im Privatunterricht; ich hatte das Gefühl, mehr zu ackern als die Jungs, die auf die Oberschule gingen. Die spielten nachmittags Volleyball, während ich büffelte. Ich war damals oft sehr, sehr müde. Die Arbeit in der Kirche machte ich zwei Jahre lang. Ich habe abends gelernt, mich morgens ausgeschlafen und dann meine Hausmeistertätigkeiten absolviert.

HANS-DIETER SCHÜTT: *Kriegten Sie Geld?*

FRIEDRICH SCHORLEMMER: 75 Mark im Monat. Davon musste ich auch Sprit- und Reparaturkosten begleichen. Ich blieb aber relativ autark, zum Beispiel durch mein Fotografieren bei Familien- und Kirchenfesten.

HANS-DIETER SCHÜTT: *Empfanden Sie diese Abendschule als Fortsetzung der politischen DDR mit anderen Mitteln?*

FRIEDRICH SCHORLEMMER: Ich verdanke diesem Abiturlehrgang einem Deutschlehrer, Herrn Scheer, der zwar Kommunist, aber kein SED-Mitglied war. Er war Mitglied in einer Blockpartei, der LDPD. Wenn ein Schüler eine Frage stellte, sagte er: Sehr interessante Frage, denken Sie mal nach, wo könnte die Antwort sein? Er gab die Frage an uns zurück, und wir versuchten eine Antwort. Hören Sie, fragte er dann, hören Sie es knistern? Das ist das Denken! Es war eine tolle Atmosphäre, ich lernte Gedichte von Erich Weinert kennen und begriff ihn als einen Dichter, der gleichsam von Sekunde auf Sekunde mit einem Gedicht auf die Welt reagierte, ein Kommentator in Versen, und wenn man das weiß, wenn man mit diesem Bewusstsein der Sofortreaktion, nicht im Hinblick auf die Ewigkeit seine Gedichte liest, kann man ihnen durchaus etwas abgewinnen. Man versteht sie dann ganz anders. Ich hatte an der Schule dort überhaupt gute Lehrer – obwohl es der Deutschlehrer war, der Direktor der Schule, der mir am Anfang gesagt hatte, ich solle doch den ganzen religiösen Ballast meiner Herkunft, für den ich nichts könne, über Bord werfen. Im Russisch-Unterricht übersetzten wir Puschkin und lasen Gogols »Revisor«. Ein Stück in einer wunderbaren Sprache. Wir waren Schüler unterschiedlicher Herkunft, unterschiedlichen Alters, und die Lehrer hielten sich mit ideologischen

Bedrängungen sehr zurück. Das muss ich wirklich sagen, und diese Atmosphäre milderte die Härte der Anforderungen, denen ich mich ausgesetzt fühlte. Denn hart war es, diese Anspannung durchzuhalten, diese Belastung. Aber am Ende stand das Abitur, und alle Mühe hatte sich gelohnt, ich konnte studieren. Wobei ich nicht vorhatte, an die Universität nach Halle zu gehen, sondern nach Berlin, natürlich nach Berlin! Westberlin, wohlgemerkt. Ich wollte drei Fächer studieren, Theologie, Germanistik und Politologie. Germanistik, weil ich Walter Jens gelesen hatte, als Siebzehnjähriger, ich war begeistert, so tief hinein in das Wunder Literatur, das wollte ich auch. Als die Mauer hochgezogen wurde, war es aus mit diesen Studienplänen. Die Theologie war leider so angelegt, dass man von den existentiellen Fragen rasch weggedrängt wurde. Die alten Sprachen fraßen einen auf. Und die so genannte Exegese war so langweilig wie die Dogmatik – als Fach.

HANS-DIETER SCHÜTT: *Fühlten Sie es nach dem Mauerbau kälter, beengender und bedrohlicher werden?*

FRIEDRICH SCHORLEMMER: Ja. Der Anpassungsdruck bekam einen qualitativen Sprung. Die Funktionäre konnten jetzt ohne Rücksicht offenbaren, wer die Macht hatte. Die Mauer wurde zu einem Zeitpunkt gebaut, als das widerständige bürgerliche Potential zu einem Großteil bereits in den Westen geflohen war. Die DDR hat bei offener Grenze den Überdruck abgelassen, dann zugemacht und den Druck wieder erhöht. Beim Durchsuchen der Spinde im Schülerheim, während meiner Mittelschulzeit im Internat, hatte die Schulleitung eines Tages Fotos gefunden, Aufnahmen von Westberlin. Die Mitschüler behaupteten sofort, die hätte ich gemacht. Eine Lüge. Sie sagten das, weil sie dachten, dem Pfarrerssohn würde das am wenigsten Ärger bringen, der war doch sowieso ein Gezeichneter. Sie logen nicht aus Boshaftigkeit, nicht etwa, um mir eins auszuwischen, sie logen, um durchzukommen.

HANS-DIETER SCHÜTT: *Wie erlebten Sie Ihre Musterung?*

FRIEDRICH SCHORLEMMER: Es war die Musterung für einen Wehrdienstverweigerer. Das war von Beginn an klar. Ich wurde gleich beiseite genommen. Ich saß von Anfang an nicht mit den anderen zusammen, die ebenfalls warteten. Die vom Wehrkreiskommando wussten, was ich vorhatte. Ich hatte denen vorsorglich geschrieben, dass ich den Dienst verweigern würde. Es war zu der Zeit, da es noch keine Bausoldaten gab. Also, ich wurde gleich ausgesondert. Was ich nicht einschätzen konnte damals: warum die mich beiseite nahmen. Die wollten mich nämlich nicht nur verängstigen, die befürchteten zudem, ich könne mit meiner Verweigerungshaltung auch die anderen mit pazifistischen Flöhen infizieren. Ich kam allein in das Vernehmungszimmer und saß sieben Leuten gegenüber. Frauen protokollierten, ich hatte die Rolle des Angeklagten und wusste nicht, ob ich nicht gleich verhaftet und in Anwesenheit eines Staatsanwaltes abgeführt würde. Wegen Wehrkraftzersetzung. Die Atmosphäre war eisig. Die hatten meinen Brief vor sich liegen. Es haben nur zwei von denen gesprochen, die anderen fixierten mich die gesamte Zeit. Die trieben mich mit Argumenten in die Enge, und ich hatte keinen, der mir half. Wenn ein Räuber bei Ihnen zu Hause einbricht und Ihre Mutter erschlagen will, würden Sie da nicht zur Waffe greifen? So fragten die. Du sitzt da und nickst. Na sehen Sie, Herr Schorlemmer. Und nun überlegen Sie mal, Herr Schorlemmer. Wir wollen Frieden, in der ganzen Welt. Das wissen Sie doch, Herr Schorlemmer. Da sagst du »Ja«. Schon bist du ein bisschen eingenommen. Die Sowjetunion möchte die Völker, die unter dem kolonialen Joch leiden, befreien. Das wissen Sie doch auch, Herr Schorlemmer. Und diese Völker würden auch gern im Sozialismus leben, aber es gibt den Imperialismus. Denken Sie an den Räuber, der in Ihre Wohnung eingedrungen ist, Herr Schorlemmer ...

HANS-DIETER SCHÜTT: *Sie haben durchgehalten?*

FRIEDRICH SCHORLEMMER: Ja. Schwindlig wurde mir vor Augen. Ich hatte glücklicherweise zwei Kommilitonen, mit denen ich zufällig in einem Zimmer zusammen wohnte, sie hatten auch verweigert. Wir hielten gleichsam einander. Ein anderer musste dann noch zu den Bausoldaten, sogar nach abgeschlossenem Studium. Mich haben sie in Ruhe gelassen. Aber immer diese Ungewissheit: Was machst du, wenn der Staatsanwalt vor der Tür steht und sie dich holen? Ich will das überhaupt nicht hochstilisieren. Aber die Angst, das weiß ich seitdem, ist eine eigene Realität. Real ist nicht nur das, was einem tatsächlich geschieht, sehr real ist auch die Vorstellung, welche Damoklesschwerte sie über dir aufhängen. Überall die drohende Ankündigung, der Faden, an dem diese Schwerter hingen, sei sehr, sehr dünn. Vor allem belastete mich, was ich Ihnen schon erzählte – dass meine Mutter sagte: Junge, wie kannst du uns das nur antun. Seit diesem Moment hatte ich ein sehr gespaltenes Verhältnis zu meinen Eltern. Ich habe ihnen gesagt: Wisst ihr, ich hab das doch alles in Büchern gelesen, die ihr mir gegeben habt – ich habe die Bücher von Borchert gelesen, ich habe »Nackt unter Wölfen« gelesen, ich habe Dietrich Bonhoeffer gelesen, ich habe vom 20. Juli 1944 erfahren, und ich habe erfahren, was der Krieg angerichtet und was Vater in Russland erlebt und von dort erzählt hat. Ich bin dem gefolgt, was ihr in mir angelegt habt. Die Eltern schwiegen. Sie ließen mich gewähren, aber ich hatte nicht die Gewissheit ihres unzweifelhaften Beistandes. Das tat mir weh.

HANS-DIETER SCHÜTT: *Warum wollten Sie neben Theologe auch noch Politologie studieren?*

FRIEDRICH SCHORLEMMER: Ich wollte begreifen, wie ein Volk, zu dem ich selber gehörte, so tief sinken konnte wie unter Hitler. Ich wollte die Zusammenhänge wissen, die ein Volk seelisch, geistig zerrütten. Ich wollte die Kräfte studieren, die da wirken. Mein Interesse war durch die Schriften Walter Hofers geweckt worden, seine Bücher über den Nationalsozialismus, das Thema begann mich beizeiten sehr zu beschäftigen. Und so hatte ich geplant, in Ost-Berlin zu wohnen und im Westen der Stadt zu studieren. Ich wollte nicht abhauen, ich wollte hier bleiben. Im August 1961 war ich siebzehn, ein strahlend schöner Sonntag – er kennzeichnete das Ende, ich war eingemauert. Also studierte ich in Halle. Es war hart, eine gnadenlose Kacke. Du kommst als junger Mensch glühend dahin, mit großen existentiellen Fragen, und die belatschern dich mit drei alten Sprachen, mit Kirchengeschichte der frühen Väter und all diesem Wust, der die gegenwärtigen Fragen ersticken soll. Ich hätte damals gern mal gewusst, was war der Bauernkrieg, wie hat Luther sich da verhalten. Also: rein in die Dinge, die von zeitgenössischer Bedeutung sind! Wie ist in der biblischen Geschichte das Aufwühlende mit Kain und Abel zu verstehen, überhaupt, wie ist das mit bestimmten verwandtschaftlichen Verhältnissen in der Bibel? Manches geht doch biologisch überhaupt nicht. Wenn man da naiv weiterdachte, musste man zu dem Schluss kommen, die Welt würde von Inzucht überzogen. Das in der Bibel Erzählte ist aber, inzwischen weiß ich das natürlich, gut erklärbar – es gibt einen Schlüssel dafür, wie die biblischen Legenden zusammengesetzt sind, aus sehr verschiedenen

Traditionen nämlich, und wie man daraus eine Abfolge entwickelt hat, und welchen Sinn es zum Beispiel hat, dass die erste Tat des Menschen außerhalb des Paradieses ein Mord ist ... Aber als ich zur Universität kam, haben die da stundenlang über die beiden Urströme im Paradies reflektiert, das ging bis in die alten Religionen im Zweistromland, dann wurden die sieben verschiedenen literarischen Schichten der Bibel freigelegt; alles wichtig, aber wichtiger ist doch die Frage: Wie kann ich so einen Text für mein Leben verstehen? Wie kann ich ihn in jetzige Zusammenhänge bringen, wie kann ich so einen Text heute als einen Teil heiliger Schrift glauben? Also: Wie finde ich seine Wahrheit, statt ihn nur in seine philologischen und sonstigen Bestandteile zu zerlegen? Es war so, als hätte ich wissen wollen, was der Mensch sei und deshalb Pathologie studieren würde. Ich hatte den Eindruck, an der Universität würde theologische Pathologie betrieben. Ich war verzweifelt.

HANS-DIETER SCHÜTT: *Hing das mit politischer Indoktrination zusammen? Mit DDR-Spezifik?*

FRIEDRICH SCHORLEMMER: Natürlich hing das einerseits mit der DDR zusammen. Aber so eine Methodik hat auch zu tun mit verkrusteter theologischer Tradition, mit religionswissenschaftlichen Arbeitsteilungen, die ich nie akzeptierte. Für mich ist Theologie vor allem die Kunst des menschennahen Verstehens historischer Texte.

HANS-DIETER SCHÜTT: *Sie haben das Studium durchgehalten.*

FRIEDRICH SCHORLEMMER: Ja. Ich habe mich ein bisschen gerettet, indem ich nur in jene Vorlesungen ging, die unbedingt nötig waren. Ich habe mich im Vorlesungsraum zunächst weit nach vorn gesetzt, um von den Professoren gesehen zu werden. Später ließ ich das sein, ich dachte mir, bei den paar Hanseln, die sich diese Lektionen antun, sieht man mich auch weiter hinten, und außerdem las ich fortwährend andere Bücher oder Schriften, da fiel man in den hinteren Reihen nicht so auf. Später ließ ich selbst diese Vorsicht fallen, ich saß mitunter vorn und las, ganz offen. Nur bei einem Lehrer war ich hellwach: bei dem Theologen Hans-Georg Fritsche, der uns in die Philosophie einführte. Das war großartig. Nach dessen Vorlesungen musste ich regelmäßig etwas essen, um das beruhigende Gefühl zu kriegen, das pochende Blut im Kopf sackt wieder ab in den Magen, der schöne quälende Druck des

Denkens, des Begreifens lässt nach. Er war ein merkwürdiger Mensch, ein Junggeselle. Als nach 1989 verbreitet wurde, er sei bei der Stasi gewesen, hat mich das nicht umgeworfen. Was hätte der wohl zu berichten gehabt? Ich verdankte ihm viel. Irgendwann hatte man ihm untersagt, weiter Vorlesungen zu halten, es kamen immer viele Studenten aus anderen Fachrichtungen. Seine Veranstaltungen waren wie ein inoffizielles geistiges Zentrum, das musste unterbunden werden.

HANS-DIETER SCHÜTT: *Wie haben Sie sich das Studium finanziert?*

FRIEDRICH SCHORLEMMER: Ich kellnerte. 1964 war ich als Student auch mal Statist – im Film »Der geteilte Himmel«. Die Passage, in der ich zu sehen gewesen wäre, ist leider herausgeschnitten worden. Gedreht wurde in Halle, die DEFA hat gut bezahlt. Fünfzehn Ostmark pro Tag, viel Geld. Die Wäsche schickte ich nach Hause, die Mutter schrubbte und mühte sich mit dem großen Kessel ab, da war noch nichts mit Waschmaschine und Schleuder. Ursprünglich wollte ich, um Geld zu verdienen, zum Theater. Den Floh hatte mir mein Vater ins Ohr gesetzt: Kulissen schieben, das würde was bringen, und ich sei in der Nähe der Kunst. Aber da hatte ich keine Chance, zu viele Bewerber. Dann habe ich im Kaffeewerk Halle Kaffeesäcke geschleppt, auf dem Güterbahnhof Stückgut. Nachts gab es Zuschläge, acht Mark mehr für die ganze Schicht. Zum Kellnern bin ich durch Max gekommen. Im ersten Studienjahr hatte ich ihn kennengelernt. Mit einem Freund saß ich in der Kneipe – fast jeden Abend, nach der Arbeit, nach zehn, haben wir noch ein kleines Schnitzel gegessen, mit Brot und einem Ei drauf. Es war im Frühjahr 1963. Da saß ein Mann, er rauchte seine Zigarette, er hatte ein richtig verledertes Gesicht. Mit seiner riesengroßen Brille saß er da und grinste ausdauernd herüber. Dann fasste er urplötzlich in die Tasche und legte einen Judenstern auf den Tisch. Er erzählte, dass er dem Lager Theresienstadt vorstand, das eben noch KZ war. Das muss man sich vorstellen: dass diese Juden in ihrem Todeslager blieben, weil sie nicht wussten, wohin sie nach der Befreiung sollten. Keine Familie mehr, keine Verwandten mehr, keinen Wohnort mehr, in ihren Häusern andere Flüchtlinge – und die Ahnung, dass sie überall auf Misstrauen und Kälte stoßen würden, denn sie waren deren personifiziertes schlechtes Gewissen, das nun frei und anklagend herumlief. Also blieben sie in Theresienstadt, und Max, Kommunist und Jude aus Halle, hat nach der Befreiung dieses Ex-KZ geleitet. Später kam er nach Halle zurück, bekam als KPD-Mitglied die Wohnung eines Nazis, aber aus Enttäuschung über das kommunistische System, das sich etablierte, verließ er die Parteiarbeit und ging in die Gastronomie. In Halle gab es damals nicht mal mehr ein Dutzend männlicher Juden, zu wenig, um einen Synodalgottesdienst feiern zu können.

HANS-DIETER SCHÜTT: *Max war der Chef der Kneipe?*

FRIEDRICH SCHORLEMMER: Ja. Es war eine HO-Bude. Der vorherige Chef war ausgewechselt worden, weil er nur rote Zahlen geschrieben hatte, natürlich musste er nichts nachzahlen, solche Großzügigkeit nannte sich bekanntlich Sozialismus.

HANS-DIETER SCHÜTT: *Dass Sie kellnerten, kann man sich gar nicht so recht vorstellen.*

FRIEDRICH SCHORLEMMER: Studieren und dann zusätzlich bis spät in die Nacht arbeiten, das fiel mir nicht leicht, es ging an die Substanz. Aber ich verdiente relativ gut. Am 1. Mai kamen die Arbeiter in diese Kneipe in der Leninallee, sie kamen mit ihren Familien, tranken ausgiebig und gaben reichlich Trinkgeld. Kamen die Handwerker, rauchten die ihre dicken Zigarren, und wenn die Zeche 18 Mark 98 betrug, sagten sie generös: 19! So sind sie, die was haben: blöde knausrig! Neben dem Kellnern bot ich Gästen übrigens auch einen anderen Dienst an: Ich betrieb Conference, zum Beispiel bei Hochzeiten. Mir taten die Leute leid, wenn sie rumsaßen und nicht wussten, was sie miteinander anfangen sollten. Also legte ich mir Texte zurecht, und wenn ich merkte, die haben ja gar kein Programm, gar kein Konzept für die Feier – dann schlug meine Stunde, und ich freute mich, nicht nur Bier herumschleppen zu müssen. Das gab mitunter zehn Ostmark zusätzlich. Einmal kam der Kneipenwirt und sagte, du, heute hat der Zoll – alles Stasi – eine Feier, nur dass du Bescheid weißt. Jedes Mal, wenn ich bei denen mit meinen Bierladungen hereinkam, war augenblicklich Ruhe. Alle Gespräche verstummten. Es hatte etwas Bizarres, Surrealistisches. Jemand hatte denen gesteckt, dass ich Theologiestudent sei. Wenn ich reinkam, kam der Feind herein. Kaum war ich draußen, war die Runde wieder ausgelassen. Irgendwann, wieder bei einer Stasi-Feier, rempelte mich einer an, er war ziemlich besoffen, und die Tablettladung

Schnaps kippte ab. Schnaps war teuer. Ich fragte den, was denn mit der Bezahlung sei, er hatte die missliche Lage schließlich verschuldet. Da ging dieser bullige Mensch mich an. Der Mann hinter der Theke, der die Kneipe leitete, nahm den Kerl am Schlafittchen und schmiss ihn raus. Er kam nicht wieder herein. Diesen Moment habe ich in Erinnerung als einen großen Augenblick der Dankbarkeit: Es gab jemanden, der mich davor bewahrte, zusammengeschlagen zu werden. Den Schnaps zahle ich, sagte der Kneiper. Er zahlte ihn natürlich nicht. Ich auch nicht. Eine Ladung vergossenen Schnapses schulde ich dem Sozialismus bis heute.

HANS-DIETER SCHÜTT: *Wann haben Sie angefangen, sich publizistisch einzumischen?*

FRIEDRICH SCHORLEMMER: Ich glaube, das war im Frühjahr 1968. Es gab eine Zeitungsdebatte: Was ist der Mensch? Kain oder Prometheus? Ich habe mich beteiligt, aber natürlich ist nichts von mir veröffentlicht worden. Diese Diskussion wurde aus verständlichen Gründen sehr schnell wieder abgebrochen, ohne Begründung. Es gab wohl zu wenige prometheische Zuschriften.

HANS-DIETER SCHÜTT: *Sind Sie 1968 zur Wahl gegangen, als über eine neue DDR-Verfassung abgestimmt wurde?*

FRIEDRICH SCHORLEMMER: Ja, das war das einzige Mal, und ich habe natürlich mit »Nein« gestimmt. Es war ein sehr trauriger Tag für mich. Die SED hat gezittert. Aber sie brauchte nicht zu zittern. Das Volk war gefügig.

HANS-DIETER SCHÜTT: *Die Jahre in Merseburg, als Jugend- und Studentenpfarrer, haben Sie als Ihre schwierigsten, aber auch schönsten Jahre bezeichnet.*

FRIEDRICH SCHORLEMMER: Ja, einer »meiner« Gemeindemitglieder hat sogar etwas darüber geschrieben: der Theatermann Michael Schindhelm. Ihm habe ich an einer Schaltstelle seines Lebens, damals war er siebzehn, wahrscheinlich etwas mitgeben können fürs Leben. Darüber bin ich glücklich. Am Einzelnen erfüllt sich alles – und alles scheitert.

In seinem Roman »Roberts Reise«, einem autobiographischen Essay, schildert Schindhelm, Chemiker, lange Jahre Theaterintendant in Basel, jene Zeit; Schorlemmer heißt in diesem Buch Schollenmacher.

»*Es begann mit einem Beinahe-Rückzug, bevor es begann. Meine Zustimmung, nach dem Abitur in der Sowjetunion Chemie zu studieren, hätte ich gerne widerrufen, bevor es losging. Wäre da nicht der protestantische Ehrgeiz der Eltern gewesen. Meine Haltung erschien absurd genug. Wie kann man an einer Spezialschule für Naturwissenschaften die Reifeprüfung ablegen und dann Priester werden wollen? Genau das wollte ich.*

Der unfreiwillige und ahnungslose Anreger dieses Wünschens war Johannes Schollenmacher und seine Studentengemeinde. Das Pfarrhaus hatte den vertrauten protestantischen Geruch: nach alten Möbeln und Büchern und Waschmitteln aus dem Westen. Die Einrichtung der Zimmer war provisorisch und großzügig zugleich. Ich ging mit Olaf dorthin, durch stockdunkle Gassen, deren Gebäude längst unbewohnt und verfallen waren. Tote Fensterlöcher, bizarre Fassadenfetzen, steter Tropfen aus perforierten Dachrinnen. Eine schmierige Pflasterstraße führte an einer mittelalterlichen Mauer entlang: eine verwunschene Stadt.

Im Pfarrhaus trafen wir Leute, die wir nicht hätten treffen dürfen und nur an diesem Ort treffen konnten. Hierher fanden Mathematikstudenten und prominente Literaten, zwischen den Gesprächen zupften uns die blondschöpfigen Kinder aus dem Nachbarhaus an den Ärmeln, um mit uns auf dem feuchten, moosgeränderten Hinterhof Ball zu spielen.

Nach dem Eklat um Biermann hatten sich ein paar Intellektuelle der missratenen Republik noch einmal zusammengerauft. Manche sind dann freilich schnell wieder umgekippt oder haben sich ins Bett gelegt. Man hatte in diesem Kreis längst oder sehr bald seinen absehbaren Konflikt mit dem Regime. Viele sind an diesem Konflikt erfolgreich geworden.

Olaf ging noch einen Schritt weiter als ich und zog in den letzten Monaten unserer Schulzeit mit einer Liedermacherin durch die Kirchen des Landes, allerdings mehr von einem Musiker als von der Sängerin angezogen.

An Schollenmachers Tisch fielen Sätze, die sich schwer mit dem Leben und den Dingen draußen vereinbaren ließen, zumindest mit deren öffentlicher Seite. Wir streiften durch Dorothee Sölles Glaubenswelt, ihre Gedichte in Ormig-Kopien auf den Knien, erfuhren von einer alternativen ökonomischen Konzeption des Sozialismus, an der ein Mitarbeiter im Bereich Wirtschaftswissenschaften der Hochschule arbeitete, und lausch-

ten den öligen, nasalen Erzählungen eines Dichters im prächtigen Rollkragenpullover aus Schafswolle.

Es wurde viel geraucht und kaum getrunken, ein Student mit furchterregend dicken Brillengläsern forderte den Aufbruch in eine kultischorgiastische Konfession, ein anderer sprach mit sachter, leiser Stimme von seiner Mutter, die ihn allein aufgezogen und dabei den Vater zu ersetzen versucht hatte, den Vater, der in russischer Kriegsgefangenschaft geblieben war. Die Gräuel des Stalinismus, sagte jemand, seien selbst angesichts jener, die die Deutschen auf dem Gewissen hätten, nicht unter den Teppich zu kehren.

Es gab viel Neues unter Schollenmachers Zimmerdeckenlampe, die eigentlich nur aus einer einfachen Glühbirne bestand und von Zeit zu Zeit von einem Papierstern umkleidet wurde. Johannes gewann so etwas wie den Rang eines Meisters, er versammelte nicht so sehr Gläubige als flirrende Geister. Zum ersten Mal erlebte ich die energischen Bedrängungen, es einem anderen nachtun zu wollen. Dieser Pfarrer entwickelte Faszination, und ich sah mich schon selbst in einem solchen Haus, umduftet von alten Möbeln, Büchern und Waschmitteln aus dem Westen.

Schollenmacher erfuhr nicht von der ungewollten Initiation, die er bei mir ausgelöst hatte. Er wurde – für mich überraschend – nach Wittenberg versetzt. Sein Nachfolger erwies sich keineswegs als ein Ermutiger meines unreiflichen Entschlusses. Überhaupt fiel die Spannung im Kreise schnell ab, auch fehlten bald die Besucher mit Rollkragenpullover aus Schafswolle und ihren respektbietenden Meinungen und herbstbelaubten Versen. Es wurde nicht mehr geraucht, der Waschmittelgeruch verstärkte sich peinlich. Trotzdem trug sich das Tauziehen um meine Zukunft im elterlichen Hause aus. Der Kampf war fair und kurz. Im Grunde hätte ich mir vorab im Klaren sein müssen, dass es mit meinen Eltern kein Zurück gab.«

FRIEDRICH SCHORLEMMER: Die so genannten Staatsorgane hielten es für eine besondere Perfidie der Kirche, ausgerechnet an der »Roten Hochschule«, die den Namen des Karl-Marx-Freundes Carl Schorlemmer trug, einen Mann mit dem nicht oft vorkommenden Namen Schorlemmer zu installieren, »zur gezielten Verwirrung« der Studenten. Man streute bösartige Gerüchte, bis hin zur Behauptung, ich sei nicht ganz dicht im Kopfe. Kurios, dass der evangelische Studentenpfarrer Schorlemmer, der katholische Studentenpfarrer Engels und der Hochschul-Professor für Gesellschaftswissenschaften Heiland hieß. Es gab auch sehr bittere Dinge. Assistent Thomas Heinemann hatte aus meinem eingeschmuggelten »Spiegel« die Gefängnistagebücher von Jürgen Fuchs 1974 abgeschrieben, in seiner Wohnung fand eine Haussuchung statt. In mehreren Verhören hat ihn die Stasi so erpresst, dass er in eine schwere Psychose geriet, in deren Folge er starb. Sein Tod ist nie wirklich aufgeklärt worden. Er hatte sich schwer belastet gefühlt, weil er einen Namen preisgegeben hatte – nämlich meinen. Ich habe vergeblich versucht, ihn von diesem Schulddruck zu befreien. Das war doch keine Schuld!

HANS-DIETER SCHÜTT: *Wann begann die systematische Bespitzelung durch die Staatssicherheit?*

FRIEDRICH SCHORLEMMER: 1962, als ich zu studieren anfing. In meinem Studienjahr waren fünfundzwanzig Studenten, fünf waren bei der Stasi, bei zweien wurde es ziemlich früh bekannt. Die anderen drei enttarnten wir erst später. Einer arbeitete später beim CDU-Chef Götting. Einer meiner besten Studienfreunde war auch IM. Mit ihm habe ich immer vertrauensvoll gesprochen, wenn ich mal wieder vermutete oder herausgefunden hatte, wie man gegen mich vorging. Einige der Spitzel hatte man direkt zum Theologiestudium abkommandiert. Klassenauftrag: Arbeit in Feindesland; eine Art Kundschaftertätigkeit im »geistigen« Ausland. Aber angefangen hat eigentlich alles viel früher. Als ich vierzehn war, stand bibbernd ein Mann vorm Pfarrhaus. Er würde von der Stasi verfolgt, seine Frau sei schon im Westen, er wolle auch weg, aber er habe Angst und brauche Rat vom Pfarrer. Mein Vater war gerade bei einer Beerdigung, ich setzte den armen, verunsicherten Mann ins Arbeitszimmer meines Vaters, raste zu den Angehörigen, zog meinen Vater angstvoll und im Gestus des Retters nach Hause. Es war im Winter, der Flüchtling war viele Kilometer herumgeirrt, und mein Vater – schickte ihn weg, gab ihm nicht mal ein Abendessen, riet ihm lediglich, in seinen Heimatort zurückzukehren und dort abzuwarten. Es kam zum ersten großen Streit zwischen mir und meinem Vater, den ich hartherzig nannte. Wenig später erfuhr er von Kollegen, der vermeintliche Flüchtling habe mehrere Pfarrer aufgesucht. Die Stasi hatte mein Mitgefühl, meine Barmherzigkeit übel missbraucht. Diese Methode wurde auch später praktiziert: Als ich Studentenpfarrer war, gab es welche, die eine seelische Notlage vorspielten und wegen vermeintlicher politischer Verfolgungen meinen Rat einholten: Es waren, wie ich später erfuhr, Mitarbeiter der Stasi. Als ich ins Internat der Mittelschule gekommen war, erhielt ich einen FDJler quasi als Bewacher, der sagte mir gleich zu Beginn klipp und klar, dass er meine »religiöse Agitation« – die ich gar nicht im Sinn hatte – rigoros zu unterbinden trachte. Er hatte einen Auftrag von der Schulleitung, vorher hatte er in einem Zweibettzimmer gewohnt, nur wegen seines Auftrags musste er in unser Fünfbettzimmer umziehen, er belegte das Bett über mir, er umkreiste mich wie ein hämischer böser Geist; ich sagte mir, das ist die Versuchung, das ist der Antichrist, das ist Luzifer – jetzt weißt du, dass es den Teufel gibt, der dich piesackt und peinigt. Der Kerl hat mich geradezu angestachelt, geistig aktiv zu werden, die Gegenposition aufzubauen. So ging das immer weiter. Ich weiß inzwischen, dass später, in Schulungen für Polizisten in Wittenberg, gesagt wurde, es könne doch nicht so schwer sein, das »Problem Schorlemmer« durch einen Verkehrsunfall zu lösen. Ich war unter »Johannes« registriert, und schon 1977 schreibt die Stasi, es sei »der Verdacht erarbeitet« worden, »daß der ›Johannes‹ unter Missbrauch seiner beruflichen Tätigkeit staatsfeindliche Hetze durchführt«, und es wurden die Paragraphen aufgezählt, die zur sofortigen Verhaftung wegen »politischer Untergrundtätigkeit« hätten führen können. Unter den geplanten »Zersetzungsmaßnahmen« gegen mich und unsere Gruppe steht unter anderem: »Erzeugen von Misstrauen und gegenseitigen Verdächtigungen ... Verwendung anonymer oder pseudonymer Briefe, Telegramme, Telefonanrufe usw.; kompromittierende Fotos, z. B. von stattgefundenen oder vorgetäuschten Begegnungen; die gezielte Verbreitung von Gerüchten über bestimmte Personen; gezielte Indiskretionen ...« Verhaftet wurde ich nur nicht »auf Grund der kirchenpolitischen Situation«. Der Journalist Michael Dorndorf beschrieb 1991 eine Szene auf einer Synodentagung der Kirchenprovinz Sachsen, zu DDR-Zeiten. Zu Gast waren da immer auch SED-Leute der Abteilung Inneres. »Plötzlich bemerkte einer: Den müsste man aufhängen! Alles guckte, ich drehte mich auch um. Pfarrer Schorlemmer war eben aus der Tür getreten. Er war gemeint.« 1988 gehörte ich in Wittenberg zu jenen »gefährlichen Konterrevolutionären«, die in der »Aktion Sandkasten« verhaftet werden sollten, falls sich nur der geringste Anlass böte. In einem Papier des Leiters der Bezirksverwaltung für Staatssicherheit Halle wurde die »Überführung der Personen in das Isolierungsobjekt der Bezirksverwaltung Halle, Am Kirchtor 20« verfügt. »Es sind alle Voraussetzungen zur Sicherung der Personen zu treffen, um ein mögliches Entweichen oder Flüchtigwerden zu verhindern.« Bewaffnung, »je Mitarbeiter: 1 Pistole und 14 Schuss

Munition, je Festnahmegruppe 2 Mpi-K und 60 Schuss Munition, Ausrüstung je Festnahmegruppe 1 Führungskette, 1 Normteil 3-tlg. (Schlagstock), 1 Taschenlampe«. Von zwölf zu Internierenden waren fünf aus unserer Gruppe ... Ach, Schluss jetzt, ich höre auf mit dem Ekel dieser Beispiele. Ich könnte mein ganzes Leben in der DDR an Hand der Stasi erzählen. Aber so wäre es die Stasi, die mein Leben erzählte – bis ich womöglich glaube, es wäre wirklich mein Leben.

HANS-DIETER SCHÜTT: *Sie haben die Veranstaltung organisiert, zu der auch der Dichter Reiner Kunze kam – eine Woche später verließ er mit seiner Frau die DDR.*

FRIEDRICH SCHORLEMMER: In Roßbach, im April 1977. Diese Veranstaltung, zu der er kam, hatte ich so konzipiert, dass ich nur ganz persönlich eingeladen hatte, so, als sei es eine rein privates Treffen. Ich wollte die Studentengemeinde nicht mit hineinziehen. Eine meiner vertrautesten Studentinnen, die ich später sogar für eine Arbeit im Magdeburger Konsistorium empfahl, gehörte zum engsten Vorbereitungskreis. Sie war seit ihrem siebzehnten Lebensjahr von der Stasi angeheuert. Sie schrieb über dieses Treffen mit Kunze einen siebzehnseitigen Bericht, den man 1990 mit anderen Spitzeltexten auf einer Müllhalde in Gera fand.

HANS-DIETER SCHÜTT: *1978, so heißt es in einem Ihrer Texte, hätten Sie selber Kontakt mit der Stasi aufgenommen. Sie sind auf Mitarbeit angesprochen worden?*

FRIEDRICH SCHORLEMMER: Nein, um Gottes willen!

HANS-DIETER SCHÜTT: *Aber das mit dem Kontaktgedanken stimmt doch.*

FRIEDRICH SCHORLEMMER: Richtig. Ich bin aber nicht etwa in die Kreisdienststelle gegangen. Ich wollte versuchen, denen klarzumachen ...

HANS-DIETER SCHÜTT: *Wie?*

FRIEDRICH SCHORLEMMER: Ich hatte mir vorgestellt, ich könnte doch versuchen, mit dem Mann von der Staatssicherheit zu reden, dem

Herrn Jakobi, der sich um mich »kümmern« wollte, wenn ich von Halle nach Merseburg ginge.

HANS-DIETER SCHÜTT: *Sie sind hingegangen zu ihm?*

FRIEDRICH SCHORLEMMER: Ich habe ernsthaft überlegt und das auch mit meiner Frau besprochen. Ich wollte das nicht auf mir sitzen lassen: schuld daran zu sein, wenn jemandem Steine in den Berufsweg gelegt würde. Einige Eltern hatten mir nämlich vorgeworfen, ich würde als Studentenpfarrer politisch verführerisch wirken, aber dann nicht mehr verantwortungsbewusst bedenken, was aus den jungen Leuten würde, die ich zur Zivilcourage aufriefe und zur Wehrdienstverweigerung ermuntere. So was macht einen ja vorsichtig und nachdenklich. Als es wieder mal eine Unterschriftenaktion gab, ging es mir darum, denen von der Stasi klarzumachen, dass dies keine staatsfeindliche Aktion war, sondern Ausdruck ehrlicher Sorge – wegen der Aufrüstung der USA mit Neutronenbomben. Aber so etwas war nur als staatliche Propagandamaßnahme erlaubt.

HANS-DIETER SCHÜTT: *Was warfen Ihnen die Eltern vor?*

FRIEDRICH SCHORLEMMER: Da ich Pfarrer werden wollte, betrieb ich selbstverständlich Friedenserziehung. Da gab es Eltern, die haben gesagt: Hören Sie auf! Lassen Sie unser Kind in Ruhe! Als ich Seminare leitete, 1978 in Merseburg, über Wehrkundeunterricht und über Friedenserziehung, da habe ich mit den Fünfzehn- bis Siebzehnjährigen auch über die Frage der Wehrdienstverweigerung gesprochen. Das war für diese jungen Menschen so überzeugend, dass mancher daheim eine Entscheidung für sich traf, welche aber die Eltern in Sorge stürzte. Da kam also manche Mutter und sagte: Lieber Herr Pfarrer Schorlemmer, wir schicken unsere Kinder nicht zu Ihnen, damit sie später keinen Beruf kriegen. So war das. Worte aus Familien, die christlich engagiert waren, mit denen es ansonsten großes Einvernehmen gab. Ich kann mich besonders an eine Frau erinnern, mit der ich heute noch gut befreundet bin. Auch sie kam damals zu mir. Ich verstand sie sehr gut, aber ich war auch erschüttert.

HANS-DIETER SCHÜTT: *Machten Sie sich Vorwürfe?*

FRIEDRICH SCHORLEMMER: Ich prüfte mich, ich sann dem wirklich nach, was ich gesagt hatte. Aber ich hatte die Jungen nicht bedrängt, war nicht suggestiv geworden, nein, ich glaube schon, dass die Betroffenen eine eigene reife Entscheidung trafen. Ich war der Auslöser, das allerdings. Ich konnte, etwa der Frau, die zu mir kam, nicht sagen: Ich bitte Sie um Entschuldigung, ich habe Ihren Sohn zu einem falschen Schritt verholfen. Nein, es war ja richtig, dass Sohn Stefan verweigern wollte!

HANS-DIETER SCHÜTT: *Hat er verweigert?*

FRIEDRICH SCHORLEMMER: Er war ein sehr guter Schüler, er hatte gute berufliche Perspektiven, er hat daher nicht verweigert. Diese Familie gehörte ganz engagiert zur Gemeinde, vor allen Dingen die Frau. Sie kam als einzige der Mütter zu meinen Jugendseminaren. Weil sie sich dafür interessierte. So also, dachte ich mir, kann Gemeindearbeit auch sein: dass Eltern bei den Veranstaltungen dabei sind, ohne als Störfaktor zu wirken – indem sie sich nämlich nicht als Kontrolleure, sondern selber als Lernende und Mitdenkende verstehen. Und ausgerechnet diese Frau kommt zu mir und sagt plötzlich: Jetzt ist aber Schluss! Er hat mich fast zerrissen, dieser Konflikt. Oder ein anders gelagerter Fall: Einem jungen Mädchen wurde von ihrer Mutter verboten, weiter zu meinen Jugendseminaren zu kommen. Diese Mutter hatte von einem anderen Pfarrer gehört, also der Schorlemmer, aufgepasst!, der ist ein verkappter Marxist. Der bringt den jungen Leuten eher Marx bei als Gott. Daraufhin das Verbot. Das war für mich ein schönes bitteres Beispiel für die gebräuchliche Verhaltensweise: Man lebte äußerlich angepasst in diesem Land, war aber innerlich absolut gegen das System – ich aber wollte immer die Auseinandersetzung, ich wollte mich der Widersprüchlichkeit der Dinge stellen, ja, ich hatte keine Angst vor so genannter Feindberührung. Weil ich wusste, dass auch beim schärfsten Gegner Wahrheit zu finden ist. Das führte dann bei der erwähnten Frau zur Verkürzung, ich sei gleichsam ein Diener des Systems. Aber diese Hinwendung zum Problem, zum Gespräch über das Problem, das möglichst keinen ausschließt, der an einem Problem beteiligt ist, das blieb mein Prinzip bis heute. Das habe ich bei Martin Buber gelernt ... Jedenfalls hat diese Mutter ihrer Tochter verboten, weiterhin zu mir zu kommen. Woraufhin das Mädchen daheim jedes Mal gesagt hat, sie gehe zur Disko. Sie ging aber zum Jugendseminar. Wissen Sie, da ist man als junger Pfarrer stolz darauf, was man doch für tolle junge Leute hat. Die Schwierigkeit war nur: Sie durfte nicht zu früh nach Hause kommen, Diskos sind erst spät zu Ende, also blieb sie häufig noch ein bisschen länger, als das Seminar dauerte, und wir hatten gute Gespräche miteinander. Sie war ein sehr interessiertes, ein sehr apartes Mädchen. Wunderbar: Sagt Disko, aber tut Jugendseminar – wo es um anthropologische Grundfragen ging, um Philosophie, um Politik, um Literatur ...

HANS-DIETER SCHÜTT: *Und offenbar auch um Marx!*

FRIEDRICH SCHORLEMMER: Unbedingt, vor allem um seine Frühschriften.

HANS-DIETER SCHÜTT: *Spannendere Zeiten – damals?*

FRIEDRICH SCHORLEMMER: Ja, obwohl ich sie nicht wiederhaben will. Aber heute, in einer Welt, in der es auf nichts ankommt, ist alles so furchtbar gleich gültig. Weil alles gleich gültig ist, wird alles gleichgültig. Und dann kommen junge Leute und machen sich über diejenigen her, denen noch nicht alles gleichgültig ist.

HANS-DIETER SCHÜTT: *Ich weiß, Sie meinen einen kühlen Grundton bestimmter junger Schriftsteller.*

FRIEDRICH SCHORLEMMER: Ich meine jene, die sich mit gutem Ausdruck aus der gemeinen Welt zurückziehen. Die sich genügen, und sei es auf höchstem Niveau. Nein, ich darf mich nicht selber dahin bringen, Lust und Kraft an der Einmischung zu verlieren.

HANS-DIETER SCHÜTT: *In einem Stasi-Auskunftsbericht von 1971 über Sie hieß es: »Als Wehrdienstverweigerer nahm er ständig Einfluss auf Theologiestudenten, damit diese in ihrer Absicht gestärkt werden, den militärischen Dienst mit der Waffe zu verweigern. Während der heftigen Auseinandersetzung betreffs der militärischen Ausbildung für die Theologiestudenten des zweiten Studienjahres im Jahre 1970 war der Einfluss des Schorlemmers unverkennbar.«*

FRIEDRICH SCHORLEMMER: Hübscher Genitiv, nicht? Des Schorlemmers. Ich war damals Studieninspektor im Sprachenkonvikt. Eine Aktennotiz, kalt, denunziatorisch ... Man kann von Menschen her Aktenberge erklären, aber nicht von Akten her die Menschen ... Ich erinnere mich an nächtelange Gespräche, an Angst, an gemeinsam erfochtene und durchgestandene Entscheidungen. Mehrere Studenten, drei davon aus dem Sprachenkonvikt, mussten ihr Studium unterbrechen und für achtzehn Monate zu den Bausoldaten. Den Auskunftsbericht, den Sie zitieren, habe ich im Übrigen gut in Erinnerung, denn er zitierte einen abgefangenen Brief, den ich 1963 als Neunzehnjähriger an einen Hamburger Freund geschrieben hatte. Darin war ich sehr deutlich geworden, im Grunde hatte ich den Brief als meine Meinungsäußerung zum Staat betrachtet – ich wusste doch und wollte sogar, dass der abgefangen würde. Er hat Karsten nie erreicht. In den Stasi-Akten habe ich den Brief folgerichtig wiedergefunden. Hier, das ist der Brief.

»Lieber Karsten!
Von einigen Seiten habe ich schon die Anfrage erhalten, ob ich denn überhaupt noch lebte. – An diesem Wochenende habe ich mir vorgenommen, meinen Vorlesungsplan erheblich zu kürzen zugunsten einer gewissen Gründlichkeit. 39 Wochenstunden sind Wahnsinn! Sodann hoffe ich, meine Korrespondenz etwas wiederzubeleben. Du wirst Dich doch dann auch nicht weiterhin in Schweigen hüllen?
  Ich erinnere mich, Dir am 20. 10. letztmalig geschrieben zu haben. Der Tag verlief verhältnismäßig ruhig. Wir haben uns sehr sachlich mit Oberschullehrern auf unseren Zimmern über unsere Gründe, die uns bewegten, nicht an der Volkswahl teilzunehmen, unterhalten. Mit intelligenten Menschen kann man wenigstens sprechen, nicht aber mit borniert en, 150-prozentigen Fanatikern, die es zweifellos in der bundesrepublikanischen Herrlichkeit (in der CDU/CSU häufiger!) auch gibt, immer und überall geben wird. Überzeugungsmethode: Vogel friss und stirb! – Irgendwelche Repressalien hat unser Nein bisher nicht nach sich gezogen, bis auf einen Kommilitonen, der seinen Leistungen entsprechend Leistungsstipendium hätte bekommen müssen. Das konnte er sich (wohnt mit mir zusammen) vorher ausrechnen, hat er auch!, denn auf den Beurteilungen sollte eine Stellungnahme zur Wahl stehen. Wir haben ausgerechnet, dass 97 000 Bürger zugegeben wurden, die sich nicht ›vollständig‹ hinter die Kandidaten der NF zu stellen gewagt haben.
  Der Generalsekretär der CDU, Gerald Götting, hatte vor unserer Fakultät vorher einen Vortrag gehalten, den wir nicht mit Trampeln, wie es doch bei Studenten üblich ist als Zeichen der Zustimmung, Anerkennung etc. (das schien er nicht zu wissen), sondern einige Ausführungen mit

Zischen und Husten kommentierten. Das ist ihm wohl noch nie in einer Versammlung passiert, in der er sich eineinhalb Stunden abmüht. Einige Passagen waren sehr scharf, drohend, ja unwahr, z. B. seine Stellung zu den 10 Artikeln der Bischofskonferenz vom März, die Du vielleicht kennen wirst. – Der Dekan sagte dann einige ganz grundsätzliche Bedenken, die wir als ernste Christen haben müssten; allerdings in etwas unpassender Form, dazu muss man unseren jede feierliche Situation durch Genöle entwürdigende Art Dekan kennen, um nicht aus der Haut zu fahren. Worte des Dekans: ›Wir kriechen hier so auf der Erde, haben unsere Alltagsprobleme ... und Sie, Sie sind da schon an der Spitze ... unsere Propaganda ist doch oft etwas plump ... da muss man noch viel lernen ... viel Fassade, denn die ganze Bevölkerung steht doch nicht so dahinter ... Meinungsfreiheit im Westen ist doch etwas anders! ... unsere Kinder kommen nicht auf die Schulen, Gewissenszwang in den Schulen (Jugendweihe!) ...‹ – Jede einzelne Ausführung wurde von uns mit Getrampel kommentiert, bis Herr G. Götting aufsprang und losbrüllte, ja er brüllte: ›Seien Sie demütig und dankbar, dass Sie ... noch an einer staatlichen Uni studieren dürfen, in nächster Zeit noch Ihre (im Vortrag sprach er immer von: wir Christen ...) Gottesdienste in ihren Kirchen feiern können. Dienen, dienen ... Dieser Hochmut! ...‹ Die Diskussion wurde abgebrochen. Es war sinnlos geworden. Meine Ausführungen könnten ein gefundenes Fressen für Briefschnüffler sein: Es ist die volle Wahrheit. Wir sind nicht politische Gegner unseres Staates, sondern fühlen uns als Christen, die sich nicht an eine irdische Macht verkaufen dürfen, die zu Lebensfragen nicht schweigen dürfen, die ihrem Gewissen zu folgen, nicht der Berechnung oder Angst nachzugeben haben und für andere stellvertretend auftreten müssen. Ansonsten wird unser Glaube immer unglaubwürdiger. Es ist gut so, dass in der industriellen Massengesellschaft eine Isolierung von der Welt nicht mehr möglich ist. – Ein Buch, das Dir vielleicht auf vieles Antwort geben kann, ist vor einigen Tagen im Chr. Kaiser-Verlag erschienen von Bischof Robinson: ›Gott ist anders.‹ Ich hörte heute zufällig davon. Nur gut, dass wir wenigstens diese Möglichkeit noch haben, wenn wir die Bücher schon nicht bekommen können. – Eine große Bitte noch: Ich brauche dringend für das Studium: Claus Westermann: Abriss der Bibelkunde (AT u. NT) erschienen in der Verlagsgemeinschaft des Burchhardthaus- und Kreuzverlages (I. Band der ›Handbücherei der Christen in der Welt‹). Wenn Du das finanziell erübrigen könntest? Du kannst selbstverständlich Revanche fordern! Bis zum nächsten Mal

grüßt Dich ganz herzlich Dein Friedrich«

HANS-DIETER SCHÜTT: *Sie waren Studieninspektor. Das klingt nach Dienstzeiten, nach Arbeitskontrolle.*

FRIEDRICH SCHORLEMMER: Ja, aber es war mehr. Wir hatten in diesem Haus für Theologiestudenten, in den Franckeschen Stiftungen, auch ein Wohnheim, das Wort Heim vermieden wir aber; convivere heißt zusammenleben, und ich habe als Inspektor sehr auf eine Atmosphäre der Gemeinsamkeit geachtet. Abends haben wir gemeinsam gegessen, in der Bibliothek, wer wollte, saß mit am Tisch. Wir kauften den Käse nicht gemeinsam, man sagte höchstens: Gibst du mir bitte von deinem Käse? Verstehen Sie? Jeder hat das Seine mitgebracht, und jeder gab. Außerdem folgte dieses »Abendmahl« sehr praktischen Erwägungen: Mit 140 Ostmark, wenn man da immer in die Kneipe gehen wollte ... Manchmal hatten wir nur Margarine, Zwiebel und Salz. Und Brot natürlich. Auch das ging, und es war schön für uns. Wir waren ein Anziehungspunkt. Irgendwann wohnten auch Studenten anderer Fächer bei uns. Da gab es zum Beispiel zwei Biologiestudenten, das war ein Numerusclausus-Fach, die beiden waren hochintelligent, die machten gleichsam das ganze Haus verrückt. Der eine, Oskar, hatte sich mit Determinismus beschäftigt, und er überfiel jeden, sei es auf dem Flur oder sonst wo, mit seinen Theorien. Er wollte gierig, manisch wissen, ob seine Determinismus-Ansicht widerlegbar sei, und er war natürlich davon überzeugt, sie sei unwiderlegbar. Plötzlich liefen alle wie angesteckt herum und sagten: Mensch, es gibt gar keine Freiheit – gegen das, was der Oskar sagt, kannst du gar nichts machen! So, wie der argumentiert! Der gute Kerl besaß einen deterministischen Furor, der an Fanatismus grenzte. Solches aufgeregte Leben fand bei uns statt. Oskar wohnte mit jemandem zusammen, eines Tages malten die ihr Zimmer aus. Das war im April 1968. Die gesamte Stadt war gepflastert mit »Ja!«-Wahlplakaten. In jedem Fleischerladen hing eins, im Miederladen lag neben den Büstenhaltern im Schaufenster die öde frohe Botschaft: »Wir stimmen offen mit Ja ab.« An den Straßenbahnen, überall. Du machtest früh einen Schritt hinaus in die Welt und warst umzingelt vom »Ja«. Nachts sind wir losgezogen und haben, wo wir in der Stadt eine Gelegenheit fanden, mit Fettstift oder Kreide »Nein« dagegen gemalt. Das war meine erste öffentliche Tat, und seltsamerweise, wenn ich darüber nachdenke: Wahrscheinlich hat da ausgerechnet das Vorbild von Kommunisten in der Nazizeit eine Rolle gespielt – einfach nachts illegal was gegen das Regime zu machen. Die Nacht ist die Stunde des Widerstandes. Unterwegs trafen wir auf Polizisten mit Hunden und Wassereimern. Wir waren offensichtlich nicht die Einzigen, gegen die vorgegangen werden musste. So, und was passierte? Auf dem Gelände der Franckeschen Stiftung war die ABF, jene berühmte Arbeiter-und-Bauern-Fakultät, die durch Kants »Aula« bekannt geworden war, die ABF-Studenten wohnten auf dem selben Areal wie unsere. Ein Stück weiter hinten lag ihre Schule. Und da, am Giebel dieser Schule, war plötzlich, mit Ölfarbe auf Naturstein, ein großes schwarzes »Nein« und daneben ein fett durchgekreuztes »Ja«. Da bekam ich wahnsinnige Angst um unser Haus. Ich hatte einen Freund bei der ABF, durch unsere gemeinsamen Einsätze bei der Kartoffelernte. Uns Theologen hat man ja im Studentensommer stets mit den Zuverlässigen zusammengebracht, also entweder mit ABF-Leuten oder mit Juristen. Und wie ich inzwischen weiß, waren diejenigen, die am freundlichsten zu uns waren, die stasimäßig Bestausgebildeten. Ob auch dieser Freund dabei war, ich weiß es nicht, und ich will es nicht wissen. Jedenfalls hat der mir damals erzählt, wie der Teufel los war an der ABF. Mensch, sagte er, dreh dich doch mal um, da malen welche ihr Zimmer, und die schreiben auf jede Fensterscheibe ein großes »Ja«. Ob wir verrückt seien! Das zöge doch sofort den Verdacht auf uns, auch das »Nein« auf dem ABF-Gebäude gepinselt zu haben. Wir sollten, sagte er, sofort die Fenster putzen. Natürlich habe ich Oskar und Konny trotzdem mächtig angeniest, das ganze Haus so in Gefahr zu bringen. Oskar hat mir nach zwei Jahren anvertraut, er wolle in die Wissenschaft, aber der Professor könne ihn als Assistenten nicht nehmen, wenn er weiter in unserem Haus wohne. Er solle sich, so die Order, eine Wohnung suchen. Oskar gestand mir, er habe gegen seinen Willen, gegen seine Überzeugung ein Schreiben an die Universität aufgesetzt, in dem er offenbarte, aus ideologischen Gründen nicht mehr bei den Theologen wohnen zu können. So war Oskar, denn so war die DDR. Oskar hat so gehandelt und gleichzeitig zu mir gesagt: Es ist schrecklich, lügen zu müssen, aber ich möchte Assistent werden. Er kriegte zwar keine Wohnung, er blieb bei uns wohnen, aber er hatte erfolgreich geheuchelt. Er wurde Assistent.

HANS-DIETER SCHÜTT: *Waren Sie oft in der Bezirksverwaltung der Staatssicherheit, in Halle?*

FRIEDRICH SCHORLEMMER: Nein. In zwei Fällen zu Verhören. Gespräche nannten die das, und ich ging ja immer davon aus, dass auch

Termine mit dem Rat des Bezirkes oder Rat des Kreises halbe Stasi-Termine waren. Anfang der siebziger Jahre habe ich dem Chef der Bezirksverwaltung mal unverblümt gesagt: Hören Sie, ich möchte endlich mein Buch über die südamerikanische Befreiungstheologie wiederhaben, das sich ein Herr Jakobi nach einem Verhör geborgt hatte. Wahrscheinlich nur, um meine Fingerabdrücke zu haben. Denn er hatte es sehr eilig in die Tasche gesteckt. Kam der Herr Jakobi tatsächlich und brachte mir das Buch zurück. Herr Jakobi, sagte ich, Danke für das Buch, vielleicht können Sie mir bei der Gelegenheit auch noch sagen, wie Sie wirklich heißen. Auf solche Witze waren die nicht so scharf. Er gab mir das Buch und sagte: Sie können sich darauf verlassen, Herr Schorlemmer, wir werden noch weiter miteinander zu tun haben, denn Merseburg gehört zu unserem Bereich, verlassen Sie sich drauf. Zu tun haben, wiederholte ich, aber wieso miteinander? Und, Herr Jakobi, warum sind Sie denn heute so aggressiv? Sagt dieser Staatssicherheitsoffizier zu mir: Ja, Herr Schorlemmer, sonst waren Sie immer aggressiv. Aha, dachte ich mir: Weil du Fragen an den Staat hast, weil dessen Logik nicht deine eigene Logik ist, giltst du schon als aggressiv. Später, als alles zusammenbrach, gingen diese Herren immer auf die andere Straßenseite, wie jemand, der nicht gesehen werden will. Solche Gefühle, solch ein Schleichen durch die Zeit, das sind die wahren Strafen für diese Leute.

HANS-DIETER SCHÜTT: *Was wurde aus Oskar?*

FRIEDRICH SCHORLEMMER: Er hat, glaube ich, in der DDR promoviert. Aber hier war ihm auf Dauer alles zu eng. Und seine Frau brauchte eine Therapie, die es in der DDR nicht gab. Meine Frau hat 1983 Helmut Schmidt, als er hier in Wittenberg war, das Gesuch Oskars übergeben können, in den Westen ausreisen zu dürfen. Sie hat Schmidt diesen Brief beim Gespräch des Bundeskanzlers mit dem Propst zugesteckt. Dem Gesuch wurde stattgegeben, Oskar konnte mit seiner Frau, einer Mathematikerin, die DDR verlassen. Schmidt im Lutherhof!, das war übrigens gespenstisch, ich habe Fotos davon. Da standen die Autos, und es herrschte eisige Stille, obwohl der Hof total überfüllt war. Überfüllt von stummen, versteinerten Männern, die kein Wort miteinander sprachen. Drückendste Überwachungsatmosphäre. Es wurde einem mulmig, und zugleich hätte man am liebsten laut loslachen wollen.

HANS-DIETER SCHÜTT: *Hatten Sie in der DDR Angst, ins Gefängnis zu kommen?*

FRIEDRICH SCHORLEMMER: Angst konnte man schon haben. Im Jahre 1975 brachte der RIAS einen kleinen Beitrag über mich, es ging um die Umweltverschmutzung in der Leipziger und Hallenser Gegend, unser Generalsekretär bei der Studentenpfarrer-Konferenz nahm mich zur Seite und flüsterte, das sei etwas ganz Schlimmes. Ein Student in Karl-Marx-Stadt flog von der Hochschule, weil er diesen Beitrag mitgeschnitten hatte. So waren die Zeiten. Zweimal hat die Stasi bewirkt, dass mir die Kirchenleitung ein Predigtverbot aussprach. Ich wollte auf keinen Fall ins Gefängnis. Mir waren drei Dinge bewusst: Erstens, dass die mich kaputtmachen können, die würden ganz schnell meine Lindenblatt-Stellen finden, da genügte Weniges, die bräuchten zum Beispiel bloß einen ihrer scharf gemachten Hunde reinführen, und ich verlöre vielleicht da schon allen Verstand, alle Courage. Die hatten die Macht, mein Leben zu zerstören, psychisch vor allem ... Zum zweiten wollte ich nicht in den Westen abgeschoben werden ... Und das Dritte, das für mich Wichtigste: Ich wollte bei den Leuten bleiben, für die ich da war. Und wollte nicht durch das Erleiden eines DDR-Gefängnisses prinzipieller Antikommunist werden.

HANS-DIETER SCHÜTT: *Sie müssen doch aber zugeben, dass dies ein sehr missverständliches Ansinnen war.*

FRIEDRICH SCHORLEMMER: Kein Antikommunist zu werden? Mein Vater war es, der mir erklärte, dass selbst Thomas Mann vom Antikommunismus als der »Grundtorheit des Jahrhunderts« gesprochen hatte. Ich habe den Text übrigens in keiner DDR-Ausgabe von Manns Werken gefunden. Seltsam. Thomas Mann hat das, was so oft auch in der DDR zitiert wurde, ganz anders gemeint. Er unterscheidet zwischen dem Kommunismus als großer humaner Menschheitsidee und dem Stalinismus als dem praktischen Verrat an dieser Idee. Antikommunismus sei die prinzipielle Grundtorheit, diese wichtige Unterscheidung nicht vorzunehmen, also mit der Distanz zum Stalinismus auch gleich das Ideal zu verdammen. Bloß dagegen zu sein, nur in der Negation zu leben – das ist eine Torheit! Dieser Torheit nicht anheimzufallen, heißt: dem Fremden zuhören, es wahrnehmen, nicht einfach und a priori draufdreschen bei Dingen, bei denen man ein Vorurteil hat und es nur immer bestätigt wissen will! Wo man demnach nicht mal Interesse an einem Vorverständnis hat.

HANS-DIETER SCHÜTT: *Was unterscheidet es vom Vorurteil?*

FRIEDRICH SCHORLEMMER: Vorverständnis ist nötig, um sich überhaupt auseinandersetzen zu können. Als ich Inspektor wurde und an den Giftschrank des eigenen Hauses durfte, fand ich da auch die Frühschriften von Marx. Ich dachte, wenn das verboten sei, dann müsse was Wahres dran sein. Also las ich, kriegte ein Vorverständnis, ein Vorgefühl dafür, was dieser Philosoph wollte. Aus diesem Fund entwickelte sich Ehrgeiz: Ich wollte haben, was verboten war.

HANS-DIETER SCHÜTT: *Zum Beispiel?*

FRIEDRICH SCHORLEMMER: Zum Beispiel die fantastische Persiflage von Hans-Joachim Schädlich auf den Schalmeien-Spieler Honecker. Die Nobelpreisrede von Solshenizyn, die musste ich mir damals unbedingt besorgen. Früher wurden noch ganz andere Reden gehalten als heute, auch beim Heine-Preis oder, noch besser, beim Büchner-Preis. 1958 dann die große Rede von Heinrich Böll, die prägend für mich wurde. Ich kriegte sie aus dem Westen. Ich war früh dieser Magie der »Worte« – im Unterschied zu den »Wörtern« – verfallen. Das ist ja auch mein großes, bleibendes Thema, als Theologe. Da denke ich sofort wieder an Franz Fühmann, an seine wunderbare Vorlesung, die dann auch in der DDR gedruckt wurde, 1972 an der Humboldt-Universität – eine Vorlesung über das Wort und die Wörter und die Wahrheit der Mythen ... Das heißt, ich habe versucht, an untersagte, zensierte, weggeschlossene, ausgebürgerte Literatur heranzukommen, weil ich in diesen Texten ein Wissen vermutete, das mir hilfreich sein könnte – im fordernden, kritischen, fragenden Kontakt mit denen, die solche Literatur verboten hatten. Man muss doch seinen Gegner mit dessen eigenen Waffen konfrontieren.

HANS-DIETER SCHÜTT: *Sie haben gleichsam die dialektische Methode von Marx angewandt ...*

FRIEDRICH SCHORLEMMER: Es war der große Sündenfall von Dr. Karl Heinrich Marx, dass er seine frühen Überlegungen nicht weiterverfolgt hat. Wenn er den Gedanken der zweiten Feuerbachthese weiter nachgegangen wäre, wenn der gesamte praktische Kommunismus das auch getan hätte, und die dritte Feuerbachthese dazu!, und nicht immer nur die elfte! – wer weiß ... Meine Zeit als Inspektor ist übrigens mit dem Schlusspunkt verbunden, den ich gewissermaßen unter die DDR setzte. Ich war Verantwortlicher für das Studentenheim, dreiunddreißig junge Leute lebten da – eine wunderschöne Zeit: etwas älter zu sein als die anderen, und doch dieses Jungsein mitzuerleben, darin bereichert aufzugehen ... 1971 kam ein Student des Wohnheimes vor Gericht. Es war ein Pastorensohn, dem man wegen Wehrdienstverweigerung das Studium verweigert hatte. Ein Uni-Professor der Chemie hat den Jungen, im Wissen um dessen Intelligenz, zu seinem persönlichen Assistenten gemacht, ohne Studium. Durfte nicht studieren, der Junge, war aber Assistent. Unglaublich. Das waren so die Tricks, durch die DDR zu kommen, und was der Professor machte, war wunderbar subversiv. Er erreichte dann, dass sein Student doch noch studieren durfte, in Erfurt. Aber in Christoph, so hieß der Junge, gingen noch andere Dinge vor. Eines Tages legte er Flugblätter aus, im Gebäude der Franckeschen Stiftung. Die Spur führte sofort zu uns. Die Kriminalbeamten kamen, und ich fragte, ob wieder ein Mord passiert sei. Kurz zuvor war in den Stiftungen ein Mädchen ermordet worden. Da sagten die: »Ja«. Ich aber wusste schon, dass Christoph verschwunden war. Ich hatte dabei als Leiter des Hauses Kontakt zur durchsuchenden Staatssicherheit, zu jenem Herren Jakobi. Mit acht Leuten waren sie angerückt, haben jedes Buch durchgeblättert. Ich vermutete, sie würden auch zu mir kommen, und ich habe in einem Kinderwagen, den von Christel Hanewinkel, meine gefährdeten Bücher und Unterlagen verstaut, in einem Windelbeutel, und sie so aus dem Haus gefahren. Darunter auch eine Lyrikmappe mit Gedichten von Erich Fried, Dorothee Sölle, Reiner Kunze, Wolf Biermann. Ein Spitzel folgte uns, beim Umsteigen in eine andere Straßenbahn schüttelten wir ihn ab. Währenddessen wurde im Wohnheim weiter rumgeschnüffelt. Ich wusste zunächst nicht, was sie suchten. Später kam es raus: Sie suchten eine Umrisskarte der DDR, denn Christoph hatte den Text seines Flugblattes in einen Umrissplan der DDR hineingeschrieben. In einem Lexikon fanden sie eine solche Karte. Acht Leute, schweigend, fummelten da in den Büchern von Christoph herum, eine Etage über mir. Für den Text des Blattes hatte er auf ein Gedicht zurückgegriffen, das ich in einer Morgenandacht zitiert hatte, Brechts »Lob des Zweifels«. Die berühmte Passage: »Das sind die Unbedenklichen, die niemals zweifeln. / Ihre Verdauung ist glänzend, ihr Urteil ist unfehlbar. / Sie glauben nicht den Fakten, sie glauben nur an sich, im Notfall / Müssen die Fakten dran glauben. Ihre Geduld mit sich selber / Ist unbegrenzt. Auf Argumente / Hören sie mit dem Ohr des Spitzels.« Dazu hatte er noch geschrieben: »Die DDR ist ein Gefängnis.« Die Karte hatten sie also gefunden; wo das Gedicht stand, fanden sie nicht heraus. Ich musste ein Protokoll über die mitgenommenen Gegenstände unterschreiben. Damals gab es noch keine Ablichtungsgeräte, Christoph hatte das Flugblatt mit Schreibmaschine gefertigt, mit Durchschlägen, und die dann ausgelegt. Mein Haus, meine Studenten – alle waren gefährdet. Ich wusste, jetzt rekrutiert die Stasi Spitzel, jetzt erpressen sie die Leute, jetzt laden sie den einen oder anderen ein, zum Essen … Dann kam der Prozess gegen Christoph, und da war für mich endgültig Schluss mit dieser verruchten DDR – die Familie, die Eltern, die Schwester Christophs wurden des Saales verwiesen bei der Urteilsbegründung, sie durften erst danach wieder reinkommen, als das Strafmaß verkündet wurde. Die Anklage hatten sie natürlich auch nicht zu Gesicht bekommen. Christoph war einer der ersten DDR-Bürger, die sehr bewusst darauf gesetzt hatten, dass es Egon Bahr gab. Sein Fall wurde erfolgreich an Bahr herangetragen, nach dem Freikauf hat Christoph im Westen Medizin studiert. Ich bin leider in Unfrieden mit ihm geblieben. Ich warf ihm nicht die Flugblätter vor, sondern die Tatsache, dass er zuvor nicht den Job bei »seinem« Professor aufgab. Dass er nicht aus dem Haus ausgezogen war und so alle anderen Studenten mit ins Visier der Stasi trieb. Er *wollte* eingesperrt werden, um aus dem Land rauszukommen. Als er angeklagt wurde, habe ich mich, gar keine Frage, für ihn eingesetzt, wie ich nur konnte, aber wir haben, seit er im Westen war, nie wieder Kontakt aufgenommen, auch nach der Einheit nicht. Es ist ein Rest geblieben, der zwischen uns nagt.

HANS-DIETER SCHÜTT: *Altmark, Lutherstadt Wittenberg – wie viel Provinz ist in Ihnen?*

FRIEDRICH SCHORLEMMER: Wahrscheinlich sehr viel. Ich bin aus einer Kleinstadt mit tausend Einwohnern und fühle mich wohl in überschaubaren Verhältnissen. Ich habe von Heinrich Böll mal einen Satz gehört: Dublin sei überall; wer Dublin kenne, kennt die Welt. Ich merke an Großstädten, dass sie nicht groß sind, sondern oft nur groß tun.

Berlin besteht auch nur aus Kiezen, und die Empfänge der Eliten bestehen auch nur aus Klatsch, nur mit besserer Garderobe. Trotzdem: Wenn ich nicht meine Freunde hier hätte, wäre ich längst weg. Auch wenn ich mich in die Nesseln setze: Wittenberg ist, aufs Ganze gesehen, ein elend geistloses Nest, da hilft der Zusatz »Lutherstadt« gar nichts. Hier habe ich immer den hässlichsten Kirchturm Deutschlands vor Augen – gerade ich, der ich Kirchtürme so liebe.

HANS-DIETER SCHÜTT: *Wenn man Ihre Bibelauslegungen liest, dann muss Sie vor allem auch dies am Beruf des Pfarrers gereizt haben: Menschen und ihre Geschichten. Ist das eine Umschreibung für: Zuneigung zu Menschen, zu jedermanns Mühen und Placken?*

FRIEDRICH SCHORLEMMER: Ja. Mich hat sehr überzeugt, was Luther über das Amt und die Würde jedes Berufes geschrieben hat, über die Hochschätzung von Arbeit. Ich hielt deshalb die Wertschätzung jeder Arbeit in der DDR für eine gute Idee. Das Leben ist ein Gemeinschaftsprodukt. Es ist jeder dafür nötig. Sie haben mich gefragt, ob ich lieber Einzelkind gewesen wäre. Das Thema jetzt hat mit meiner Antwort zu tun. Nein, nein, ich möchte das nicht missen, diese Gleichzeitigkeit der unterschiedlichen Bedürfnisse von mehreren Kindern, und das alles in einer sehr karg ausgerichteten Zeit und einer karg eingerichteten familiären Welt – diese Notwendigkeit, die Dinge miteinander teilen zu dürfen, aber auch: sie teilen zu müssen, es also auch klaglos hinzunehmen wie ein Gesetz, dass mal ein anderer den Vorzug vor einem selber erhält, hinzunehmen besonders, dass die Kleinen stets die Bevorzugten sind und man selber, als »Großer«, zuvörderst nur die Verantwortung angehängt kriegt. Am Ende war ich an jedem Konflikt schuld, den einer meiner Geschwister irgendwann mit den Eltern bekam – denn von mir mussten sie ja das Aufbegehren, den Unwillen, das störrische Verhalten gelernt haben. Ich war bisweilen das schlechte Vorbild.

HANS-DIETER SCHÜTT: *Einer Ihrer Brüder ist früh gestorben.*

FRIEDRICH SCHORLEMMER: An Kinderlähmung. Wir haben alle miteinander noch einen Tag zuvor einen längeren Fahrradausflug gemacht. Er hätte aber jede Anstrengung vermeiden müssen, so sehr war die Krankheit vorangeschritten. Das wussten wir aber nicht. Er war schon sehr, sehr schwach und wir haben ihm Mut gemacht: Hansi, los, das schaffst du, komm! Am nächsten Tag war er tot. Wir Kinder kamen alle in Quarantäne und durften vier Wochen oder sechs Wochen nicht das Haus verlassen. Ich habe das für mich gar nicht so einschneidend in Erinnerung, aber anderen in der Familie drückte das alles sehr, sehr auf die Seele – das hing mit der unterschiedlichen Art zusammen, die Trauer zu leben. Meine Eltern trauerten stark und geradezu vereinnahmend; einige meiner Geschwister gerieten unter das Gefühl, es würde ihnen eigenes Leben weggenommen. Jeden Samstag ist die gesamte Familie zum Grab gegangen, und das jahrelang. Das bleibt nicht ohne Wirkung. Auf der einen Seite war da die Würdigung des Einmaligen, das mit jedem Menschen in die Welt kommt und mit ihm wieder die Welt verlässt – andererseits war da der Druck eines Beispiels. Ich habe immer gedacht, schöne Gewissheit, wenn du selber da unter der Erde lägest, auch um dich würde so lang und ausdauernd getrauert, nicht nur eine bisschen Zeit, und dann ist alles aus. Unser Bruder blieb lebendig durch die Trauer, und er blieb lebendig durch die Liebe, die in dieser Trauer ihren Ausdruck fand. Aber ich war der Älteste, ich war schon dreizehn, für andere von uns war die Situation schwieriger. Ich hatte die Nachkriegsjahre viel bewusster erlebt, ich war gewissermaßen ein bisschen besser vorbereitet. Vielleicht liegen da Ursachen dafür, dass ich später, wenn ich als Pfarrer zu einem sterbenden Menschen gerufen wurde, nie wirklich Angst gehabt habe. Dieser Tod des Bruders war für die Familie ein schwerer, schwerer Einschnitt. Jeder von uns Geschwistern hat diesen Verlust anders, ja, furchtbares Wort: verarbeiten müssen. Aber so etwas ist tatsächlich eine schwere, bittere Arbeit. Sie muss ja getan werden. Die räumt ja keiner für dich weg. Und es ist überhaupt kein Trost, wenn da von sieben Kindern sechs noch leben. Vom Moment eines solchen Todes an existiert in der Familie ein Trauma. Nur die Jüngste von uns kam unbeschädigt davon, sie war erst ein Jahr, als der Bruder starb. Ich habe meinen Eltern nie einen Vorwurf gemacht, wie könnte ich! – aber dem Samstag war durch diesen Gang zum Friedhof eine Fessel angelegt. Woche für Woche die Beschwörung dieses Schicksalsschlages, die bei uns Kindern eine merkwürdige psychologische Wirkung hatte. Ich will diese Wirkung keinesfalls ins Mystische steigern, aber: Man kam sich, als Lebender, klein und gering vor. Als läge eine Schuld vor, über die nicht gesprochen wurde, aber gegen die man sich auch nicht wehren konnte. Die Schuld, selber noch zu leben.

HANS-DIETER SCHÜTT: *Besteht zwischen Ihnen und Ihren Geschwistern noch heute das Grundgefühl einer zusammengehörigen Großfamilie?*

FRIEDRICH SCHORLEMMER: Ja, wir haben eine feste Bindung aneinander, die nicht ohne Konflikte und geistige Differenzen ist. Die Kohäsion ist groß, und zugleich hat jeder seinen sehr eigenen Lebensraum. Einer meiner Brüder ist ja sogar in der Heimatstadt geblieben und hält dort gewissermaßen die Stellung. Auch meine jüngste Schwester hat da vor dreizehn Jahren ein kleines Haus gekauft, das Nebenhaus dazu, in einer Gasse – und ich habe gleich gegenüber eine Art Hütte, ich musste da nichts selber bauen, es war bezugsfertig, schön und praktisch. Es ist mein Refugium. Die Verbindung zu unseren Wurzeln wird, je älter wir werden, wieder größer.

HANS-DIETER SCHÜTT: *Ist es schwer, mit Ihnen zusammenzuleben?*

FRIEDRICH SCHORLEMMER: Als Ältester in einer großen Geschwisterrunde ist man meistens das so genannte Alpha-Tier. Oder der Generalversager. Aber dazwischen gibt es nichts. Ich galt als dominant, und wenn ich mal ruhig war, weil ich mich zurücknehmen wollte, fragten die anderen: Was ist denn los mit dir? Das heißt: Du hast eine Rolle weg und kriegst sie nicht los. Zum anderen: Ist man dann in so einer Rolle, produziert man ständig Anti-Alphas, also Leute, die dir unbedingt entgegentreten müssen. In dieser Lage lebe ich, seitdem ich denken kann. Ich halte mich selber nicht für einen unverträglichen Menschen, aber ich denke, dass es Menschen gibt, denen automatisch und von vornherein, wenn sie mir begegnen, die Stacheln hochgehen. Ich habe noch gar nichts gesagt oder getan, da polarisiere ich schon. Das ist manchmal absurd.

HANS-DIETER SCHÜTT: *Würden Sie wieder hinziehen, nach Werben?*

FRIEDRICH SCHORLEMMER: Nein.

HANS-DIETER SCHÜTT: *Obwohl Sie das Häuschen dort haben?*

FRIEDRICH SCHORLEMMER: Das ist ein Haus, in dem ich an die Decke stoße, wenn ich mein Hemd ausziehe. Ich brauche hohe Räume zum Leben. Atemräume.

HANS-DIETER SCHÜTT: *Das alte Werben Ihrer Kindheit – es lebt noch in Ihnen?*

FRIEDRICH SCHORLEMMER: Ja. Die vielen kleinen Häuser, die alles überragende Johanniskirche, das gotische Kleinod Salzkirche; das Gefühl, dass die Menschen karg und beschwerlich, aber dennoch nicht unglücklich lebten. Die große Kuhherde, die täglich auf den Werder getrieben wurde; wenn die Kühe, die noch Namen trugen, allabendlich zurückkamen, durch das prachtvoll Elbtor trabten und sich ihre heimischen Toreinfahrten und Hausflure suchten – das war das große Erlebnis der Sommerabende. Zwei- bis dreimal im Jahr gab es Elbe-Hochwasser. Gefischt wurde im Wettlauf mit den Fischreihern. Ich denke auch an den Revolver, den mein Freund und ich im Gewölbe der Kirche – gut geölt – versteckt hatten. Auf den Elbwiesen probierten wir das Ding aus, sechzehn Schuss Munition hatten wir. Das war unsere Vorsorge für »die Revolution« – wir würden nicht schießen, hatten wir uns versprochen, aber drohen, drohen wollten wir kräftig. Als mein Vater nach der Wende von dieser Waffe erfuhr, sprach er wochenlang kein Wort mit mir. Alles war wohl wieder in ihm hochgekommen. Wie lange wäre er womöglich in Bautzen oder Waldheim verschwunden – und wir in einem Jugendwerkhof?

HANS-DIETER SCHÜTT: *Lesen Ihre Geschwister Ihre Bücher?*

FRIEDRICH SCHORLEMMER: Nein.

HANS-DIETER SCHÜTT: *Das kam jetzt sehr entschieden.*

FRIEDRICH SCHORLEMMER: Es ist auch nicht ganz wahr. Manche freuen sich, wenn ich ihnen ein Buch gebe. Aber ich frage nicht, ob sie's lesen. Ich habe freilich sehr stark den Eindruck, dass sie an mir selber schon genug haben, da brauchen sie nicht auch noch die Bücher.

DAS DRITTE GESPRÄCH

Herzklopfen auf der Synode
Stolpes Kompromiss
Das Schwert im Schlafzimmer
Gysis kalter, böser Schatten
Eisige Luft im Wahllokal
Demokratischer Aufbruch mit »Polizeischutz«
Inquisition statt Parteitag
Grüße vom Kohlehandel
Die Tagebücher des Vaters

Friedrich Schorlemmer

Lieber Jona als Kassandra sein (1984)

Eine Novelle im Alten Testament: Jona – eine wundersame, eine wunderbare Geschichte. Da bekommt einer den Auftrag, den Untergang einer Weltstadt, eines Weltreiches anzusagen. Er flieht. Er hat Angst. Er weiß: Man wird ihn verprügeln, einsperren, für verrückt erklären. Jedenfalls wird man nicht auf ihn hören. Er sieht das Unheil kommen und möchte ihm entkommen. Also nichts wie weg, nach Spanien, nach Neuseeland, nach Australien ... Aber es gibt keine Flucht, für ihn nicht. Es gibt ein Muss.

Vom Meer verschluckt, vom Fisch verschluckt, wird er wieder angespült an die Ufer des Unheils. Im Fischbauch eingeschlossen, reflektierte er seine Lage, schöpfte betend Mut. Nun redet er, weil er nicht mehr anders kann. Er selbst hat durchaus keine Katastrophensehnsucht. Nur noch eine Frist, vierzig Tage, sagt er, dann ist alles aus. Schicksal. Ohne Wenn und Aber. Gerechte Strafe für verfehltes Leben, begangenes Unrecht, wie auch immer: Untergang. Keine Chance. Nur in der Zeitangabe, in der Frist ist die Botschaft versteckt: vierzig Tage Zeit zur Besinnung, Zeit der Rückbesinnung, der Selbstprüfung, der Weg-Suche. Verborgen ist die Chance in der Frist. Zeit wird Gnadenfrist. Jona sagt, was zu sagen ist, und geht. Ihm geschieht nichts. Ihm wird nicht nachgestellt.

Es kümmert sich keiner um den Sager der unangenehmen Wahrheit. Man wendet sich der Wahrheit, dem drohenden Unheil selbst zu. Jona wird gehört. Das hatte er nicht erwartet. Es verlangte Mut, Zivilcourage, in die Hauptstadt zu gehen und zu sagen, was fällig, ist, längst fällig war, was aber keiner sich traute. Wer steht schon hinter ihm, wenn's ihm an den Kragen geht? Gleichgültigkeit, Spott oder den Würgegriff der Krethi und Plethi. Das hätte er erwarten dürfen. Erfahrungswerte. Unheilsprophet sein, das ist ein undankbarer Job.

Jeremia, in den Brunnen geworfen, dass er verdurste oder ersaufe, weil er es gewagt hatte, Zweifel an der Rüstungs- und Bündnispolitik zu äußern. Sein Klagen überdauerte die Generationen. Und Jerusalem wurde geschleift, wie er es vorausgesehen hatte. Nun, bei Jona, keine Analogie, keine Wiederholung nach so vielen Wiederholungen.

Die Leute von Ninive, dieser heidnischen Stadt, diesem Zentrum von Unrecht und Knechtung, dieser Megalomanie von Größe und Anmaßung, diesem Angstwort der kleinen Völker, diesem Produkt machtgewordener Arroganz – die Bürger von Ninive hören, sie begreifen, sie unterbrechen ihr gewohntes Tun. Sie kehren um. Sie kommen zur Besinnung. Sie gehen die ersten Schritte: nicht mehr Leben im Überfluss auf Kosten anderer, sondern Selbstbescheidung: Fasten, in Sack und Asche gehen. Das Volk fängt an, schichtenübergreifend. Der König, abgeschirmt und unterrichtet, tritt herab vom Podest, sein Hofrat auch. Oben und Unten vereinen sich in der Ein-Sicht.

Es wartet nicht mehr einer auf den anderen wie sonst: »Erst müssen die, dann wir ...«
»Wir können das nicht sagen, die machen nicht mit, die wollen das nicht ...«
»Mit der Wahrheit riskieren wir die Macht ...«
Plötzlich sind solche Sprüche außer Kraft. Einsicht ist möglich und ein der Einsicht entsprechendes Verhalten, sogar und ausgerechnet in Ninive.

Da geht Ninive nicht unter. Zukunft ist kein Verhängnis, sondern Folge von Verhalten. Einsicht und Voraussicht sind möglich. Abstumpfung, Verstockung, Zynismus, Nekrophilie sind keine Schicksale. Dazu aber braucht's einen Jona. Dazu bedarf es der Sager der Wahrheit. Ohne Jona ist Ninive verloren. Bewusst-los.

Wenn Ninive Jona verdächtigt, zensiert, einsperrt, vertreibt, dann, ja dann, Gnade dir, Ninive! Und Jona? Er hat die schwerste Lektion noch vor sich. Er will nun wenigstens recht haben. Er möchte, dass eintritt, was er gesagt hat: Es steht schlimm. Es ist aussichtslos. Denn sonst steht er blamiert da, belächelt, verspottet: »Siehst du, so schlimm war es nicht ... Nichts von dem, was du gesagt hast, ist eingetroffen, du Spinner, du Schwarzseher, du Miesmacher ...« Er wartet auf die Stunde seines Rechthabens. Ninive soll verrauchen. Er hat sich's gemütlich eingerichtet, im gemessenen Abstand vom Ort des Strafgerichts. Nach den Strapazen ruht er aus. Ein Baum wächst ihm im Zeitraffer. Unter seinen Blättern findet er Schatten. Er wartet ab in seiner Schattenhütte.

Aber Ninive bleibt. Die Barmherzigkeit seines Gottes ist es, die über der todgeweihten Welt bleibt, einer Welt, die umkehrt, einsieht, Konsequenzen zieht.

Jona verfällt darob in eine Depression. Blamiert, endlos blamiert der Prophet. »Gnädig, langmütig und von großer Güte, sich des Übels gereuend«, erweist sich Gott. Gerade das wirft Jona ihm vor. Wie schön wäre es, wenn er hätte Kassandra sein dürfen! Ninive wäre zwar zerstört, aber er könnte sagen: »Ich hatte recht.« (Ist das die männliche Art? Und ist es die weibliche Art Kassandras, zu leiden, stets zu hoffen, schließlich mit unterzugehen?) Da verdorrt sein Baum im Vorgarten. Er jammert. Und sein

Gott fragt ihn: »*Um deinen Baum ist es dir leid, nicht aber um die vielen Menschen und nicht um die vielen Tiere?*«

Da hat die Parabel ihre historische Grenze. Für den heutigen Jona gibt es den Ort von außerhalb nicht mehr. Wenn der Baum im Vorgarten verdorrt, verdorren alle Bäume. Der Jona von heute kann, darf nicht warten, bis im großen, fernen Ninive die Bäume alle verdorren. Das Schicksal Ninives ist auch sein Schicksal. Also: Warten wir nicht, bis das Unheil unsere Vorgärten erreicht hat.

Was verbindet diese beiden, Kassandra und Jona? Beide müssen vom Untergang von Imperien reden. Beide leiden darunter. Beide glauben nicht an einen Sinneswandel. Kassandra bleibt mitten im Geschehen, Jona distanziert sich und geht nach draußen. Beide berufen sich auf Erfahrung: Es gibt keine Chance. Weder das verführte Volk, noch die (Ver-) Führer werden hören.

Jona und Kassandra belehren uns, muten uns zu, die unwürdigen Geheimnisse zu lüften, uns um Wissen zu bemühen, auch um das gefährliche Wissen, das Wissen von der Gefahr. Und sie ermutigen uns, das Wissbare zu sagen, mit dem Risiko, überhört, bespottet, in den Turm geworfen zu werden. Aber sie verzweifeln nicht vor der Nacht, werden nicht zynisch, erstarren auch nicht in historischen Analogien. Kassandra glaubt den Menschen und wird nicht gehört. Jona glaubt den Menschen nicht und wird gehört.

Wer hält Änderung für möglich, bis zum letzten Tag? Solange ein Mensch lebt, ist ihm eine Wandlung zuzutrauen und zuzugestehen. Blamierte Unheilspropheten sind allemal besser als eine zerstörte Welt. Klarsehen und doch hoffen, ist das Kunststück jeder Zeit.

HANS-DIETER SCHÜTT: *Sie waren in der DDR hoher Kirchenfunktionär. Bundessynode!*

FRIEDRICH SCHORLEMMER: Kirchenfunktionär? Nie. Mich hat die Synode der Kirchenprovinz Sachsen in die Bundessynode gewählt. Ich wollte gar nicht in ein solch hohes Gremium, aber auf Landesebene war man unzufrieden mit der Laschheit der Bundessynode; sie sei, so lautete das Urteil in der Provinz, zu diplomatisch – also sollten Leute in den »Bund«, die etwas schärfer und direkter auftraten. Das war auch meine Ansicht. Deshalb wurde ich gewählt. Als ich 1982 erstmals auf einer Bundessynode gegen die Militarisierung des Lebens in der DDR redete, mit großem Herzklopfen und großer Unsicherheit, da fühlte ich mich danach völlig isoliert. Nur zwei Leute sprachen noch mit mir, ich war plötzlich grundeinsam, niemand ist mir beigesprungen, denn ich war zu deutlich geworden, ich hatte ein ungeschriebenes Gesetz gebrochen, das hieß: Vorsicht! Die Fernsehsendung »Panorama« sendete Auszüge, die Staatssicherheit kriegte wieder ganz spitze Ohren. Manchmal war es aber nur deren Blödheit, die eine Staatsfeindlichkeit konstruierte. Bezogen auf unsere Leichtfertigkeit der Schöpfung gegenüber hatte ich mal gesagt: »Das Maß ist verloren.« Die Kerle schrieben zum Beispiel in meine Akte, ich hätte die DDR-Regierung angegriffen, denn ich hätte öffentlich gesagt: »Das Maß ist verlogen.« Auf manche Assoziationen kommt man doch aber nur, wenn man selber so hinterlistig denkt ...

HANS-DIETER SCHÜTT: *In den Jahren 1981/82 gab es in der DDR eine Friedensbewegung unter dem runden Symbol »Schwerter zu Pflugscha-*

ren«, mit der offiziell stark attackierten Losung »Frieden schaffen ohne Waffen«. In der Nacht zum 25. September 1983 wurden Sie zum Protagonisten einer spektakulären Aktion in Wittenberg: In einem Disputationsgottesdienst in der Schlosskirche wurden Friedens- und Ökologiethesen debattiert, des Nachts darauf wurde im Lutherhof der Schlosskirche ein Schwert umgeschmiedet.

FRIEDRICH SCHORLEMMER: Wobei dieses Symbol am Ärmel der Parkas oder Jeansjacken für viele Jugendliche überhaupt erst interessant wurde, nachdem man es verboten hatte. Plötzlich war da eine ungeheure Nachfrage nach diesem Abzeichen aus Flanell. Ohne uns selber zu schmälern: Wahrscheinlich wäre es gar nicht zu einer größeren Aktion gekommen, wenn der Staat nicht so repressiv gehandelt hätte. Er nahm das gepredigte Wort wahrlich sehr ernst. Wenn wir in der Kirche sangen: »Lehr deinen Sohn, fürcht keinen Thron, verbind das Leid, schwör keinen Eid. Und sag es weiter ...«, so wurde das als Aufforderung gesehen, den Wehrdienst zu verweigern und überhaupt DDR-Gesetze zu brechen. »Reich die Hand, brich die Wand«, das wurde ausgelegt als Ermunterung zur Beschädigung von Grenzsicherungsanlagen. Es war sehr, sehr schwer, nicht missverstanden zu werden.

HANS-DIETER SCHÜTT: *Wo ist das Schwert, das Sie 1983 umschmiedeten?*

FRIEDRICH SCHORLEMMER: Im Museum. Bis vor ein paar Jahren hatte ich es bei mir hier.

HANS-DIETER SCHÜTT: *Erzählen Sie bitte die Geschichte dieser Aktion.*

FRIEDRICH SCHORLEMMER: 1982 wurde untersagt, dieses Schwert-Pflug-Zeichen öffentlich zu tragen. Stolpe arbeitete dann den Kompromiss heraus, es in kirchlichen Räumen weiter zeigen zu können, auch als kleines Lesezeichen durfte es noch verwendet werden. Der Widerstand wurde gleichsam in einen inneren Zirkel abgedrängt.

HANS-DIETER SCHÜTT: *Empfanden Sie da die Kirchenleitung als verlängerten Arm der Staatsmacht?*

FRIEDRICH SCHORLEMMER: Ja. Dieses Zurückdrängen der Aktion in die Innerkirchlichkeit war von der Kirchenleitung über die Betroffenen hinweg entschieden worden. Wahrscheinlich hatte die Kirche deshalb nachgegeben, weil ihr die SED-Vertreter klargemacht hatten, auch sie stünden unter dem Druck von Hardlinern, und eine mildere staatliche Linie bräuchte, um weiter durchgesetzt werden zu können, unbedingt ein Signal von der Kirchenleitung selbst. Auf jener erwähnten Bundessynode, im September 1982, hatte ich gesagt, dieses Zeichen sei doch eine Allegorie, es wende sich ja gar nicht konkret gegen den Staat, also müsse man sich dem Staat auch nicht beugen. Die Pflugschar ist nicht nur ein Symbol für Zivilität, sondern ebenso für Brot. Dann gab es dieses Lied aus dem Westen, von Dieter Trautwein: »Ein jeder braucht sein Brot, sein Wein, / und Friede ohne Furcht soll sein. / Pflugscharen schmelzt aus Gewehren und Kanonen, / dass wir in Frieden beisammen wohnen.« Das war der entscheidende Satz: Ein jeder braucht sein Brot, sein Wein, und Frieden ohne Furcht soll sein. Das heißt: nicht nur die Waffen zerstören, sondern einen aktive, freundliche Friedensethik leben. Im Januar 1983 haben wir dann – Bärbel Bohley und Ulrike Poppe waren auch dabei – unsere Friedengruppe gegründet, daraus wurde, überregional, die Initiative »Frieden '83«. Wir hatten uns in der Wohnung eines Pfarrers getroffen, von dem nur ich wusste, dass er ausreisen wollte. Einige haben mir das verübelt: Ich hätte das vorher allen sagen müssen, denn klar war, dass die Wohnung abgehört wurde. Es widersprach mir aber zutiefst, jemanden nur auszugrenzen, weil er weggehen würde. Er selber hatte mich gewarnt und auf die Gefahr hingewiesen. Ich beruhigte ihn. Interessant war übrigens, dass sich damals Mehrheiten für konsequent pazifistische Positionen auch in der Synode nicht finden ließen.

HANS-DIETER SCHÜTT: *Was hieß für Sie »konsequent pazifistisch«?*

FRIEDRICH SCHORLEMMER: Es war kein Radikalpazifismus, der sich aus jedem Konflikt zurückzieht, sondern ein kämpferisch-politischer Pazifismus im Sinne von Bonhoeffer, Tucholsky, Ossietzky, ein Pazifismus, der fatal ablaufender Geschichte in die Speichen greift. Es ging darum, friedfertig zu sein, aber Frieden auch zu schaffen, es ging um den Zusammenhang von Arbeit an sich selbst und Arbeit an den Verhältnissen, von innerem Frieden als Zustand und politischer Aktivität. Besagte Initiative »Frieden '83« sollte verhindern, dass wir unglaubwürdig gegenüber jenen Gruppen würden, die mehr wollten, als die synodale Mehrheit zu beschließen gewillt war. Bischof Krusche fürchtete, wir würden zu einer Sekte, denn wer sei schon bereit, unseren konsequenten Weg mitzugehen. Die Leitung der Diakonie war der Ansicht, man sei auf ein gutes Verhältnis zu den Staatsorganen angewiesen, wie sollte sonst die Arbeit in den Krankenhäusern und anderen Einrichtungen besorgt werden? Man sagte nicht, der Staat erpresst uns, man sprach vom notwendig guten gegenseitigen Verhältnis. Auch richtig. Stolpe wollte einerseits die Kirche retten und natürlich auch die Gelder, die wir aus dem Westen kriegten, andererseits aber auch zu den Leuten stehen, die ein klareres Wort sprechen wollten. Auch das habe ich verstanden. Dennoch hatte ich auf der Synode diese Rede gehalten, und ich dachte dabei an den Grund, warum mich die Regionalsynode in Magdeburg für die Bundessynode, die Synode aller Kirchen, vorgeschlagen hatte – weil ich selber bislang immer den Opportunismus angegriffen hatte, ziemlich scharf sogar. Ich war nun in der Pflicht – und fortan in einer Art Doppelfunktion, einmal als gewählter Synodaler und andererseits als ein Mit-Inspirator der Friedensbewegung. Wobei mich bestärkte, dass ich wirkliche gute Freunde hatte, die zu mir hielten, allen voran Pfarrer Christoph Ziemer, der Dresdner Superintendent, aber auch mein naher Freund in der Friedensbewegung.

HANS-DIETER SCHÜTT: *Ich habe gelesen, Sie hätten es eines Tages abgelehnt, jungen Menschen das Zeichen »Schwerter zu Pflugscharen« auszuhändigen. War das nicht auch eine Art vorauseilender Gehorsam, dem Staat gegenüber?*

FRIEDRICH SCHORLEMMER: Als das Zeichen verboten wurde, habe ich es nicht mehr an Leute ausgegeben, von denen ich wusste, sie hatten es bis dahin nie getragen. Ich wollte im Streit um die Friedensfrage mehr, als nur die Lust an der Provokation zu befriedigen oder dies als Beförderungsmittel für die Ausreise zu gebrauchen.

HANS-DIETER SCHÜTT: *Die Namen aus der Friedensgruppe, die Sie nannten, stehen eher für Gegensätzlichkeit als für einheitliches Handeln.*

FRIEDRICH SCHORLEMMER: Natürlich gab es bald Eifersüchteleien. Einige wollten, dass die Basisgruppe mit ihrem Namen verbunden bleibt, sie wollen nicht aufgehen in einer überregionalen Initiative – alles menschlich, aber letzten Endes hinderlich. Die Stasi schürte die Rivalitäten zwischen Berlin und der Provinz, also etwa zwischen Bärbel

Bohley und Rainer Eppelmann. Bohley hielt Eppelmann für einen Rechten, für den geborenen CDU-Mann, was ich damals für undenkbar hielt. Natürlich wurde er beneidet wegen seiner Berliner Blues-Messen, so etwas hätten wir in der Provinz nie wagen dürfen, aber man darf nicht vergessen, dass er Stolpe in seiner Nähe hatte.

HANS-DIETER SCHÜTT: *Wer war der Schmied bei der Aktion im Lutherhof?*

FRIEDRICH SCHORLEMMER: Stefan Nau. Er hatte im Auftrag der Gemeinde einen Friedensleuchter für die Schlosskirche geschmiedet. Und die beiden verrosteten Schwerter für die beiden Kurfürsten, die Schwerter der Bürde, die hatte er im Auftrag der Stadt auch wieder auf Vordermann gebracht. Er war in unsere Gruppe gekommen, und eines Tages war, im Zusammenhang mit dem bevorstehenden Kirchentag, die Idee mit dem Umschmieden des Malchusschwertes geboren. Knecht Malchus, der römische Söldner, hat dem Petrus das Ohr abgehauen, und Jesus sagt den denkwürdigen Satz: Stecke das Schwert in die Scheide, denn wer mit dem Schwert umgeht, wird durch das Schwert umkommen. Das Malchusschwert, das zur Mythologie des Schmiedehandwerks gehört, ist ein Schwert, das kein Ohr mehr abhauen kann. Unser Schmied aber wurde einfach nicht fertig mit dem Herstellen des Schwertes, die Arbeit zog sich unendlich hin. Eigentlich sollte es im Sommer fertig werden, wir wollten uns schon vor dem Kirchentag als kleiner Friedenskreis vor die Schlosskirche stellen und Texte lesen, mehr oder weniger für uns selbst. Die Sache zog sich bedauerlicherweise hin. Ich wurde nervös. Dann kam das Problem der Räumlichkeit hinzu. Die Leute, die nach Wittenberg zum Kirchentag kämen, die würden nicht alle in die Versammlungsräume, in die Kirchen hineinpassen. Also bekamen wir den Auftrag, einen »Abend der Begegnung« im Lutherhof zu organisieren. Dafür musste ein Programm ausgedacht werden, und also drängte ich unseren Schmied, jetzt unbedingt das Schwert fertig zu stellen. Vorgesehen war eine Ecke, inmitten einer Vielfalt von Waffelbäckerei und Kunsthandwerk und Gesang. Über die Sache mit dem Schwert wurde strengstes Schweigen vereinbart. Nichts sollte nach draußen sickern. Am Tag vor der Veranstaltung kamen wir zu der Überlegung, man könne gerade diesen Programmpunkt nicht in irgendeine Ecke abdrängen. So eine schöne, sinnstiftende Idee! Man stelle sich vor, der Raum würde gefüllt sein, und die meisten sähen nichts. Da kam Dieter Trautwein mit seinem

Lied und sagte, Mensch, das ist doch wunderbar, ich singe dazu mein Lied. Fritz Baltuweit kommt mit seiner Band. Das ziehen wir ganz groß auf. Alles war für Samstagabend geplant, bis zum Samstagmorgen saßen wir zusammen und entwickelten eine so genannte Schmiede-Liturgie. Aus Simbabwe war jemand da, er würde von der Situation in diesem Lande erzählen. Aber wer könnte den ausgearbeiteten Text mit vortragen? Zwei Frauen, die noch nie öffentlich etwas gelesen hatten, auch meine Kinder – wir haben im Kaninchenstall heimlich geübt. Das Schwert war inzwischen fertig geworden und wurde im Schlafzimmerschrank des Hausmeisters versteckt, des Hausmeisters vom Predigerseminar. Wir hatten eine Wahnsinnsangst, dass irgendjemand was rauskriegt und die Veranstaltung unterbunden wird. Peter Merseburger, der Westkorrespondent des Fernsehens, nahm mir im Nachhinein noch übel, dass ich ihm nichts gesagt hatte. Aber die Gefahr eines Verrats war zu groß. Und wieder ließ ich mich von meinem Prinzip leiten: Sinn geht vor Provokation. Was geplant war, sollte nicht in die Welt gesendet werden, es sollte jene Menschen ermutigen, die unmittelbar dabei sein würden. Freunde, so sollte der Abend sagen, wir lassen uns nicht unterkriegen. Dieses Symbol, Schwerter zu Pflugscharen, ist so schlagkräftig für den Frieden. Schlagkräftig? Ein schwieriges Wort, aber so motivierend, so begeisternd, so bildhaft, so stark, so warm, so menschlich. Am späteren Abend jenes Tages begannen wir mit dem Programm, so spät deshalb, weil wir den anderen Veranstaltungen des Kirchentages keine Konkurrenz machen wollten. Aber seltsam, der gesamte Hof war schon um sieben proppevoll. Erst hatten wir daran gedacht, jeder solle ein kleines Namensschildchen tragen, denn es wäre doch schön, machten sich die Leute miteinander bekannt und redeten. Aber das Vorhaben brach schnell zusammen, die Übersicht ging verloren, zu viele Menschen. Ich hatte am Abend vorher in einem Disputations-Gottesdienst gesagt, in New York sähe es zur Zeit nicht gut aus, dort fände gerade die UNO-Vollversammlung statt, und zwischen den Großmächten herrsche eisiges Klima. Aber bei uns, morgen im Lutherhof, würde es sehr gut aussehen. Alle hatten verstanden.

HANS-DIETER SCHÜTT: *Sie hatten Westkorrespondenten nichts von der Aktion gesagt. Es gibt doch aber Filmaufnahmen davon.*

FRIEDRICH SCHORLEMMER: Ein kleines freischaffendes Team drehte, aber sie verwendeten kein Scheinwerferlicht, das hatten wir ihnen untersagt. Ein Glück, weiß ich heute. Dass die Sache auch auf diese Weise öffentlich wurde, hat uns geschützt. Ich sah dieses Team auch nicht als Verstoß gegen meine Abneigung von zu viel Marketing. Auf dem Film sieht man den Schmied immer nur dann, wenn er im Blitzlicht der vielen Hobbyfotografen steht. Sonst war kein Licht an. Ich halte es immer noch für ein Wunder, dass sie uns das Schwert nicht entwunden haben, denn wir haben die Waffe um halb zehn abends durch die Massen getragen. Man hätte es leicht herunterreißen können. Vornweg gingen zwei Frauen mit weißen Blusen, dahinter ein Theologiestudent, der sich eine Kapuze übergezogen hatte – und dann der Zug mit dem Schwert. Es war eine geheimnisvolle Stimmung. Die Leute blieben ganz leise. Erst als der Schmied zu hämmern begann, lohte nicht nur das Feuer, auch die Menschen feuerten ihn an. Ich hatte noch immer eine Wahnsinnsangst. Die Leute bauten sich Sitze aus Pappkartons, um erhöht sitzen und also besser zuschauen zu können. Die Sitze mussten sofort weg, nur ein einziger Teilnehmer bräuchte herunterzufallen, und schon wäre das ein Anlass, ordnungssichernd einzugreifen. Der Lyriker Jürgen Rennert las einen großartigen eigenen Text. Franz Fühmann konnte leider nicht mehr kommen, er war schon zu sehr vom Krebs geschwächt. Ich hatte unter anderem Wolf Biermanns »Kinderspielzeug« gelesen. Plötzlich hieß es, die Feuerwehr würde gleich anrücken, denn es hätte die Meldung die Runde gemacht, im Lutherhof brenne es. Es war ja nicht angemeldet, dass wir mit Feuer hantieren würden. Nichts war angemeldet, bei niemandem. Es hätte alles schiefgehen können. Vertrauen wagen, so hieß das Thema des Kirchentages – und dann treibt dieser Schorlemmer so etwas? Stolpe weiß nichts, die Stasi weiß nichts, der Staat weiß nichts. Schorlemmer bricht Vertrauen – diese Interpretation lag bis zum Schluss im Bereich des Möglichen. Und nun auch noch die Feuerwehr? Ich bat ums Wort und sagte, es sei uns von staatlichen Stellen gerade mitgeteilt worden, es brenne hier. Ja, fuhr ich fort, aber was brennt, sind einzig und allein unsere Herzen. Ehrlich gesagt, der Satz hat mich, als ich ihn aussprach, selber bewegt. Ich spürte das geradezu. Und dann sind wir alle auseinandergegangen. Still. Berührt. Erfüllt. Ehe der Staat anrücken konnte, war der Lutherhof leer.

HANS-DIETER SCHÜTT: *Hatten Sie damals Angst?*

FRIEDRICH SCHORLEMMER: Nein, überhaupt nicht. Aber meine Frau hatte Herzschmerzen, die ganze Zeit über. Sie war sehr bedrückt. Sie wollte nicht mehr – ständig unter einem solchen Druck leben. Sie wurde schließlich krankgeschrieben, und mein Kollege, der Direktor vom Predigerseminar, war in jener Zeit glücklicherweise zur Herzkur. Er hätte niemals erlaubt, dass wir diese Aktion durchführen. Nicht, dass er feige gewesen wäre, er fühlte sich verantwortlich für das Ganze und meinte, das Verhältnis zwischen Staat und Kirche dürfe man durch unangemeldete Aktionen nicht zusätzlich belasten. Aber eine Anmeldung hätte schon zuvor das definitive Ende der Aktion bedeutet.

HANS-DIETER SCHÜTT: *War es Ihre euphorischste Zeit?*

FRIEDRICH SCHORLEMMER: Wahrscheinlich, ja. Anfang der achtziger Jahre war nicht nur neue Eiszeit zwischen Ost und Weste ausgebrochen, Honecker hat auch erstmalig gewagt, eine eigene Politik zu machen, gegen die allgemeine Rüstungsmaschinerie. Und wir hier in Wittenberg hatten viele Querelen hinter uns: die einseitige Parole »Frieden schaffen ohne NATO-Waffen«, die Aufmärsche der FDJ zum 1. Mai, mit Kordons der Berufsjugendlichen um die Schlosskirche und das Panzerdenkmal herum. Es war eine Zeit der Depression. Die Zahl der Ausreiseanträge schwoll unglaublich an, im Bezirk Halle wurden die Einreise- und Ausreisebestimmungen im Kreis Wittenberg am hartherzigsten, am engsten ausgelegt, nun erlebte ich Menschen, die wollten kämpfen. Das war mein großes Erlebnis. Ich habe Menschen ermutigen können. Ich habe Mut machen können, gemeinsam mit Menschen, die Mut hatten. Die ihre Arbeit, ihr Leben gefährdeten, die nicht gesichert waren wie ich, der die Kirche hinter sich hatte, der nicht um seinen Job bangen musste. Das war etwas Wunderschönes – diese Fröhlichkeit, Offenheit, Ernsthaftigkeit, Zuverlässigkeit ...

HANS-DIETER SCHÜTT: *Sie sagten, Sie hätten keine Angst gehabt und sprechen jetzt von Offenheit – obwohl das IM-Netz enger wurde?*

FRIEDRICH SCHORLEMMER: Ich habe eine seelsorgerliche Maxime: Lieber täusche ich mich in einem Menschen, als dass ich ihn verdächtige. Ich danke meinem Herrgott, dass er mich mit der Fähigkeit ausgestattet hat, mich nicht neurotisieren zu lassen. Da wirkte wohl auch jene Erfahrung mit, die ich bereits in der Kindheit und in der Jugend gemacht hatte ... Doch, ich hatte später Angst. Böhme, der Erste Sekretär der Partei im Bezirk, behauptete, ich hätte die DDR als hohle

Nuss bezeichnet, die man knacken müsse. Also hätte ich zur Gewalt aufgerufen – und dazu, Kommunisten aufzuhängen. Das wurde hier in Schulen verbreitet. Der Propst ging aus Sorge zum Rat des Kreises, denn ich hatte nun doch Lebensangst. Weil ich wusste: Wenn so etwas über mich verbreitet wird, lässt sich jene geballte Kraft der Funktionärsclique mobilisieren, die sich dann tückisch Zorn des Volkes nennt.

HANS-DIETER SCHÜTT: *Was hatten Sie denn in Wahrheit geäußert?*

FRIEDRICH SCHORLEMMER: In einem Interview, das im Westfernsehen gelaufen war, hatte ich gesagt, die DDR sei eine harte Schale, aber darinnen, hinter dieser Schale, sei nichts, gar nichts. Wir hätten einen starken Sicherheitsapparat um etwas Leeres, geschützt würde etwas Hohles. Das sei paradox. Und hinzugefügt hatte ich die Befürchtung, es komme entweder zu einer Explosion oder zu einer Implosion – ich wolle beides nicht. Deshalb sei Erneuerung unabdingbar.

HANS-DIETER SCHÜTT: *Die DDR gibt es nicht mehr. Spüren Sie an Ihren beiden Kindern, dass Erzählungen Ihres Lebens Berichte aus einer Zeit sind, die jüngere Generationen kaum mehr interessiert?*

FRIEDRICH SCHORLEMMER: Bei meiner Tochter spürte ich diesen Konflikt noch am wenigsten, sie hat sich sehr aktiv mit der gesellschaftlichen Situation in der DDR auseinandergesetzt, oft an meiner Seite, wenn man so sagen darf. Ihr hatte ich die Namen zweier Anwälte gegeben, falls ich mal nicht wiederkäme.

HANS-DIETER SCHÜTT: *Wer waren die beiden?*

FRIEDRICH SCHORLEMMER: Gysi und de Maizière. Ja, meine Tochter war am ehesten an meinem Denken und Leiden und Hoffen beteiligt. Im Januar 1988 zum Beispiel, in der elften Klasse, schrieb sie, von sich aus, eine Hausarbeit zum Thema Rosa Luxemburg. Es gab eine Nachgeschichte. Die Lehrerin bat später, sich die Hausarbeit noch mal ansehen zu dürfen. Das hatte ganz klar mit der Stasi zu tun, die suchten nach Ansatzpunkten für die verbotenen Plakattexte, die auf der Liebknecht-Luxemburg-Demonstration in Berlin getragen worden waren. Die dachten, ich hätte meine Hand mit drin, und sie meinten ihren Verdacht im Aufsatz der Tochter bestätigt zu finden. Ich weiß auch noch, Ende der siebziger Jahre, Uta war neun, da hörten wir einen Vortrag von Robert Jungk, und das Mädchen saß die ganze Zeit dabei und hörte gespannt zu, sie malte und blickte manchmal auf, das Bild hat sich mir als Mischung von Entspannung und Anspannung eingeprägt. Es war so, wie ein Kind in den Gottesdienst geht, es versteht viele Dinge nicht, kann manches noch nicht in die eigene Sprache übersetzen, aber es nimmt tief auf ... Für meinen Sohn Martin ist der Sozialismus weg, und Punkt. Ihn bewegt, ob er seinen Arbeitsplatz behält, um seine Familie zu ernähren. Er ist in der Garten- und Landschaftsgestaltung tätig, als Vorarbeiter, früher sagte man Brigadier dazu; er hat eine schwere körperliche Arbeit, da haben die Sorgen eine andere, drängendere Realität.

HANS-DIETER SCHÜTT: *Welchen Beruf hat Ihre Tochter?*

FRIEDRICH SCHORLEMMER: Sie ist promovierte Theaterwissenschaftlerin, sie promovierte über den polnischen Regisseur Krystian Lupa, hat neben Paris auch in Krakow studiert. Sie lebt in Zürich und ist jetzt mit ihrer Familie für zwei Jahre in Los Angeles.

HANS-DIETER SCHÜTT: *Woher kannten Sie Gysi und de Maizière?*

FRIEDRICH SCHORLEMMER: Lothar de Maizière kannte ich durch die Synode. Von Gregor Gysi hatte ich im »Neuen Deutschland« gelesen: Da sei ein junger Rechtsanwalt, der sich für eine Verwaltungsgerichtsbarkeit eingesetzt habe. Ich dachte, wenn die DDR eine Institution schafft, mit der man etwas anfechten kann, dann ist das ein kleiner Schritt hin zum Rechtsstaat. Das war 1988.

HANS-DIETER SCHÜTT: *Hatten Sie mit seinem Vater zu tun? Er war Staatssekretär für Kirchenfragen.*

FRIEDRICH SCHORLEMMER: Ich hatte ein Gespräch mit ihm. Es war nach 1983, also nach unserer Aktion mit dem Schwert, das zur Pflugschar wurde. Da galt ich als spezieller Staatsfeind und Provokateur – übrigens gar nicht so sehr wegen des Schmiedens selber, sondern weil darüber dann im Westfernsehen berichtet wurde. Die Obrigkeit hatte wohl das Gefühl, sie stünde nun als Depp da, die gesamte DDR erfuhr somit, dass man nicht in der Lage gewesen war, die Aktion zu verhindern. Man fürchtete, das könne Schule machen. Aber auch auf unserer Seite gab es Befürchtungen. Damals hatte Reagan während einer Sprechprobe im Fernsehen spaßeshalber den Atomkrieg ausgerufen, das war aufgezeichnet worden. Ich wollte öffentlich gegen diesen Ungeist protestieren. Da sagte einer auf der Synode zu mir: Bruder Schorlemmer, wollen Sie denn, dass wir morgen im »Neuen Deutschland« stehen, also dort positiv erwähnt werden? So war die Lage. Auf dieser Synode gab es einen Empfang, zu dem der Staatssekretär einlud. Die Synode hatte lange überlegt, ob sie diese Einladung annehmen solle. Ich war auch unschlüssig, dann sagte ich mir, wenn wir da hingehen, ist das nicht Käuflichkeit, sondern eine Chance, mit denen zu reden. Nicht alle gingen hin, ich aber nahm an diesem Empfang teil. Plötzlich nahm mich Manfred Stolpe am Ärmel, zog mich ein Stück weiter, da stand Gysi, und Stolpe sagte: Herr Staatssekretär, ich wollte Ihnen gern mal – und jetzt spürte man die Ironie – einen unserer jungen Wilden vorstellen, am besten ist, Sie beide reden mal miteinander. Sagte es und ging weg. Er war ein bisschen zynisch, der alte Gysi, aber wir unterhielten uns tatsächlich sehr ernsthaft. Der Vertreter der Macht sagte einen Satz, den ich nicht wieder vergaß: Herr Pfarrer, wir müssen uns doch über eines klarwerden – Sie und wir vertreten beide nur absolute Minderheiten. Das war die Verständigung darüber: Wir folgen beide jeweils einer hohen, hehren Idee, Sie vertreten vielleicht – in Wahrheit – nur fünf Prozent des Volkes, wir vielleicht auch bloß fünf Prozent; und so etwas hat nie die wirkliche Chance einer Mehrheit.

HANS-DIETER SCHÜTT: *Das erinnert an den Sohn Hanns Eislers, der nach dem Krieg bei seinem Onkel Gerhart Eisler zu Besuch war. In Berlin blickten sie am Abend auf das Stadtpanorama. Der Kommunist Gerhart Eisler sagte: »Überall, wo jetzt ein Licht angeht, sitzt einer und träumt davon, uns die Gurgel durchzuschneiden.«*

FRIEDRICH SCHORLEMMER: Mit dem Staatssekretär für Kirchenfragen hatte ich übrigens noch eine weitere denkwürdige Begegnung. Das war 1989, zum 70. Geburtstag vom Bischof Werner Krusche, auf einem Empfang in Magdeburg. Es war eine sehr angespannte Atmosphäre, und der Staatssekretär versuchte, auf Leute zuzugehen, und immer stand, etwa zwei Meter von ihm entfernt, ein Mann. Er wurde vorgestellt, sprach aber selber kein einziges Wort. Das war ein gewisser Herr Heinrich. Ging der Staatssekretär ein Stück weiter, ging auch Herr

Heinrich ein Stück weiter, hielt aber den Abstand von etwa zwei Metern. Der Staatssekretär in Begleitung der Staatssicherheit. Ein gespenstisches Abbild des Systems. Die Staatsmacht wurde bewacht von denen, die Staat im Staate waren. Ein Bild des Jammers und der Agonie. Und dieser Herr Heinrich wirkte böse, kalt, gefährlich. Eine Stasi-Ausgeburt, ich kann das nicht anders sagen.

HANS-DIETER SCHÜTT: *Wann sind Sie das erste Mal demonstrierend auf die Straße gegangen?*

FRIEDRICH SCHORLEMMER: Hier in Wittenberg? Anfang September 1987, als unabhängige Friedensbewegung. Es war die Demonstration zum Olof-Palme-Friedensmarsch, es kam zu einem ersten Zusammengehen von staatlicher und kirchlicher Friedensbewegung. Wir haben es geschafft, mit keiner anderen Formation vermischt zu werden. Wir sind vom Friedhof aus, von den Grabstätten der Soldaten beider Weltkriege, losgelaufen. Ich hätte nie gedacht, dass wir überhaupt jemals mit anderen auf die Straße gehen würden. Wir wurden der Kirchenblock genannt. Wir kamen bis zum Marktplatz, aber dann ging es los, das Katz-und-Maus-Spiel. Die Staatssicherheit versuchte, unsere Plakate und Transparente so zuzustellen, dass man nichts mehr davon sah. Einerseits konnte man fast keine Fotos mehr von uns machen, andererseits behinderte die Stasi somit ihre eigenen Fotografen, die uns dingfest zu machen suchten. Es entbrannte vor dem Rathaus ein heftiger Kampf um die Aufmerksamkeit und die Lufthoheit der Losungen. Eine Stunde später luden wir ein zur »Diskussion über gemeinsame Sicherheit«. Diese Veranstaltung hatte der Staat richtig voll besetzt, diese unbekannt-unerkannten, untergemischten Leute machten die Diskussion regelrecht zur Sau. Die griffen auch mich an, Menschen, die ich noch nie gesehen hatte, die aber allerhand wussten von mir, das war schon öffentliche Zersetzung, richtig böse. 1988, im Januar, nach besagter Liebknecht-Luxemburg-Demonstration, waren auch hier in Wittenberg erstmals Massen zu uns in die Kirche gekommen, sie wollten wissen, was da in Berlin geschehen sei. Die Verhaftung der Gegendemonstranten mit den Luxemburg-Texten und ihre überraschend bekanntgegebene Ausreise schwächte uns, aber immerhin: Der Staat stellte sich auf eine peinliche Weise bloß. Unsere Kirchenführung wurde, auf Bundesebene, zu Jarowinsky bestellt, dem verantwortlichen ZK-Sekretär, und der hat unseren Leute die Hucke vollgehauen, das war kein Gespräch, das war eine Vergatterung. Mein ehemaliger Superintendent aus Merseburg, Martin Ziegler, Sekretär des Bundes der evangelischen Kirchen, der später so bravourös den Runden Tisch leitete, kann Stenographie. Er hatte die Ausführungen von Jarowinsky vollständig dokumentiert und als Information an die Gemeinden geschickt. Es war unglaublich ermutigend, was Ziegler da getan hatte. Er war damals der Nachfolger von Stolpe, ein wunderbares Zeichen, diese staatliche Verwarnung einfach offen und »im Original« weiterzugeben. Wir sahen: Wer so brüllt, der zittert vor Angst. Herrlich!

HANS-DIETER SCHÜTT: *Gehörten Sie bei den Kommunalwahlen 1989 auch zu den Wahlbeobachtern?*

FRIEDRICH SCHORLEMMER: Es gab ja eine Menge zu spät Gekommener, die plötzlich die Wahlbeobachtung für sich entdeckten. Ich habe das vorher schon gemacht, jahrelang, seit April 1968. Und ich kann nur sagen, die Wahlergebnisse waren nie wesentlich gefälscht. Die Menschen trotteten zum »Ja« wie erschöpfte Pferde zu einer Tränke. Die SED muss aber eine so tief verinnerlichte Angst vorm Volk gehabt haben, dass sie nicht mal mehr jene Realität sah, die noch für sie sprach. Selbst wenn es in einem Wahllokal, sagen wir zwanzig »Nein«-Stimmen gab, hatte die offizielle Statistik das bestimmt auf zehn Stimmen heruntergelogen. Das wäre überhaupt nicht nötig gewesen, bei insgesamt so wenig Gegenstimmen. Das zettelfaltende Volk bewies doch immer kluge Unterwürfigkeit. Die unnötige Angst des Staates schlug sich verwirrend auf sein taktisches Vermögen.

HANS-DIETER SCHÜTT: *Wahlbeobachtung, wie ging denn das vonstatten?*

FRIEDRICH SCHORLEMMER: Ich bin da reingegangen ins Wahllokal, habe mich hingestellt und bin dann nach kurzer Zeit gefragt worden, was ich wolle.

HANS-DIETER SCHÜTT: *Allein?*

FRIEDRICH SCHORLEMMER: Ja, oder mit meiner Verlobten, etwa 1968, als es um die Verfassung ging. Wir sind zusammen reingegangen und einfach stehen geblieben. Die fragten: Was möchten sie? Ich sagte: Ich möchte gar nichts, ich möchte nur zugucken, nur beobachten, es ist doch alles öffentlich hier, oder? Später bin ich dann auch zur Auszählung gegangen. Ich war immer der Einzige, Unvorhergesehene. Auch wenn ich natürlich nicht zur Wahl ging – zur Auszählung bin ich gegangen.

HANS-DIETER SCHÜTT: *Wie haben die denn reagiert im Wahllokal?*

FRIEDRICH SCHORLEMMER: Man spürte, wie sich die Luft veränderte. Es wurde still. Es war beklemmend, als sauge einer den letzten Sauerstoff aus dem ohnehin miefigen Raum. Die wussten nicht, wie sie reagieren sollten, man sah ihnen aber an, was sie dachten: Der Feind ist im Raum! Nicht zu fassen. Ich stand da und dachte: Ist doch trotzdem unglaublich, was du als Einzelner machen kannst, du kannst die Atmosphäre eines ganzen Raumes verändern. Ich war total gefangen von der negativen Energie, die sie mir sozusagen drüberhauten. Aber ich hielt das aus, und mehr und mehr merkte ich, dass die anderen viel unsicherer waren, als ich es war. Es passierte im Grunde gar nichts, aber es war trotzdem ein Kampf. Wahrscheinlich habe ich damals nirgendwo als bei meinen Wahlbeobachtungen so stark die Gewissheit empfunden, dass ein einzelner Mensch etwas gilt – und zwar mit seiner Kraft, einfach nur dazusein, stehen zu bleiben, sich nicht rausdrängen zu lassen.

HANS-DIETER SCHÜTT: *Wie war es bei der Kommunalwahl im Mai 1989?*

FRIEDRICH SCHORLEMMER: Bei dieser Wahl im Mai 1989 haben wir uns richtig organisiert. Die Stasi hörte seit längerer Zeit meine Wohnung ab, die wussten also genau, wer wo hingehen würde. Es war wie bei manchen anderen Kommunalwahlen: Nach dem Gottesdienst trafen wir uns, haben verabredet, wer wohin geht, uns interessierte, wer überhaupt noch »Nein« sagte zu diesem eingeschlafenen, angstvollen, angstmachenden System. Im Mai 1989 bin ich gegen 17 Uhr 30 in ein Wahllokal gefahren und wurde dort gleich mit der Frage empfangen: Kommen Sie, um zu beobachten? Ja, habe ich gesagt – und wurde umgehend des Raumes verwiesen. Ich könne nachher wiederkommen, zur Auszählung. Das habe ich getan, die Wahlzettel lagen schon geordnet, immer wenn ich etwas nähertreten wollte, um die Dinge genauer beobachten zu können, hieß es barsch: Bitte treten Sie zurück! Einer ging raus, kam wieder rein und sagte: Ich kenne Sie doch, Sie waren doch auch bei dem Gespräch mit der Nationalen Front dabei, Sie wissen schon, als der »Schwatte« da war. Der »Schwatte«. Ich erinnerte mich, es war eine Veranstaltung mit einem Vertreter des ANC, der vom Antiapartheid-Kampf in Südafrika erzählt hatte. Ich habe diesen Mann aus dem Wahllokal nicht vergessen. Da zählten sie ihre Zettel aus, registrierten die Stimmen des Volkes, das sich ihnen in diesem Mai 1989 merklich entzog, spielten ihr Theater aus Sozialismus, Solidarität und Völkerfreundschaft und sprachen von einem »Schwatten«. Ekelhaft.

HANS-DIETER SCHÜTT: *Wie kam es im Herbst 1989 zum »Demokratischen Aufbruch«?*

FRIEDRICH SCHORLEMMER: Er ist eher zufällig entstanden – in der Küche im Gemeindehaus der Berliner Samariterkirche, bei Rainer Eppelmann. Ausgangspunkt für mich, im Widerspruch gegen den Staat nun wirklich eine politische Struktur zu wagen, war im April 1989 eine Diskussion zum SED-SPD-Papier, ebenfalls in der Samariterkirche – Rainer Eppelmann hatte Bärbel Bohley und mich eingeladen, mit dabei auch Thomas Meyer von der SPD. Wer nicht kam, war der SED-Vertreter Rolf Reißig. Den Stuhl für ihn ließen wir demonstrativ stehen. Großer Raum, viel Westjournalisten, wenig Volk. Das war für mich der Punkt, endgültig eine Lebensentscheidung zu treffen: So, die wollen nicht mit uns reden, jetzt gehen wir in die merkliche Opposition. Im Reflex auf die Wiener Konferenz der KSZE schrieb meine Tochter aus dem »Neuen Deutschland« jene Wiener Dokument-Passagen heraus, in denen es darum ging, dass eine funktionierende Gesellschaft zur Kräftigung der Demokratie auch kritische Gruppierungen benötige. Darauf beriefen wir uns, nun aber erstmalig ohne jede vorherige Absicherung bei staatlichen Stellen. Das Gründungstreffen des »Demokratischen Aufbruchs« fand dann im August in Dresden statt – alles sorgsam dokumentiert von unserem Vorsitzenden, dem Stasi-Spitzel Wolfgang Schnur.

HANS-DIETER SCHÜTT: *Warum von Beginn an Zersplitterung? Vor Ihnen hatte sich »Demokratie Jetzt« gegründet, es gab das »Neue Forum« ...*

FRIEDRICH SCHORLEMMER: Zwischen dem Impuls der Gründer und dem, was das Volk wollte, bestanden ziemliche Differenzen. Ich zum Beispiel wollte, dass wir ein Verein, eine Bewegung bleiben, Schnur und andere bestanden auf der unbedingten Gründung einer Partei.

Bald gab es eine eindeutige Links-Rechts-Trennung der Mitglieder. Die Bürgerbewegung hatte überhaupt große Probleme damit, dass es in den Oppositionsgruppen zu viele Alpha-Ansprüche gab.

Hans-Dieter Schütt: *Eines der Alpha-»Tiere« hieß Schorlemmer?*

Friedrich Schorlemmer: Ich bin ein Einfluss-Alpha, kein Macht-Alpha. Ich hatte nie Führungsambitionen, aber immer wollte ich motivieren – die Anti-Alpha fürs Miteinander. Freilich: Vieles hing auch damit zusammen, dass es keine strukturierte Opposition in der DDR gab. Jetzt wurde an Parolen und Programmen vieles aufgesogen, was nur Westmustern folgte, Hauptsache, es ging gegen die SED! Leute aus anderen Zusammenschlüssen von Bürgerrechtlern wunderten sich über unser Chaos, ich konnte ihnen, nach der Erfahrung unseres ersten Parteitages im Dezember in Leipzig, nur sagen: Macht ihr mal eure erste DDR-weite Konferenz, ihr werdet euer blaues Wunder erleben. Es wurde auf jenem Parteitag auch sofort dramatisch. Was Thüringer Delegierten da abzogen, Nachbarn des schwarzen Bayern, das war für mich nicht auszuhalten. Ich wusste ganz schnell, ich muss da raus und weg! Das war ein böser Antikommunismus, der im Nachhinein der Stasi recht gab: Die Opposition als Hort rabiater, unversöhnlicher, giftspeiender Staatsfeinde!

Hans-Dieter Schütt: *Ich habe hier eine kleine Sammlung von Attributen, mit denen Sie die DDR bedachten – gleichsam als Warnung an Nostalgiker, die Ihre differenzierte Sicht auf das verjagte System als Einladung verstehen, dieses System immer wieder zu relativieren. Schorlemmers Synonyme für DDR: Gemisch aus Apathie, organisierter Verantwortungslosigkeit, Tabuisierung und Verleumdung von Problemen. Mixtur aus Bürokratismus und Amtsmissbrauch, Konformismus und Dogmatismus, Behördenwillkür und Obrigkeitsfurcht. Stalinistisch-sozialistisches Grundmuster. Schule, Armee und Sicherheitsdienst – Machttrias über anvertraute und ausgelieferte Menschen: denunzieren, militarisieren, indoktrinieren. Bürokratischer Zentralismus. Kasernenhofsystem. Pervertierung einer emanzipatorischen Idee. Schule als Mischung aus Inkompetenz und Gesinnungsterror, als Ideologieanstalt der SED mit stasiistisch-militaristisch-dogmatischen Geschwülsten. Verfolgungssystem. Eingemauerte Provinz. Hündischer Staat. Poststalinistischer Sozialismus. Geistiges Kastratentum. Permanente Parteidiktatur. Ordnung des Big Brother. Mielke-*

Sozialismus. Befehlssystem. Kleingeist im Gewand des historischen Fortschritts. Roter Militarismus. Kleinwüchsige Neurotiker der roten Macht. Vierzig verlorene Jahre. Eine nicht legitimierte, sondern von einer Ideologie inthronisierte Staatsmacht mit Welterlösungsanspruch. Diktatorisch, inquisitorisch und geistig borniert agierende SED. Einparteiendiktatur. Vater- und Mutterstaat der Rundum-Versorgung und Rundum-Bewachung.

FRIEDRICH SCHORLEMMER: Da gibt es nichts zurückzunehmen. Aber das ist allerdings nicht alles. Die DDR war auch ein Versuch.

HANS-DIETER SCHÜTT: *Die Gründungsversammlung des »Demokratischen Aufbruchs« fand in Berlin statt.*

FRIEDRICH SCHORLEMMER: Ja. Wir hatten uns für den Herbst verabredet. Es war der 1. Oktober. Mehrfach mussten wir den Ort wechseln, weil Polizei die Versammlung verhinderte. Ich bin in Wittenberg angerufen worden von meinem Freund Edelbert aus Weimar, er sagte, er könne nicht weg, man habe ihn daran gehindert, Weimar zu verlassen. Die haben den gar nicht erst in den Zug steigen lassen. Auch ein Freund in Güstrow wurde abgefangen. Wir kamen merkwürdigerweise aus Wittenberg raus; wir trafen uns am Auto außerhalb der Stadt, vorher war ich mit dem Fahrrad durch viele Gärten gefahren, so dass man nicht vordergründig annehmen konnte, ich wolle Wittenberg verlassen. Vorm Samariter-Gemeindehaus in Berlin standen Stasileute und Polizisten, ein ganz riesiger Bursche dabei, der sagte: Hier können Sie nicht rein, das ist alles mit Ihrem Bischof abgesprochen, hier sollte eine nicht genehmigte Versammlung stattfinden. Aus einer Telefonzelle riefen wir Eppelmann an, der im Nebenhaus wohnte. Wir kamen auch in sein Haus nicht rein, um ihm zu berichten, was los ist. Immerhin durfte er rauskommen und uns den ersten Ausweichort zuflüstern. Immer mehr Leute kamen, Teilnehmer aus der ganzen DDR. Manche kannte ich nicht. Auch am nächsten verabredeten Sammelpunkt: Polizei. Plötzlich hielt wieder Schnurs Auto, ein Volvo. Es hielt nur kurz an, er rief uns zu: Weg hier! Wir treffen uns da und da, bei Neubert! In der Wilhelm-Pieck-Straße. Ich musste aber noch da bleiben, weil noch nicht alle Leute eingetroffen waren, die ich eingeladen hatte. Als ich später vors Haus von Ehrhart Neubert kam, stand die Polizei breitbeinig vor der Tür, man kam nicht rein. Wir wussten natürlich nicht, ob überhaupt schon jemand im Haus drin war, und wer? Wenn auch dieser Treffpunkt geblockt würde, dann bliebe nur Pankow. Wir also nach Pankow, ins dortige Gemeindehaus. Wir parkten das Auto weit weg. Zuvor waren wir von einem Polizeiauto verfolgt worden – um die loszuwerden, fuhren wir in die Wohnung meiner Tochter im Friedrichshain. Sie war nicht da. Wir tranken Kaffee und dachten, beim Blick aus dem Fenster, Mann, die müssen doch irgendwann müde werden. Und dann machte ein Freund von mir etwas, das ich schreiend witzig fand. Er ging zu den Polizisten und sagte, also, es sei ja offenbar geworden, dass man mit uns gemeinsam fahren wolle. Aber wissen Sie, meine Herren, wir sind so unsicher, denn wir sind keine Berliner, wie wäre es, wenn Sie uns, hin zum Gemeindehaus Pankow, vorausfahren würden? Kein Ton aus dem Polizeiauto. Totale Versteinerung. Wir hätten am liebsten losgeprustet vor Lachen. Wir sind dann losgefahren, die Polizei brav uns nach. Vorm Gemeindehaus wieder Bereitschaftspolizei und Verladewagen. Drinnen waren schon viele Leute, draußen ebenso viele. Bischof Forck wurde gerufen, nicht mal er kam rein. Ich mutmaßte, wenn du jetzt drängst, da reinzugehen, und es kommt zu Übergriffen, wirst du womöglich binnen kurzem in den Westen abgeschoben, oder Schlimmeres passiert. Jetzt hier kämpfen, das kam mir sinnlos vor. Ich hatte Angst. Ich wollte kein bloßes Abräumobjekt werden. Dem Schnur, der beim Gemeindehaus rein und raus durfte, dem habe ich nur noch eine Adresse zugeflüstert, wo wir uns treffen würden, um weitere Schritte zu beraten, er solle die Adresse, Sophienstraße, weitersagen, und dann sind wir, ein paar Freunde und ich, weg. Kein Mensch kam zu dem angegebenen Ort, Schnur, der Hund – ich bin damals leider nicht skeptisch geworden, er hatte natürlich nichts weitergegeben. Wir trafen uns dann am 30. Oktober in einem evangelischen Krankenhaus, in der Diakonieanstalt Königin Luise. Den Ort konnten sie nicht besetzen. Aber Schnur war da.

HANS-DIETER SCHÜTT: *Was geschah auf jenem Parteitag, Mitte Dezember in Leipzig. Womit attackierten Sie die Thüringer Delegierten?*

FRIEDRICH SCHORLEMMER: Nicht nur sie, aber sie besonders schlimm. In einem Interview hatte ich mich dafür ausgesprochen, die Regierung Modrow zu unterstützen, diese Regierung sei zwar nicht durch freie Wahlen legitimiert, aber sie ebne glaubwürdig den Weg zur Demokratie. Das haben Leute vom »Demokratischen Aufbruch« im Rundfunk gehört und verbreitet, Schorlemmer paktiere mit den Kommunisten, wolle eine Koalition mit der SED. Es gehört zu den Schlüsselerlebnissen meiner kleinen politischen Laufbahn, was daraufhin geschah. Die bugsierten mich in einen Nebenraum, es war frühmorgens, und im Handumdrehen saß ich einem inquisitionsähnlichen Gericht von etwa zwanzig Leuten gegenüber. Kommandeuren und Kommandeusen, wie von der Tscheka. Ich sollte sofort abschwören und öffentlich widerrufen. Ich erschrak und wusste: Die hatten zu lange Feindberührung, das hatte auf den eigenen Charakter abgefärbt. Die Lippen dieser Menschen – eben noch waren wir Gemeinsame! – wurden schmal wie Messer, ich erkannte die Gesichter nicht mehr. Aber in meinem Erschrecken über die Verwandlung bekam ich nicht Angst, sondern seltsamerweise ein Glücksgefühl, dass ich nicht zu Zeiten früherer Revolutionen lebte: Die hätten mich an die Wand gestellt, als eindeutigen Verräter. Endgültig aus war es für mich, als die abstimmten, welche politischen Begriffe künftig unbedingt auf dem Index stehen müssten. Auch das Wort »Sozialismus« weiter zu gebrauchen, wurde per Mehrheitsbeschluss untersagt. Mit gleichem Recht hätte man auch, mit durchaus triftigen Gründen aus der Politikgeschichte der Kirche, »Gott« verbieten können. Der »linke Flügel« auf dem Parteitag drängte mich, gegen Schnur als Vorsitzenden anzutreten, aber ich war nicht als Pfarrer nach Leipzig gefahren, um als Parteivorsitzender heimzukehren. Ich ahnte viel Hass, viele Intrigen, starke Machtkämpfe. Ich bin dann nach Berlin gefahren, zum Parteitag der SPD, zu dem ich als Gast eingeladen worden war. Auch meine Freunde verließen den »Demokratischen Aufbruch« und fragten mich später entgeistert, wohin ich sie denn da gelockt hätte.

HANS-DIETER SCHÜTT: *Herr Schorlemmer, welches war das bewegendste Erlebnis der Wende?*

FRIEDRICH SCHORLEMMER: Das kann ich ziemlich genau sagen. Etwa eine Woche nach dem Fall der Mauer in Berlin klingelte es hier bei mir in Wittenberg an der Wohnungstür. Ich öffnete, draußen stand ein Kohlefahrer, er drückte mir nur eine Klappkarte in die Hand und verabschiedete sich wieder. Auf der Karte stand: »Unser Dank gilt denjenigen, die uns geholfen haben, unsere Sprache wiederzufinden. VEB Kohlehandel Wittenberg, Brigade Einzelhandel, 17. November 1989.«

HANS-DIETER SCHÜTT: *Die »kleine politische Laufbahn« – ist das Kleine, Geringe nicht vielleicht überhaupt ein Merkmal des politisch Möglichen? Sozialdemokratie als großes Programm der kleinen Schritte?*

FRIEDRICH SCHORLEMMER: Als Pfarrer spielte ich 1972 in der Studentengemeinde den König Augias in »Herkules und der Stall des Augias« von Friedrich Dürrenmatt. Das Stück müsste heute in den Schulen gelesen, durchgenommen werden. Es ist eines der tollsten Gleichnisse über die Schwierigkeit der Weltveränderung angesichts des Mistes, der mehr und mehr anwächst. Herkules scheitert, auch der Sohn des Augias ist verzweifelt. Augias selbst aber zeigt den wahrscheinlich einzig möglichen Weg – was er am Schluss sagt, ist noch heute mein Credo. Er hat nämlich in aller Stille einen Garten angelegt: »Ich bin Politiker, mein Sohn, kein Held, und die Politik schafft keine Wunder. Sie ist so schwach wie die Menschen selbst, nicht stärker, ein Bild nur ihrer Zerbrechlichkeit. Sie schafft nie das Gute, wenn wir selbst nicht das Gute tun. Und so tat ich denn das Gute. Ich verwandelte den Mist in Humus. Es ist eine schwere Zeit, in der man nur so wenig für die Welt zu tun vermag, aber dieses wenige sollten wir wenigstens tun: das Eigene. Die Gnade, dass unsere Welt sich erhelle, kannst du nicht erzwingen, doch die Voraussetzung in dir kannst du schaffen, dass die Gnade – wenn sie kommt – in dir einen reinen Spiegel finde für ihr Licht.« Ja, das ist mein Credo gewesen und geblieben. Auf einem Gemeindefest bei Bad Dürrenberg führten wir das Stück auf. Der Gemeindekirchenrat beschloss damals, mich nie wieder auftreten zu lassen. Die Bauern, hieß es, würden durch diese Mist-Geschichte mit dem Oberausmister Herkules und dem folgenlosen Kommissions-Unwesen beleidigt. Unsere freie Gottesdienstauslegung missfiel – mit Sprechmotetten, in denen auch Zitate von Atheisten vorkamen. Da verhielten sich unsere katholischen Mitchristen übrigens weit vorsichtiger, obwohl sie im Herzen wahrscheinlich weit antikommunistischer waren. Ihr Programm wich eher ins Künstlerisch-Literarische ab, während wir uns gesellschaftlich brisanten Fragen zuwandten.

HANS-DIETER SCHÜTT: *1969 haben Sie geheiratet. Ihre Frau Heide war praktische Ärztin. Zitat Friedrich Schorlemmer: »Zu den wirklich schmerzlichen Erfahrungen gehört das Ende der Beziehung zu einer Frau. Wir hatten beide gedacht, dass wir ein Leben lang zusammenbleiben könnten. Wir mussten uns nach zwanzig Jahren Ehe eingestehen, dass das, was uns im Innersten verband, aufgebraucht war. Es war ein tiefer Bruch. Dennoch kann ich heute auch sagen, dass die Trennung eine Befreiung für uns beide geworden ist.« Ist Ihre Ehe an der DDR gescheitert, an den Überforderungen durch Arbeit, an der Notwendigkeit, viel Druck zu erleben und aushalten zu müssen?*

FRIEDRICH SCHORLEMMER: Ja und Nein. Die haben alles dafür getan, uns, wie es so schön hieß, zu »zersetzen«. Aber nun zu sagen, sie hätten es geschafft, das würde uns doch völlig entmündigen. Nein, ich bestehe auf meiner Zuständigkeit für mein Glück und mein Scheitern, fürs private Gelingen und Versagen, fürs Verschulden und Entfremden.

HANS-DIETER SCHÜTT: *Ist ihre Profession eine schwere Prüfung für eine Frau?*

FRIEDRICH SCHORLEMMER: Das Pfarrhaus muss ein offenes Haus bleiben, und nach den Maßgaben dieser Offenheit muss der Pfarrer sich auch die Frau aussuchen. Der kann sich nicht in jede Frau verlieben, die eine geschlossene Wohnung haben will. Kann er einfach nicht machen! Liebst du mich, und zwar bei offener Wohnung? – so muss ein Pfarrer die Frau fragen, bevor er sich in sie verliebt. So hart ist das, wirklich, exakt so hart.

HANS-DIETER SCHÜTT: *Ist das auch die Quintessenz vom Miteinander Ihrer Eltern?*

FRIEDRICH SCHORLEMMER: Eine der Quintessenzen ist es, ja.

HANS-DIETER SCHÜTT: *Hat Ihr Vater Tagbuch über sein Leben geschrieben?*

FRIEDRICH SCHORLEMMER: Nur im Krieg. Überhaupt hat sich mein Vater in seiner letzten Lebenszeit fast ausschließlich mit dem Zweiten Weltkrieg befasst. Er las und las, er wollte das Geschehene, das Gesehene begreifen, und er wollte mit etwas fertig werden, womit man vielleicht gar nicht fertig werden kann. Er war Sanitätsobergefreiter. Die Tagebücher aus jener Zeit sind mein Erbstück. Ich habe sonst nichts weiter. Meine Geschwister waren da findiger. Nein, das ist ein Scherz, es gab nicht viel zu erben.

HANS-DIETER SCHÜTT: *Haben Sie die Kriegs-Tagebücher schon zu Lebzeiten Ihres Vaters gelesen?*

FRIEDRICH SCHORLEMMER: Nein. Ich bedaure das zutiefst, ich hätte gern mit ihm darüber gesprochen. Doch er wollte das offenbar nicht. Ich wusste, dass es diese Hefte gibt, aber nicht im Traume wäre mir eingefallen, auf eigene Faust darin herumzukramen. Ich fand das wunderschön in unserer Familie: Alles stand jedem offen, aber keiner hat ohne Erlaubnis je in den Sachen des anderen gestöbert. Ich wäre nie auf den Gedanken gekommen, an einen Schreibtisch meiner Geschwister zu gehen oder an den meiner Mutter. Die Dinge lagen da, und jeder ließ, was ihm nicht gehörte, unangetastet. Wir konnten uns aufeinander verlassen. In den Tagebüchern meines Vaters wird die starke Bindung an seine Mutter sehr deutlich; man kann daraus ablesen, wie schwer es mitunter seine Frau gehabt haben muss, sich zu behaupten. Damit erklären sich bestimmte Spannungen in dieser Ehe. Zudem erzählen diese Tagebücher, welch poetischer Mensch mein Vater war. Ich verdanke ihm in dieser Hinsicht sehr viel. Ein poetischer Mensch – und dort im Krieg ein sehr einsamer Mensch. Bewundernswert ist, dass er angesichts dessen, was er sehen und erleben musste, doch nie abstumpfte. Die wenigen Sätze, die ich aus diesem Tagebuch schon einmal öffentlich machte, sind der Kern seines großen deutschen Erschreckens. Beim »Russlandfeldzug« notierte er am 28. Februar 1942 in sein Tagebuch: »Am Morgen wurde noch ein Befehl verlesen, der zum verschärften Vorgehen gegen die Zivilbevölkerung mahnt. Sie soll mehr Furcht vor den deutschen Soldaten bekommen als vor den Russen und Partisanen. Dörfer, wo Partisanen sich zeigen, sollen ausgerottet werden. Mann, Weib und Kind. Die letzte Kuh, das Saatgetreide – alles kann geholt werden. Es ist kein ritterlicher Kampf, es ist Vernichtungskrieg in seiner blutigsten Form. – Am Abend kommt der Divisionspfarrer zu uns. Unsere Gespräche sind ernst. Die Zukunft liegt dunkel und drohend über unserem Volk. Wie mag es aus diesem Krieg kommen? Dörfer wurden ausgemerzt – Mann, Weib, Greis, Kind. Selbst die Rohesten gingen nur mit Widerwillen an solche Arbeit. Und in diesem Land müssen wir weiter bleiben, dieses Gemetzel müssen wir weiter erleben. Wie lange? Dass wir nicht rausgezogen werden, keinen Urlaub bekommen und im Sommer wieder mit antreten, das zu begreifen, fällt so schwer.«

DAS VIERTE GESPRÄCH

Die Stunde der Pfarrer
Absage an ein Verdienstkreuz
Einsamkeit und Vielbeschäftigung
Die Einfalt als Tugend
Das Hamsterrad ND
Gutmenschen und Zyniker
Freudenfeuer für die Akten
Christa Wolfs Wort vom Schwert
Bischof Krusches großer Satz

Friedrich Schorlemmer

Kain und Abel
Was es heisst, ein Mensch zu sein (1989)

Die Urgeschichte von Kain und Abel schreibt Individual- und Sozialgeschichte, schreibt sich fort bis in unser eigenes Er-Leben. Sie ist nicht reduzierbar auf den Mord. Sie zeigt spiegelbildlich auf, was es heißt, ein Mensch zu sein: Geschick und Chance, große Schuld und größere Gnade.

Wir leben, weil zwei Menschen sich begegnet, eins geworden sind miteinander, ein Mensch geworden sind. Neues Leben wächst aus dem Glücksmoment der Verbundenheit. Eine Frau wird Mutter. Geborgen im Schoß, werden wir ausgetragen. Wir werden zur Welt gebracht, ungefragt. Ein hilfloser Erdwurm und doch schon ganz »Mensch«, bleiben wir ganz angewiesen. Schon ganz fertig und noch ganz unbeschrieben. Wir tragen unser Erbteil schon mit uns und werden erst noch geprägt. Wir sind schon unverwechselbar und wissen doch nicht unser Woher und Wohin. Wir kommen als erste, zweite, letzte. Wir suchen unseren Platz und finden uns schon platziert. Wir gehören in ein Geschlecht, und wir haben ein Geschlecht. Einen Namen bekommen wir.

So werden wir anrufbar. Und wir machen uns einen Namen. Wir lernen, uns mit uns selbst abzufinden. Von anderen angenommen, zurückgesetzt oder verstoßen, lernen wir, mit anderen und mit uns selbst zurechtzukommen. Und wir verzweifeln daran. Wir sind verschieden begabt und entfalten unsere Begabung. Wir folgen einer Berufung und ergreifen einen Beruf. Wir stecken unsere Interessenssphären ab. Wir kommen uns in die Quere. Wir reiben uns aneinander. Wir suchen Erfolg. Wir haben Glück, wir haben Pech. Wir suchen nach Anerkennung. Wir lechzen nach Zuwendung. Wir werden abgewiesen. Wir begreifen den Grund nicht. Enttäuschung macht uns einsam, grimmig, bitter. Wir beneiden einander. Wir suchen Schuld beim anderen. Wer erwählt, wer verwirft uns? Warum? Gibt es Gerechtigkeit? Einen gerechten Gott? Die einen sind oben, die anderen sind unten. Die einen steigen, die anderen fallen.

Warum?

Dann stellen wir die Entweder-Oder-Frage: Ich oder du, wir oder sie, meine oder deine Lebensweise. Wir schließen uns voneinander ab und schließen einander aus. Wir vergessen den anderen – wir vergessen uns; wir sind nicht mehr Herr über uns selbst. Wir werden infiziert vom Gift der Zerrüttung und der Zerstörung. Wir wünschen den anderen weg, täuschen uns, täuschen den anderen. Wir kommen in den tragischen Lauf der Dinge. Ein Tod-Schlag lässt sich nicht zurücknehmen.

Unsere Schuld hat etwas End-Gültiges. Wieder-Gut-Machung gibt es nicht. Dann überhören wir Fragen des Gewissens, wir leugnen die Verantwortung füreinander. Mensch sein heißt: für uns selber da sein. So entfremden wir uns. »Schließlich muss jeder selbst sehen, wie er sich durchschlägt«, sagt die Stimme der Selbstrechtfertigung: Und dann schreit die Erde, schreien die Steine der zerbrochenen Städte, schreien die Baumgerippe des Landes. Der Tod holt uns ein. Die Gewalt gegeneinander und die Gewalt gegenüber der Natur überkreuzen sich. Die Natur rächt sich, wo die Kultur verraten wurde.

Wie weiterleben?

Und dann erleben wir das Unerwartbare: Wir dürfen weiterleben. Die Kette des Verderbens wird zerrissen durch den Gott, der ein Zeichen der Gnade setzt: Das Leben darf neu beginnen. Aber es bleibt ein Leben fern vom Herrn, in der Hoffnung, dass ER sich wieder zuwende, dass ER aufrichte den in sich Verkrümmten. Schon hier gibt ein Gott sich zu erkennen, der später am Kreuz seine Arme ausbreitet über uns.

HANS-DIETER SCHÜTT: *Hatten Sie je den Ehrgeiz, mehr als Pfarrer zu sein? Die Reihe der Kirchenmänner, die im Zusammenhang mit dem Herbst 1989 in die Politik gingen, ist beträchtlich.*

FRIEDRICH SCHORLEMMER: Es sind damals einige mögliche Funktionen an mich herangetragen worden, etwa bis 1992, da ging es teilweise um herausgehobene Positionen. Bis man merkte, ich würde in der Ablehnung standhaft bleiben.

HANS-DIETER SCHÜTT: *Sogar der Bundespräsident war im Gespräch.*

FRIEDRICH SCHORLEMMER: Ja, aber vieles war auch nur Rhetorik, unverbindliches Pathos im Meinungsgeschäft. Ich habe das alles jeweils sehr schnell zurückgewiesen, sehr freundlich, aber sehr bestimmt. Meine Lebensentscheidung bestand darin, etwas anderes zu versuchen und daran den Wert der Demokratie für mich zu erproben: Wird es einem wie mir, einem relativ unbekannten Menschen aus dem Osten, möglich sein, ohne die Schubkraft eines Postens, ohne die Stütze einer Funktion mit seinen Gedanken und Vorschlägen, mit seinen Thesen und kritischen Anmerkungen in der bundesdeutschen Öffentlichkeit zu wirken? Es ging mir um öffentliches Predigen, Vermitteln, Anstoßen, aber dies nur kraft der eigenen Wassersuppe, nicht kraft einer Position.

HANS-DIETER SCHÜTT: *Wassersuppe – trifft's das denn?*

FRIEDRICH SCHORLEMMER: Das trifft es ziemlich genau. Ich weiß, dass das, was ich beizutragen in der Lage bin, wirklich nur Wassersuppe ist –

aber es ist immerhin Suppe. Die wird nur eben nicht dadurch würziger, dass ich Minister bin oder ein anderer Amtsträger. Die Suppe wird nicht nahrhafter dadurch, dass ich sie als Intendant oder was weiß ich darreiche. Die DDR hatte so gut wie keine kritische Öffentlichkeit, außer ein paar Schriftstellern, plötzlich aber kamen Menschen wie ich öffentlich zu Wort. Das Wort wurde mit gewisser Reichweite gehört, und nun wollte ich nicht, dass jede künftige Rede, jeder weitere Text unter dem Verdacht stünde, einen politischen Aufstieg zu begleiten oder ihn gar vorzubereiten oder abzustützen. Ich wollte meine Ansichten nicht in den Ruf der Taktik bringen. Sie sollten gewissermaßen frei bleiben und durch nichts außer durch mich selber gerechtfertigt sein. Nur so wollte ich als hörbarer, stimmhafter, kenntlicher Teil der demokratischen Öffentlichkeit wirken. Ich habe damals, in der Aufbruchs- und Umbruchsphase, schnell gemerkt, wie ostdeutsche Stimmen konjunkturellen Aufschwung bekamen. Mit einem Male saß ich auf Podien, zwischen Staatsmännern wie Helmut Schmidt oder Mazowiecki. Ich war mit der »Süddeutschen Zeitung« zum Gespräch bei Havel auf dem Prager Hradschin etc. Ich, das Ostprodukt aus der Provinz Sachsen-Anhalt. Mir gefiel das auch, und zugleich klopfte das Herz bis zum Hals. Ich fühlte mich bestätigt und sofort auch gewarnt.

HANS-DIETER SCHÜTT: *Es gab doch bestimmt Situationen, in denen Sie dadurch, dass Sie medial vorkamen und bei immer mehr Leuten im Lande bekannt wurden, so etwas wie ein Pflichtgefühl bekamen – ein Pflichtgefühl diesen Menschen gegenüber. Förderte das nicht die Einsicht, eine politische Funktion übernehmen zu müssen?*

FRIEDRICH SCHORLEMMER: Solche Situationen gab es, solche Bedrängnisse auch. Ich bin aber mir gegenüber, so glaube ich jedenfalls, der erste Skeptiker geblieben. Ich weiß, was ich wirklich leisten kann, und also weiß ich auch, was ich nicht schaffe, selbst wenn ich alle Kräfte einsetzen würde. Dann enttäuscht man Menschen weit mehr als in Momenten der Absagen, die freilich zu Missverständnissen einladen: Der ist feige, der scheut den entscheidenden Schritt, ach, der redet ja nur. Ja, ich bekenne: Ich rede nur. Und versuche, etwas zu sagen, auch stellvertretend für Stimmlose.

HANS-DIETER SCHÜTT: *Mangelt es Ihnen an bestimmten Fähigkeiten, die das politische Geschäft benötigt?*

FRIEDRICH SCHORLEMMER: Mir fehlt wahrscheinlich der taktische Blick, die Gabe für den Umgang mit Lobbyisten. Wer ist jetzt dein Mann, wer ist gerade nicht dein Mann – diese Einteilung der Leute in wechselnde Konstellationen, je nach aktuell politischer Bedarfslage würde ich nicht packen. Ich würde sie auch gar nicht packen wollen, diese Spielchen mit Informationen, dieses Abklopfen aller Bedingungen auf Nützlichkeit und Brauchbarkeit. In der Politik lebt man meist nur in Macht-Zusammenhängen und freundschaftlichen Zweckbündnissen. Wirklich innere Beteiligung, eine feste Überzeugung, da bin ich mir sicher, kann man sich in Parteien und Kabinetten auf Dauer nicht leisten. Denken ist dort funktional, der Kompromiss ist das oberste Ziel, alles zielt auf eine Konsequenz, die variabel bleiben muss. Und zum anderen, ich sage das sehr überspitzt: Ich bin kein Chef, ich bin mir zu schade, um für jeden Idioten die Verantwortung übernehmen zu sollen. Dieser organisatorische Aufwand, diese Rücksicht auf rechtliche Rahmen, dieser ganze Aufwand, auch das mittragen zu müssen, was die Wadenbeißer aus der zweiten, dritten Reihe tun – nein, das würde mich anwidern und meine Duldungskraft übersteigen. Da bin ich gar nicht neidisch auf Pfarrerkollegen, die diesen anderen Weg gegangen und auf diese Weise, meist auch nur kurzfristig, in die politische Prominenz gewechselt sind. Kurzum, ich, aus den niederen Provinzen kommend, würde mir nie einbilden können, zum Außenminister zu taugen. Ein Politiker braucht auch enorme organisatorische Kompetenz, die ich nicht habe.

HANS-DIETER SCHÜTT: *Ihre Zweifel an der Fähigkeit zu einem politischen Amt in allen Ehren, aber offenbar war es die Stunde der Pfarrer, Sie wären nicht der erste und einzige gewesen.*

FRIEDRICH SCHORLEMMER: Vielleicht war das, was Sie da ansprechen, der Hauptgrund für meine Zurückhaltung gewesen, genau dieser Punkt: die Stunde der Pfarrer. Die Stunde des Pfarrers schlägt nie außerhalb von Seelsorge und Gottesdienst. Ich wollte, dass in der Öffentlichkeit klar bleibt, vor allem im Osten: Ich bin und bleibe evangelischer Pfarrer, ich war und ich bin kein in der Kirche geparkter Politiker. Ich wollte auch fürderhin deutlich machen, dass die Arbeit mit dem Evangelium und die Arbeit in der Politik zwei Dinge sind, die nicht deckungsgleich sind. Nur in der Reibung beider, im produktiven Streit beider Bereiche liegt eine Möglichkeit, etwas zu bewegen, etwas zu verändern.

HANS-DIETER SCHÜTT: *Es gab eine Zeit, da waren Sie Stammgast auf allen Podien. Siegte die Eitelkeit über das verträgliche Maß an Öffentlichkeit?*

FRIEDRICH SCHORLEMMER: (*lacht*) Man hat mich auch schon den »Unvermeidlichen« genannt ... Wer in die Öffentlichkeit geht, sich aber nicht zu einem gewissen Maß von Eitelkeit bekennt, der lügt. Gesprächsrunden und Podien sind immer ein Risiko, man kann entsetzlich einbrechen, und ich bin genug eingebrochen. Man ist von so vielen Faktoren abhängig, und ich fahre zu solchen Veranstaltungen noch heute mit banger Brust. Mir gelingt keine Routine, die mich ruhig und gelassen hält. Ja, ich bin zu Vorträgen sonst wohin gefahren, weil ich mir gesagt habe: Das musst du jetzt annehmen, eben weil du kein anderes Amt hast und willst. Anders aber als durch Präsenz ist Einfluss auf Öffentlichkeit nicht zu haben. Manchmal wusste ich gar nicht, wozu ich geladen war. Ich habe im Haus von Reinhard und Liz Mohn einem »after-diner-speach« gehalten oder vor einem rechtskonservativen Verein in Bremerhaven gesprochen. Da habe ich halt auch vor den Chefs von »Unilever« geredet und hatte keine Ahnung, dass dies einer der größten Lebensmittelkonzerne ist. Ich stand vorm Hamburger Hochhaus der Firma und war erschrocken. Die luden mich in Lokale ein, die werde ich im Leben nie wieder sehen, geschweige denn besuchen können. Französische Lokale, in denen es nicht nur teuer ist, sondern wo es auch noch schmeckte. Also ich habe da eine ganze Menge erlebt, habe das Staunen gekriegt, wohin es mich verschlug, aber ich habe das als Möglichkeit gesehen, meinen Weltkreis zu erweitern und mir doch gleichzeitig treu bleiben zu können.

HANS-DIETER SCHÜTT: *Sie hatten Kontakt zu drei Bundespräsidenten.*

FRIEDRICH SCHORLEMMER: Ja, ich konnte anrufen und mit ihnen reden, mit Richard von Weizsäcker, Roman Herzog und Johannes Rau. Vor allem Johannes Rau war ein unterschätztes Phänomen. Es gibt keinen Politiker, der in seiner Arbeit so menschlich gewesen ist. Menschlich im Sinne von: den Menschen sehr persönlich zugewandt. Ein Briefeschreiber, nicht im Büro diktierend, nein, mit der Hand, unverwechselbar persönlich, und nicht nur ein paar obligate, gestanzte Zeilen. Seit er tot ist, weiß ich, solche Briefe bekomme ich nicht mehr. Wenn er mir zum Geburtstag schrieb und im Brief fragte, wie es meinen Enkelinnen Hannah und Sarah gehe, dann war da wirklich die Frage nach Hannah und Sarah. Aus diesen Erkundigungen lugte nicht jenes »dritte Moment«, das den Beziehungen zwischen zwei Menschen etwas Künstliches hinzufügt, nur weil man sich zu einer Geste verpflichtet fühlt oder durch den anderen etwas gewinnen, erreichen könnte. Die Freundlichkeit Raus entbehrte jedes Zwecks. Freundschaft halten, das ist für mich überhaupt das Höchste. Wenn ich den Bundespräsidenten Rau traf, rief er mir meist fröhlich herausfordernd zu: »Hast du die Tageslosung heute gelesen?« Jeden Tag nahm er ein Bibelwort in sein Tagwerk mit.

HANS-DIETER SCHÜTT: *Bruder Johannes hat man ihn genannt.*

FRIEDRICH SCHORLEMMER: Man? Die publizistischen Edelzyniker.

HANS-DIETER SCHÜTT: *Zum jetzigen Bundespräsidenten Köhler gibt es keine Verbindung?*

FRIEDRICH SCHORLEMMER: Nein. An diesem Sparkassendirektor ist alles falsch.

HANS-DIETER SCHÜTT: *Warum lehnten Sie 1992 das Bundesverdienstkreuz ab?*

FRIEDRICH SCHORLEMMER: Ich hatte mir vier Fragen gestellt. Was sind meine Verdienste um das Gemeinwohl im Vergleich zu den Verdiensten vieler anderer, von denen ich abgehoben würde? Was darf ein Pfarrer an Auszeichnung und äußerer Heraushebung annehmen – widerspricht das nicht seiner Aufgabe, wenn er für das Selbstverständliche Auszeichnungen annimmt? Wie nähmen meine (ostdeutschen) Mitbürger diese Auszeichnung auf? Würde ich womöglich mich auf eine Ehrungsebene heben lassen, die mir weder zukommt noch gut tut? Die Antworten auf dieser Fragen bewogen mich zur freundlichen Absage.

HANS-DIETER SCHÜTT: *Wenn man Sie reden hört, spürt man Ihren heftigen Wunsch nach dem authentischen Wort, andererseits leiden Sie daran, dass dieser Wunsch heutzutage so industriell verwirklicht wird – durch öffentliche Zurschaustellungen, durch die Macht überschätzter Moderatoren, kurz: durch das Personality-Prinzip, das ja längst auch politische Parteien dem Drill des Zerstreuungsgewerbes aussetzte.*

FRIEDRICH SCHORLEMMER: Es sind dies Schändungen durchs Großspurige, das nichts hinterlässt, sich aber umso mehr auslässt. Wir leben in einer schonungslosen Diktatur des Vorübergehenden, der unentwegten Brennpunkte und verbalen Trommelfeuer, so, dass man meinen könnte, einigen Beteiligten gelte der Verlust der Medienpräsenz so viel wie der Verlust der halben Existenz.

HANS-DIETER SCHÜTT: *Sie kennen sich aus in diesem Widerspruch: getrieben zu sein von Mitteilungsgabe – aber in den unzähligen Offerten, diese Gabe ausleben zu dürfen, doch mehr und mehr eine Aufforderung zum Geschwätz sehen zu müssen. Jene moralischen Sondervergütungen eines gläubigen Ketzertums, die man hinter einer fortlaufenden Beschwörung von Pluralismus und Ansichtenfreiheit vermuten könnte, werden nicht mehr ausgezahlt. Wer wirklich angreift mit einer kritischen Zeit-Analyse, wer etwa das Nach-Denken über den verwehten Sozialismus-Versuch als einladenden Impuls für ein Denken nimmt, das auch der jetzigen Gesellschaft erhebliche Prüfstände aufmacht, der stellt überraschend fest, wie mediale Zuneigungen aus den Zentralbüros des Mainstreams schwächer werden. Sie sind eminent politisch motiviert und öffentlich veranlagt, aber just die Würde und der Anspruch dieses Drangs sind nur um den Preis eines partiellen Rückzugs haltbar. Sind Sie ein vielbeschäftigter Einsamer geworden?*

FRIEDRICH SCHORLEMMER: Vereinsamung in bestimmten Fragen offenbart Charakter – und quält ihn gleichermaßen.

HANS-DIETER SCHÜTT: *Schwierig, sich einzumischen, ohne wirklich mitmachen zu wollen, mitmachen zu können?*

FRIEDRICH SCHORLEMMER: Manche Auswege liegen in Seitenwegen: So kam ausgerechnet ich zur Autorschaft im »Neuen Deutschland«. Ja, die Erfahrung mit den Medien gehört zu meinen größten Enttäuschungen in der Demokratie. Diese Kränkung: dass etwas in die Öffentlichkeit kommt, und du kannst es nicht zurückhalten. Dass du Opfer einer Schlagzeile wirst, ich erinnere mich an die »Magdeburger Volksstimme«, aber anschließende Versuche, dich zu wehren, erreichen nicht mehr jene, die die Schlagzeile gelesen haben. Ja, das ist für mich eine tiefe Kränkung gewesen.

HANS-DIETER SCHÜTT: *Mit welchem Gefühl sind Sie Sozialdemokrat?*

FRIEDRICH SCHORLEMMER: Illusionslos. Wenn man will, dass eine Erkenntnis, eine Wahrheit sich durchsetzt, dann muss man sich abplacken mit Leuten, muss Menschen suchen, mit denen zusammen du etwas tun kannst. Ich empfinde diese Suche mehr und mehr mühsam – und ich entziehe mich dem häufiger als früher, gerade in Bezug auf die Partei. Aufs Ganze gesehen, ist die Auswahl derer, deren Nähe ich suche, nicht groß. Denn der Normalfall ist nicht die geistige Auseinandersetzung, sondern das Taktieren: Wie kriegen wir bei den nächsten Wahlen eine bessere Stimmung hin? Wie werden wir gleichzeitig von der Wirtschaft angenommen und von den Hartz-IV-Empfängern? Wo ich mitwirke, will ich Kenntlichkeit haben. Sie ist nicht sehr geachtet in der politischen Landschaft.

HANS-DIETER SCHÜTT: *Sie sind nicht mehr im Stadtparlament?*

FRIEDRICH SCHORLEMMER: Nein, schon seit 1994 nicht mehr.

HANS-DIETER SCHÜTT: *Sie waren Fraktionsvorsitzender.*

FRIEDRICH SCHORLEMMER: Vier Jahre, ja. Dann habe ich nicht wieder kandidiert. Die in der Politik dachten, ich wolle ihnen predigen, und die in der Kirche hatten den Eindruck, ich wolle alles politisieren und sie gar auf meine Parteilinie bringen. Es kann aber nicht darum gehen, die Politik zu klerikalisieren und die Kirche zu politisieren. Irgendwann wollte ich in beiden Bereichen wieder meine Unabhängigkeit.

HANS-DIETER SCHÜTT: *Folgten auch Ihre unmittelbaren politischen Reden einem Grundsatz, einem Prinzip, einer Sehnsucht von Perfektion?*

FRIEDRICH SCHORLEMMER: Was ich sage, möge An-Sprache sein. Das Prinzip meines Redens stammt von dem DDR-Dichter Kurt Bartsch, der auch zu denen gehörte, die das Land verließen. Eines seiner Gedichte lautet: »Als der Redner ankündigte, / er würde jetzt zur Sache sprechen, / fragten sich viele / warum nicht zu uns.«

HANS-DIETER SCHÜTT: *Welches war die bitterste politische Erfahrung?*

FRIEDRICH SCHORLEMMER: Das, was ich eben schon sagte – die fraktionelle Stimmungsabhorcherei. Viele Dinge werden gruppen-, nicht sachbezogen entschieden. Und diejenigen, die in den politischen Fragen nur Beobachter bleiben, die begeben sich selber nicht mehr in die Prozesse hinein. Sie kritisieren, aber sie bleiben den Beweis schuldig, dass sie es anders machen würden. Wenn in Halle jetzt so knapp dreißig Prozent der Leute zur Wahl gehen, dreißig Prozent!, dann kommt mir der heilige Zorn hoch. Da sage ich, zurück in die Diktatur, Freunde. Ihr habt es nicht anders verdient. Dann schleicht ihr wieder zu 99,98 Prozent gebückt in die Wahlkabine und macht ergebenst eure Kreuzchen. Ihr haltet es für Freiheit, euch nicht dafür zu interessieren, wer in dieser Stadt die Geschicke bestimmt. Sitzt lieber zu Hause und guckt euch beim Billigbier den nächsten Thriller auf RTL an, na toll. Das ist eine gefährliche Verproletarisierung im Sinne eines dumpfen Rechthabens der Desinteressierten. Das ist eine furchtbare Machtausübung von unten.

HANS-DIETER SCHÜTT: *Was stand in der »Magdeburger Volksstimme«?*

FRIEDRICH SCHORLEMMER: In dieser Zeitung – es war 1999, auf dem Höhepunkt der Clinton-Affäre mit Monica Lewinsky – stand auf Seite 3 ein Artikel von Freya Klier, in dem sie mich in scharfer Form einer bislang verheimlichten Nähe zum SED-Regime bezichtigte. Der Text von Klier strahlte gesichertes Wissen und Eindeutigkeit aus, so, als sei es endlich Zeit, eine längst besiegelte Wahrheit zu veröffentlichen.

HANS-DIETER SCHÜTT: *Wieso erwähnen Sie jetzt Clinton?*

FRIEDRICH SCHORLEMMER: Ist doch beinahe lustig: Die Ankündigung des Artikels gegen mich – Pfarrer Schorlemmer ein SED-Kollaborateur – stand auf Seite 1 gleich neben der Meldung über Clinton. So wichtig nahm man das! Übrigens hatte Frau Klier diese Anschuldigung gegen mich bereits Monate zuvor erhoben, während eines Podiumsgesprächs.

HANS-DIETER SCHÜTT: *In Ihrer Anwesenheit?*

FRIEDRICH SCHORLEMMER: Ja, ich war auch auf dem Podium. Beweise für ihre Anschuldigung hatte sie natürlich nicht. Die FAZ vermeldete nur die Vorwürfe, nicht meine Entgegnungen während dieser Gesprächsrunde. In solchen Situationen erlebt man, wie schnell Menschen abrücken. Neben mir saß ein ehemaliger Pfarrer-Kollege, der sagte: Was Wunder, wenn du zum Beispiel immer und überall so unvorsichtig offen für die PDS sprichst, da musst du dich über solche Folgen nicht wundern … Gerade er hätte aber wissen können, dass Frau Klier log. Er hätte nur sagen müssen, Freya, ich kenne den Schorlemmer schon ein bisschen länger als du, bitte rede nicht solchen Unsinn. Er hat einen solchen Einwurf aber tunlichst unterlassen. Einzig ein bekannter Kirchenhistoriker aus Leipzig stand auf: Ein ehemaliger Staatssicherheitsmensch habe ihm gesagt, es hätte für die SED damals zwei gefährliche Leute auf der Achse Berlin-Leipzig gegeben – Eppelmann und Schorlemmer.

HANS-DIETER SCHÜTT: *Aber Sie sprechen noch immer im Ton der Verletztheit.*

FRIEDRICH SCHORLEMMER: Ja. Denn da gab es plötzlich diesen Klier-Vorwurf, dann also auch noch schwarz auf weiß, in der »Magdeburger Volksstimme«, und ich fühlte mich ziemlich ausgeliefert. Die Irritation zu Hause in der Altmark und unter Freunden war sofort groß, das hing mit der Hysterie des Aufarbeitens, mit der Dämonisierung von DDR-Vergangenheit zusammen, mit der Unwilligkeit damals, die Dinge zu differenzieren; ich fühlte mich denunziert und hintergangen, etwas zugespitzt: Ich fühlte das Messer des Rufmordes. In der Zeitung haben sich zu meiner Verteidigung sofort Leute wie Bischof Krusche und Reinhard Höppner geäußert, auch mir unbekannte Leser schrieben an das Blatt, und meinen eigenen Widerspruch, einen langen Text, hat man ebenfalls veröffentlicht. Lediglich eine einzige Passage darin wurde gestrichen, ein Absatz, in dem ich gefragt hatte, wie eine Redaktion überhaupt dazu komme, ungeprüft, ohne Recherche so schwerwiegenden Schwachsinn abzudrucken. Dieser Absatz wurde eliminiert, scheinbar unwichtig, aber es war ein bezeichnender Absatz. Aha, sagte ich mir, du darfst alles sagen, du darfst widersprechen, was das Zeug hält – nur die Zeitung selber darfst du nicht angreifen, mit anderen Worten: Die Methode bleibt tabu. Meinungen können revidiert werden, die Technik aber wird nicht korrigiert. Und worin bestehen Methode und Technik? Die Macher bauen regelrecht darauf, dass eine Lüge, eine Halbwahrheit, ein Gerücht heftige Reaktionen hervorruft – schon ist die Maschine der emotionalen Hochspannung angeworfen.

Es ging der »Volksstimme« nicht um Fairness, nicht um Wahrheit, nicht um Erkenntnisförderung, es ging ihr nicht mal wirklich um mich, es ging darum, einen Erregungszustand herzustellen, der das Blatt verkäuflicher macht. Es ist vorwiegende journalistische Absicht, Sachen extrem zu personalisieren, Leute aufeinander zu hetzen, einen medialen Boxkampf zu organisieren, bei dem die Fetzen fliegen. Es geht darum, wie es so unschön heißt, eine Sau durchs Dorf zu jagen, unter dem Aspekt: Viele Leute, die den Fernseher einschalten oder eine Zeitung aufschlagen, wollen verstärkt die Zerfleischung sehen. Dieses Bedürfnis wird nicht mehr nur vom Boulevard, der ohnehin immer unverschämter, hemmungsloser wird, nein, längst auch vom sonst eher seriösen Journalismus bedient. Diese Leute sind beim Gespräch freundlich, höflich, sittsam und zuvorkommend bis dorthinaus, und dann steht etwas im Blatt, das man vorher nicht für möglich gehalten hätte. Wenn mir fremde Journalisten begegnen, sage ich mir inzwischen: Denk an Bölls »Verlorene Ehre der Katharina Blum«, sei vorsichtig, sei misstrauisch!

HANS-DIETER SCHÜTT: *Hat sich Freya Klier noch einmal in der »Magdeburger Volksstimme« geäußert?*

FRIEDRICH SCHORLEMMER: Nein, nicht dass ich wüsste. Aber in anderen Zeitungen schrieb sie weiter – ich sei jemand gewesen, der sich mit Kurt Hager traf, während andere im Gefängnis saßen. Je absurder, desto wirksamer! So eine Lawine des unfassbaren Verdachts kommt schneller in Gang, als sich neuer Schnee an einem Berg anhäufen kann. In der »Zeit« ergriff sogar Erich Loest das Wort: Er hoffe nicht, dass der Tag komme, an dem die Dunkelmännerbriefe veröffentlicht würden und damit auch die wahren Verstrickungen Friedrich Schorlemmers ans Licht kämen. Ich dachte, ich traue meinen Augen nicht. Ich habe Erich natürlich heftig geantwortet. Aus Freundschaft. Meine Beziehungen zur Parteiführung sahen wirklich ganz anders aus.

HANS-DIETER SCHÜTT: *Wie?*

FRIEDRICH SCHORLEMMER: Ich weiß noch, Hans-Joachim Böhme ...

HANS-DIETER SCHÜTT: *Der SED-Parteichef des Bezirkes Halle.*

FRIEDRICH SCHORLEMMER: Ja, er sagte im Dezember 1988 im ND: »Jenen verantwortungslosen ›Erneuerungsaposteln‹, die ihre persönlichen Rezepte über BRD-Medien als Meinung der Christen unseres Landes anzubieten haben, sagen wir klipp und klar: Die DDR-Bürger lassen sich durch nichts und niemanden zum Kapitalismus ›zurückreformieren‹.« Ich habe mich in dieser Beschimpfung sehr angesprochen gefühlt. In dem ND-Artikel stand auch: »Die breite gesellschaftliche Bewegung im Bezirk, darauf gerichtet, unser sozialistisches Haus noch wohnlicher und attraktiver zu machen, ist ein einmütiges Bekenntnis zur Strategie der Partei, die gemeinsame Arbeit zum Wohle der Menschen und zum Glück des Volkes fortzusetzen.«

HANS-DIETER SCHÜTT: *Mit Ihrem Zitieren foltern Sie mich geradezu, das war unsere Sprache.*

FRIEDRICH SCHORLEMMER: Diese Sätze wurden uns in einem so genannten Staat-Kirche-Gespräch im Dezember 1988 von Leuten beim Rat des Bezirkes wie eine Standpauke vorgelesen. In eisiger Atmosphäre. Anfang Januar 1989 schrieb ich Böhme einen offenen Brief, zehn Seiten lang meine Fragen zu Politik und Ökologie. Den Brief las ich vorher Freunden vor, die meisten rieten mir ab: Ich würde ins offene Messer rennen, den Brief abzuschicken bedeute den selbst organisierten Austritt aus unserem gemeinsamen sanften Widerstand. Ich habe mir alles noch einmal überlegt, die Emotionen waren inzwischen etwas abgekühlt, es wurde am Ende ein zweiseitiges Schreiben, das ich diesem Provinzfürsten schickte.

HANS-DIETER SCHÜTT: *Erwarteten Sie tatsächlich eine Antwort?*

FRIEDRICH SCHORLEMMER: Ich glaubte noch immer, Gehör zu finden. Dialog war mir wichtiger als hasserfüllte Abkehr. Nach zwölf Wochen fragte ich nach, ob denn der Brief bei Böhme angekommen sei und kündigte bei ausbleibender Antwort an, damit an die Öffentlichkeit zu gehen. Es dauerte, nach so langer Zeit, plötzlich nur einen einzigen Tag, und ich wurde telefonisch zu einem dringenden Gespräch in den Rat des Kreises zitiert, zu einem Gespräch mit dem Stellvertreter für Inneres des Rates des Bezirkes – die Genitiv-DDR ließ wieder grüßen. Der Referent für Kirchenfragen, der mich »im Auftrage von« zitiert hatte, wusste gar nicht, worum es überhaupt ging. Informationshierarchie im Partei- und Staatsapparat! Ich war etwas früher zum Rat des Kreises gefahren, lief vor dem Gebäude herum, und da traf ich zufällig einen Mann von der Staatssicherheit, den kannte ich, der war verantwortlich für die Abteilung »Politischer Untergrund«. Bis in den Oktober 1989 hinein war er berüchtigt für besonders üble Anwerbepraktiken – bis hin zur Erpressung. Ihm war es äußerst peinlich, mir zu begegnen. Später wurde mir klar, warum. Der hatte das folgende Gespräch wohl mit vorbereitet. Ich wurde von vier Herren in die Mangel genommen, zwei davon schwiegen die ganze Zeit. Mir kamen sie sehr entscheidend vor. Deren Schweigen war das Vielsagendste und freilich auch Bedrohlichste. Der Tenor der staatlichen Verkündigung: Damit das nur klar sei, es würde keine inhaltliche Diskussion über meinen Brief geben, sondern nur die Feststellung, ich sei keine »Ebene« für ein Gespräch mit dem Genossen Böhme. Im Übrigen sei der Standpunkt der Partei- und Staatsführung zu politischen und ökologischen Fragen, wie ich sie gestellt hätte, sehr klar. Auch hatte ich Volksbildungsfragen angeschnitten, darüber gebe es ebenfalls kein Gespräch, denn das Thema ginge die Kirche nichts an. Ich könne ja mit den Verantwortlichen auf Kreisebene reden, aber dann gefälligst auch nur jene Fragen, die den Kreis direkt betreffen, nicht »den Sozialismus an sich und prinzipiell«. Abschließend sagte der Herr vom Bezirk noch mal ausdrücklich und betont scharf: »Genosse Hans-Joachim Böhme hat Ihre Briefe gelesen, aber wie gesagt, das ist nicht die Ebene«, und dann fügte er an, wörtlich, ich habe es nicht vergessen: »Das soll ich Sie sagen.«

HANS-DIETER SCHÜTT: *Mit welchen Gedanken gingen Sie hinaus?*

FRIEDRICH SCHORLEMMER: Ich bin ja immer darauf aus, zu interpretieren. Ich habe Lust an der Knüpfung von Zusammenhängen, Auslegung ist mein Beruf, vielleicht auch ein bisschen meine Berufung. Es mildert jedes Unglück, wenn man es ausdrücken kann – so wie Schreiben hilft oder Lesen. Es hilft nicht, etwas geschrieben oder gelesen zu haben, es hilft nur Schreiben oder Lesen. Und so bin ich damals bedrückt weggegangen, aber zugleich war da ein Glück des Begreifens. Bedrücktsein und Glück, das muss kein Gegensatz sein, das geschieht immer gleichzeitig.

HANS-DIETER SCHÜTT: *Es ist einem dann, wie Goethe es im »Tasso« ausgedrückt hat: Es rollt ein Rad von Schmerz und Freude durch die Brust?*

Friedrich Schorlemmer: Freude wäre jetzt ein bisschen fehl am Platze, als Begriff, aber, wie ich sagte, diese sinnliche Wahrnehmung, etwas begriffen zu haben. Da kann die Erkenntnis selber noch so traurig sein. In diesem Gespräch war mir brennspiegelartig deutlich geworden, woran diese pseudosozialistische Gesellschaft letzlich scheitern würde: an einer Allmachtspartei, die meinte, alles im Griff und auf alles eine richtige Antwort zu haben. Diese Partei wies jedem zu, wofür er zuständig ist und was er zu wissen habe oder nicht zu wissen brauche. Diese Partei beherrschte Menschen bis ins Privateste hinein. Und sie verbot aus gutem Grund jenes Buch, das offen legte, was sie machte, nämlich Orwells »1984«. Diese Partei konnte nicht davon ablassen, Menschen ständig erziehen zu wollen, und diesem Erziehungsziel ordnete sie auch alle Gesetze unter. 1988 hatte man zu einem Kollegen von mir gesagt: »Nach den Strafgesetzen müssten wir den Schorlemmer eigentlich wegfangen, aber das gibt einen zu großen Wirbel, und also nützt uns das im Moment nichts.« 1989, auf dem Kirchentag in Westberlin, sprach ich über die blutige Gewalt in Peking, auf dem Platz des Himmlischen Friedens – nach meiner Rückkehr ließ die Stasi den Kirchenbeauftragten bei mir anrufen und drohen und anweisen, ich solle die offizielle Darstellung im DDR-Fernsehen anschauen. Im Übrigen solle ich mich hüten, weiter darüber zu reden. Neben dem Kirchenbeauftragten hatten zwei Staatssicherheitsoffiziere gesessen, die kontrollierten, was er am Telefon zu mir sagte. Sie hatten ihm den Text genau vorgeschrieben ... Das Beispiel mit der »Magdeburger Volksstimme« ist für mich wie ein Gleichnis. Ich habe mich in letzter Zeit sehr mit den Mechanismen medialer Beeinflussung beschäftigt; mich bedrängt das Phänomen, wie durch die Invasion von Bildern, von Informationspartikeln und Wiederholungsschleifen eine Wahrnehmung entsteht, die im Grunde Wahrnehmungsfähigkeiten zerstört. Wir nehmen Welt hauptsächlich durch Medien wahr, allerdings so, dass sich uns, schleichend, die Täuschung ins Unterbewusstsein gräbt: Überhaupt sei nur das, was wir im Fernsehen erblicken und in Schlagzeilen lesen, die Welt. Wir leben uns durch die Kanäle hindurch, bleiben darin stecken und halten das für einen freien Blick.

Hans-Dieter Schütt: *Peter Handke nennt das den »Bildverlust« der Menschheit. Wir sind umgeben von einer Bildermasse, die die eigenen, selbst erlebten und angeeigneten Bilder verstellt. Die Bilder der Mediengesellschaft, die wir andauernd sehen, vernichten jene Bilder, die wir zu schauen imstande wären. Die in uns angelegt sind. Die uns leiten. Die uns zur Empfindung von Schönheit verführen. Die uns assoziativ mit anderen Zeiten verbinden. Die uns ästhetische Sicherheit geben und eine Sicherheit im Freundlichsein und im Offensein für alle Farben. Bilder, die uns ein Gefühl von einer schönen Dauer geben, einer schönen Dauer des sich ewig neu und anders vollziehenden Zusammenfügens der Dinge. Bilder allerdings, die wir selber mit schaffen müssen. Unsere Augen, sagt Handke, nehmen nicht nur Reales auf, sie sind gleichsam Zentren der Erwartung.*

FRIEDRICH SCHORLEMMER: Heute möchte man am liebsten die Augen schließen: Nur dann bleibt der Blick auf die Welt frei. Wir schaffen keine Bilder mehr, die Bilder schaffen uns. Was auf der Welt gegenwärtig geschieht, in dieser medialen Manipulationsmaschinerie des raffiniert blöden Vereinfachens, das ist ein qualitativ neuer Durchbruch an Aggressivität, an Menschenverachtung.

HANS-DIETER SCHÜTT: *Wobei man freilich sagen muss, dass Manipulierungstechniken keine Erfindung der globalisierten Mediengesellschaft sind.*

FRIEDRICH SCHORLEMMER: Das ist wahr. Institutionen wie Kirchen, überhaupt Religionsgemeinschaften haben auch früher schon bestimmte Dinge durch Wiederholung und Vereinfachung festgeschrieben. Die Menschen haben das leicht aufnehmen und verinnerlichen können, das war als Praxis ihrer Beeinflussung und Lenkung immer schon gefährlich, aber dieses Einschwören auf leicht verstehbare Prinzipien, Gleichnisse, Parolen leistete einen unschätzbaren Beitrag zur Integration in Gesellschaften; die liturgische Kurzformel führte zur Festigung von Weltbildern, verbunden mit wesentlichen Fragen: Wer bin ich? Was ist mein Lebensziel? Welches ist das Ziel der Gesellschaft? Wie gehen wir miteinander um? Das ist fortgesetzt worden mit den Transparenten, welche die Kommunisten unentwegt an ihre Portale hämmerten. Es ging darum, dem Einzelnen das gute, tröstliche Gefühl zu geben, er sei angeschlossen an eine einfache, aber für alle gültige Wahrheit, an ein Gesetz. Einfache Geschichten banden ihn – und zwar auf eine verständliche Weise, die den Zweifel in ihm auslöschten – an große, mythische, nationale Zusammenhänge. Machten ihn auf eine Weise sicher, dass er somit natürlich gleichzeitig auch brauchbar, formbar, missbrauchbar wurde. Diese Formbarkeit hat mit dem Fernsehen und, wie gesagt, mit den Möglichkeiten heutiger Medien erst richtig Fahrt bekommen.

HANS-DIETER SCHÜTT: *Schauen Sie selber viel fern?*

FRIEDRICH SCHORLEMMER: Arte, 3sat und die Nachtsendungen in der ARD oder im ZDF oder in den Regionalsendern reichen mir völlig aus. Du kannst dir Salzburg nie leisten, aber du kannst eine wunderbare Inszenierung der »Hochzeit des Figaro« auf 3sat sehen und einen beglückenden Abend erleben. Das ist doch was.

HANS-DIETER SCHÜTT: *Gefragt ist also der starke Mensch, der sich seiner wahren Bedürftigkeit sicher ist und sich nicht beirren lässt vom Tand.*

FRIEDRICH SCHORLEMMER: Früher gab es eine Einfalt, die sich untätig verhielt und deren träge Ruhe doch, auf ihre Weise, eine gewisse Lebensklugheit verriet. Heute dagegen stößt man zusehends auf eine medial angestachelte Einfalt, die rastlos schuftend, mit nicht nachlassender Energie, alles angreift und zugrunde richtet. Wie Medien mit der Seele, mit dem Denkvermögen des Menschen umgehen, das ist zynisch. Sie nutzen die Schwäche, das Veröffentlichungsbedürfnis der Menschen aus. Daher ist die Frage nicht nur, wie Bürger über die relevanten Dinge des Tages informiert, wie sie mit Unterhaltung versorgt werden, nein, ein wenig geht es auch darum, Menschen zu führen, sie mit Maßstäben sicher, unantastbar zu machen.

HANS-DIETER SCHÜTT: *Sie erinnern an Einfalt als eine Tugend …*

FRIEDRICH SCHORLEMMER: Was ich sehr früh mit auf den Weg bekam, ist die Lehre, dass Intelligenz und Menschlichkeit, dass Können und Güte nicht automatisch etwas miteinander zu tun haben. Das ausgiebige Studium humaner Schriften hat nicht unbedingt eine große Herzensbildung zur Folge. Die so genannte Einfalt kann tiefe Menschlichkeit hervorbringen, weil sie von nichts abgelenkt ist, weil sie an die ungekünstelten Ursprünge des Lebens gebunden ist, weil sie etwas weiß von dem, was eine Existenz schwer macht. Ich denke da an die »Mutter« von Gorki und Brecht – oder an die Frau Schmiedecke aus Schlesien, die ich am Sterbebett besucht habe. Sie hat, glaube ich, sehr wenige Bücher in ihrem Leben gelesen. Ihre Hände waren von der Gicht so gezeichnet, dass sie nicht mal mehr in der Bibel blättern konnte. Aber was diese Frau an Herzensgüte ausstrahlte, wie klar sie über das Dasein dachte, das bleibt mir unvergessen. Ich habe in den Jahren, auf die ich zurückblicken darf, weit mehr von einfachen Leuten gelernt als von den Schlauen. Schon der Begriff »einfache Leute« ist eine Beleidigung. Die Menschen aus den vermeintlich einfachen Verhältnissen leben meist unter sehr komplizierten Bedingungen.

HANS-DIETER SCHÜTT: »*... ein wenig geht es auch darum, Menschen zu führen, sie mit Maßstäben sicher, unantastbar zu machen.*« *Das klingt nach gesteuerten Medien. Das hatten wir in der DDR, und Sie, Herr Schorlemmer, gehörten doch gewiss nicht zu den Befürwortern dieser Methode.*

FRIEDRICH SCHORLEMMER: Ich denke nicht an die DDR, ich denke an die Bibel. In der Bibel gibt es das Hirtenmotiv. Es hängt auch vom Hirten ab, was aus den Schafen wird. Schafe freilich – und hier hört das Bild auf, wenn wir von Menschen reden –, die keine dummen Schafe sind, aber die aneinandergedrückt gehen, und die wissen wollen, wohin sie denn gehen sollen und wo sie frische Weide finden. Die Herde ist bewacht, nein: bewahrt. Bewahrt, nicht verwahrt! Sie ist nicht eingezäunt, sie lebt auf offenem Feld, sie braucht einerseits Begrenzung, aber das ist andererseits auch Sorge darum, dass niemand verloren geht. So kann sie in Frieden weiden. »Der Herr ist mein Hirte. Mir wird nichts mangeln ... Und ob ich schon wanderte im finstern Tal, fürchte ich kein Unglück.« Psalm 23. Das heißt: Ich komme geleitet durchs Leben, ich erfahre, welches mein Weg ist, wo ich leben und wie ich leben kann. Ich werde nicht bewahrt VOR Unglück und Unbill des Lebens, sondern DARIN. Die Einschaltquote aber ist keine Wegweisung, sie ist ein rücksichtsloses Geschäft. Aber ich vergleiche das Geschäft der heutigen Medien keineswegs mit der Propaganda und Agitation in der DDR. Als ich Anfang der achtziger Jahre ans »Neue Deutschland« schrieb und mich wegen der unverschämt lügnerischen, verachtenden Berichterstattung über die Arbeiteraufstände auf Polens Werften empörte, da wurde natürlich kein Wort von mir veröffentlicht. Ich hatte in Halle nämlich davon gehört, dass die Staatssicherheit, die immer noch wie zu frühen Zeiten der DDR bei Witzen hellhörig wurde, bei Polen-Witzen aber, die in Umlauf kamen, sehr tolerant blieb. Polen war freigegeben auch für einen innerparteilichen Fremdenhass.

HANS-DIETER SCHÜTT: *Ja, das stimmt. Ich erinnere mich sehr genau ans Geschehen um Polens »Solidarność«: Unterschwellig, gleichsam mit SED-Schub, kam eine Atmosphäre in der DDR auf, in der mittels Witzen ge-*

radezu ungehindert Ressentiments gegen angeblich faule, streikende Polen wiederbelebt wurden. Ähnliches wiederholte sich später bei Glasnost. Was offiziell als »Sozialismus in den Farben der DDR« proklamiert wurde, durfte sich auf weniger offizieller Ebene ungestraft als antisowjetische und antipolnische Überheblichkeit geben.

FRIEDRICH SCHORLEMMER: Das war ganz übel. Ich habe daraufhin in der Synode in Halle das Problem angesprochen. Der Westrundfunk berichtete, und offenbar machten auch in der SED interne Informationen über diese Tagung die Runde. Denn Wilhelm Girnus, lange Zeit Chefredakteur von »Sinn und Form«, schrieb meinem Bischof Krusche einen ziemlich harschen Brief, in dem er sich über dessen Äußerungen zu Polen beschwerte. Krusche hatte aber gar nichts zu diesem Thema gesagt – womit sich der Herr Girnus auseinandersetzte, das waren haargenau meine Gedanken, er bezichtigte jedoch die Kirchenleitung. Da war mir klar: Die SED ging davon aus, wenn ich als kleiner Pfarrer in der Synode so etwas sage, dann deshalb, weil auch der Bischof so denkt – es aber öffentlich nicht sagt. Ich wurde als Sprachrohr bewertet, wurde nur als jemand wahrgenommen, den man vorgeschickt hatte. Die Genossen hörten die Nachtigall trapsen, die in ihrem Verständnis ein trojanisches Pferd war. Die gingen von ihrer eigenen Praxis aus: Keiner sagte doch auf einem SED-Parteitag etwas, das nicht vorher abgestimmt worden war. Aus jedem Arbeiter sprach doch der Generalsekretär, auf so einem Parteitag sprachen ja nicht Individuen, sondern lauter Kopien vom Generalsekretär. Ihr nanntet das »Einmütigkeit und Geschlossenheit«.

HANS-DIETER SCHÜTT: *Was hat Girnus denn konkret zu Polen geschrieben?*

FRIEDRICH SCHORLEMMER: Hier, ich kann Ihnen das vorlesen: »Ich bin Atheist, aber ich bejahe die Möglichkeit, mit Gläubigen zusammenzuwirken, da ich in moraltheologischen Lehren der großen Religionen allgemeinmenschliches Gedankengut zu erkennen meine … Ich habe die Berichterstattung der Medien in beiden deutschen Staaten mit großer Aufmerksamkeit verfolgt. Im Vergleich zu den Medien der Bundesrepublik haben die unsrigen, besonders ›Neues Deutschland‹, viel objektiver, viel umfassender, viel verantwortungsbewusster berichtet … Sind Sie sich im Klaren darüber, dass Sie sich dem Verdacht aussetzen, mit jenen Polen zu sympathisieren, die das heutige allein existenzfähige Polen, das

sozialistische, zerstören, die dortige Regierung stürzen und damit dieses Land in einen verhängnisvollen Bürgerkrieg treiben wollen? ... Ich frage: Ist Ihnen überhaupt bekannt, was sich unter der Anstiftung der Solidarność in Polen abgespielt hat und noch abspielt? Vorgänge, die zum Strafbestand der Erpressung, der Nötigung, der Bedrohung mit Totschlag, der Zerstörung, der Brandstiftung, der Verfassungsverletzung gehören.«
... Wie gesagt: Ich will die heutige Medienpraxis nicht mit der DDR-Zensur vergleichen. Wobei mich bis heute verwundert, dass man mich damals immerhin zum Gespräch in die Redaktion des ND einlud.

HANS-DIETER SCHÜTT: *Ins ND? Sind Sie denn hingefahren?*

FRIEDRICH SCHORLEMMER: Ja.

FRIEDRICH SCHORLEMMER: Von dem ND-Gespräch habe ich sogar noch Aufzeichnungen, ich habe auch aufgehoben, was ich wegen der antipolnischen Ausfälle an die Redaktion geschrieben hatte. Wenn ich mir das heute angucke: Wie gedrechselt ich das alles formulierte, die reinste Sklavensprache, ich stand so unter Spannung, dass kein freier Gedankenfluss gelang.

HANS-DIETER SCHÜTT: *Hat Sie nicht verwundert, dass man Sie überhaupt zu einem Gespräch ins ND bat?*

FRIEDRICH SCHORLEMMER: Sehr sogar. Ich war erstaunt. Der Redakteur, der mich in der Redaktion empfing, war so ein typischer Funktionär der mittleren Arbeitsbienen-Ebene. Einer, der am Tag sicherlich vierzig Zigaretten rauchte, mit seinen Genossen oft einen Braunen trank, »Goldbrand« oder so etwas, man sah regelrecht, wie das seine Haut gekräuselt und grau gefärbt hatte. Kein bösartiger Ideologe, sondern ein Mensch, der sich im Hamsterrad seines relativ einfachen, aber gestählten Weltbildes redlich und diszipliniert abrackerte. Keines meiner Argumente verfing bei ihm.

HANS-DIETER SCHÜTT: *Es ist vorbei.*

FRIEDRICH SCHORLEMMER: Die Mediensituation ist zum Glück ganz, ganz anders, aber es ist so nicht gut, wie es ist. Man kann sich äußern, ja, es wird auch die Gegenmeinung abgedruckt. Aber bei Gegendarstellungen oder größerer juristischer Gegenwehr wird es schon schwieriger, da muss man vorher aufs eigene Konto gucken. Bei publizistischen Anschuldigungen gegen mich – auch bei jenen üblen Nachreden, ich sei SED-nahe gewesen – habe ich gemerkt: Es gibt Leute im eigenen Umfeld, die faxen sich die veröffentlichten Lügen gegenseitig zu, ohne mit mir zu reden. Die verteilen die Verunglimpfungen wie erschreckende, aber unzweifelhafte Neuigkeiten; die nehmen das als bare Münze, was ein besonders ekliger Rechercheur vom »Spiegel« schreibt. Die Schnelligkeit, sich infizieren zu lassen, ist unglaublich. Die Umweltverschmutzung geschieht mitunter langsamer als die Innenweltvergiftung.

HANS-DIETER SCHÜTT: *Es ist alles nur ein Spiel. Und immer der kommt bei diesem Spiel am besten zurecht, der inmitten der Gesellschaft die Fähigkeit hat, zugleich draußen zu sein. Anwesend sein und doch abwesend bleiben! Das war im »Sozialismus« eine Möglichkeit, mit Unfreiheit umzugehen, und das ist jetzt eine Art und Weise, die Freiheit auszuhalten. Ironisches Weltverhalten als Lösung.*

FRIEDRICH SCHORLEMMER: Ironisch? Zynisch, abgeschmackt, feige. Diese Lösung finde ich, mit Verlaub gesagt, zum Kotzen – obwohl ich von mir behaupte, viel Humor zu haben. Meine Tochter sagte mir, als ich das Buch »Eisige Zeiten« schrieb und es »Ein Pamphlet« nannte, man könne über eisige Zeiten nicht hitzig reden. Doch! Ich kann nicht anders, als mich bisweilen sehr zu erregen. Ich neige zum Pamphlet, und Pamphlete sind flammend.

HANS-DIETER SCHÜTT: *Was nichts über deren Erfolg bei den Zuhörern oder Lesern sagt.*

FRIEDRICH SCHORLEMMER: Ich rede, ich schreibe aus Hilflosigkeit. Ich bin hilflos, fühle mich aber nicht rettungslos.

HANS-DIETER SCHÜTT: *Sie haben mal geschrieben, Sie seien zu feige, mit den Leuten zu reden, die am Zeitungsstand immer nur die »Bild-Zeitung« kaufen. Sie schreiben da von »Herrn Dumm und Frau Dämlich«.*

FRIEDRICH SCHORLEMMER: Nicht nur. Auch von der schicken Dame habe ich gesprochen, die mit großem Auto vorfährt, und dem duftenden, gepflegten Herrn, dieser »Niete im Nadelstreifen«. Ja, ich bin wütend und feige. Es ist einfach so ...Trotzdem hielt ich nie viel von Auserwähltheit: Wir sind die Guten, die Masse ist doof. Das führt dazu, sich moralisch selber zu erhöhen. Wenn wir das Bild vom Salz der Erde nehmen, dann heißt das: Ja, Salz sein, aber verteilt in der Erde. Nicht Salzkorn unter Salzkörnern sein, sondern als würziges Korn aufgehen im Boden. Aber noch mal zu dem, wie Sie sagen, ironischen Weltverhalten. Ironie ist eine Kunst des Überlebens, Zynismus aber eine Methode der (Selbst-)Verachtung. Das Ab- und Wegsehen ist mir nicht gegeben, ein Freund hat das »hypochondrische Verantwortungsmanie« genannt. Er hat wohl recht damit.

HANS-DIETER SCHÜTT: *Von anderen werden Sie verspottet – als einer dieser nervenden »Gutmenschen«.*

FRIEDRICH SCHORLEMMER: Sollen sie mich verspotten. Solange ich lebe, werde ich gegen die Welt angehen, die mich wütend macht. Natürlich gibt es welche, die all das zum Betroffenheitskitsch niederreden, was ein Mensch in dieser ach so coolen Welt noch ernstmeint. Mit solchen Leuten möchte ich nichts zu tun haben. Auch nichts mit denen aus vorwiegend jüngeren Generationen, die nichts mehr nennen können oder wollen, wofür es sich außerhalb der eigenen Fortkommens-Interessen einzusetzen lohnte. Es muss alles irgendwie nur interessant und also verkaufbar sein, und was noch nicht verkaufbar ist, wird dazu gemacht, wird dementsprechend aufbereitet, nein, wie sagt man so schön neudeutsch: wird gehypt. Alles muss »professionell«, darf nicht nur »gut gemeint« sein.

HANS-DIETER SCHÜTT: *Sind Sie da nicht ungerecht? Junge Menschen stehen auf den Trümmern der Aufklärung. Diese Jungen haben das Schöne, Gute, Wahre nicht zu Schande geritten. Das 20. Jahrhundert verantworten sie nicht. Es gibt Gründe, sie zu entlasten.*

FRIEDRICH SCHORLEMMER: Ich entlaste die aber nicht! Wenn sie auf Trümmern leben – wer soll die denn wegräumen, wer soll etwas Neues errichten? Was immer an Maximen veraltet, eine Maxime bleibt doch ewig jung: Nimm die Welt nicht, wie sie ist – setz der Welt, wenn sie dir nicht gefällt, eine eigene Welt entgegen! Ich knüpfe in meiner Empfindung an Menschen an, denen ich glauben kann, die etwas Zweifelsfreies behielten, auch wenn sie tief verunsichert waren von dem, was um sie herum geschah. Wenn ich nur an Sophie und Hans Scholl denke – haben die auf Ältere geschaut und gesagt: Weil ihr uns alles kaputtgemacht habt, tun wir selber auch nichts mehr?

HANS-DIETER SCHÜTT: *Herr Schorlemmer, vor Jahren ging durch die Medien, sie wollten die Stasi-Akten verbrennen.*

FRIEDRICH SCHORLEMMER: Das kann man laut sagen!

HANS-DIETER SCHÜTT: *Das wurde laut gesagt, sehr laut. Sie haben sich gewehrt. Wie kam es zu diesem – Missverständnis?*

FRIEDRICH SCHORLEMMER: Es war am 9. November 1993, abends im Zeughaus zu Berlin, ich diskutierte u. a. mit Richard Schröder, Lothar de Maizière, Rudolf Scharping über den Zustand des vereinigten Deutschlands. Wie es so üblich ist – nach so einem Gespräch will die Presse ein paar O-Töne haben. Nun muss ich einen Einschub machen: Ich habe keinen Fahrer. Die meisten Leute, die derartige Foren und Gesprächsrunden bestreiten, verfügen über einen Fahrer. Ich will gar keinen, nur möchte ich schon auf dem Fakt bestehen, dass auch ich manchmal unter stressigen Bedingungen am öffentlichen Gespräch teilnehme, ich komme abends vom Seminar, muss am nächsten Morgen wieder im Büro sein, fahre also nachts zurück nach Wittenberg. Ende des Einschubs. Ich empfand die Diskussion im Zeughaus relativ anstrengend, nun also die Fragen eines Reporters. Es war die Zeit, da ich Befürchtungen geäußert hatte, die Zerstörung des tschekistischen Systems der DDR, die radikale Aufklärung der Stasi-Praktiken würde nun wiederum Menschen zerstören, indem jede Pflicht zur Differenzierung bei der Beurteilung von Tätigkeiten im MfS missachtet würde. Ich hatte 1992 ein Buch geschrieben, als dessen Titel ich sehr bewusst »Versöhnung in der Wahrheit« gewählt hatte, also keinesfalls: Versöhnung statt Wahrheit. Ein Jahr zuvor, im November 1991, hatte ich eine der mir am wichtigsten Reden gehalten, vor dem Alternativen Juristenkongress in Hannover, zu eben diesem Thema der komplizierten Rechts- und Morallage im Zusammenhang mit Stasi-Akten. Also, wer wissen wollte, was ich denke, besaß Auswahlmöglichkeiten für klare Belege. Jedenfalls fragte mich der Redakteur am Ende des Kurzinterviews: Also, Herr Schorlemmer, was würden Sie denn mit diesen Akten machen? Da erinnerte ich mich an Helmut Kohl, der hatte gesagt: Ich wüsste, was ich mit diesem ganzen stinkenden Wust machen würde, aber ich habe dazu nicht die Macht. Hat er gesagt. Den ganzen stinkenden Wust, genau das dachte ich auch, und ich dachte zudem, dass die Beschäftigung mit diesen Akten nicht neue Belastung bringen sollte. Aufklärung, ja, natürlich, aber das Ziel müsste Befreitheit sein. Und im Geiste dieses Wunsches nach Befreitheit sagte ich dem Journalisten: Ich würde am liebsten – aber ich habe ja nicht die Macht dazu – diese Akten einem großen Freudenfeuer anvertrauen. Das heißt: Ich vertraue es dem Feuer an, nicht jemand anderem. Die Schlagzeile ging dann ganz klar in eine andere Richtung – Pfarrer Schorlemmer fordert: Verbrennt die Stasi-Akten! Das mutete an wie: Schwamm drüber, alles vergessen, alles vergeben, kein Wort mehr darüber, weg mit dem belastenden Zeug, Freispruch für die Täter. Das gesamte Interview war damit Makulatur. Es galt fortan nur die Schlagzeile, und ich war es, den sie erschlug. Ich habe im »Tagesspiegel« darauf reagiert, habe versucht, das Urteil zu differenzieren, nichts half, Schorlemmer galt nunmehr als der große Verharmloser.

HANS-DIETER SCHÜTT: *Es war schwer für Sie, das zu ertragen?*

FRIEDRICH SCHORLEMMER: Es war für mich sehr schwer. Sie können sich gar nicht vorstellen, welche Angriffslawine aus allen politischen Richtungen sich gegen mich wälzte. Ich stand da wie jemand, der die Ideale der friedlichen Revolution verraten hatte. Da dachte ich: Ein Glück, dass ich 1993 und nicht, sagen wir, 1793 lebe. Mich hätten sie *wirklich* verbrannt oder unter die Guillotine gezerrt. So ein schlimmes, böses Gefühl hatte ich. Das Ganze hat mich Tage lang gelähmt, ich war unfähig, etwas Produktives zu machen ... Zehn Jahre nach Verabschiedung des Stasi-Unterlagen-Gesetzes, das muss im November 2001 gewesen sein, bin ich nach Berlin zu einer Debatte im Staatsratsgebäude eingeladen worden, und da stellte mich der Leiter der Diskussion, der Chefredakteur des »Tagesspiegel«, Giovanni di Lorenzo, als denjenigen vor, der die Stasi-Akten verbrennen wolle – und er fügte hinzu, ich wolle das offenbar nicht gern hören. Immer die gleiche Leier, immer die gleiche Kerbe, variationslos immer die gleiche Brandmarkung. Ich entgegnete, ich hätte x-mal erklärt, wie ich das meinte – und jetzt kommen Sie wieder damit! Aber ach, das hat niemanden erreicht, auch die ganze Bürgerrächerbande nicht. Das Gleiche hatte mich schon ereilt, als 1999 in den Zeitungen stand: Schorlemmer fordert Amnestie für DDR-Täter! Ich hatte aber eingeschränkt: Wo persönliche Menschenrechtsverletzungen vorliegen, muss mit rechtstaatlichen Mitteln vorgegangen werden; ich hatte auch auf Südafrika verwiesen, auf die Tribunale für Gerechtigkeit, mitunter waren diese Tribunale eine absolute Härte für die Opfer – das alles habe ich beschrieben. Aber wen interessierte das? Nur die Verkürzung ist medien-, weil massenwirksam. Dass ich zu dieser Debatte im Staatsratsgebäude hinging, die zudem noch unterm »Banner« eines Biermann-Zitats stand, das war eine ganz falsche Lebensentscheidung. Ich hatte Christa Wolf erzählt, dass ich daran teilnehmen würde, und daraufhin sagte sie gütig streng, Friedrich, du musst dich nicht immer bereitwillig in jedes bereitgestellte Schwert stürzen. Ich habe ihr geantwortet, Christa, ich will dort klarmachen, dass es noch eine andere Stimme gibt. Aber als ich vom Podium runter ging, fühlte ich so einen Hass gegen mich, dass ich sofort daran dachte, was mir unter nichtdemokratischen Bedingungen geschehen wäre, unter kommunistischen, stalinistischen Verhältnissen. Ich spürte einen Zeitsprung, so fühlte sich Diktatur an. Niemand sprach mit mir, die Menschen gingen an mir vorbei, als sei ich freigegeben zur allgemeinen Verachtung. Ein Journalist hatte die Szene beobachtet, und dann stand in der »Mitteldeutschen Zeitung«, ich hätte die Veranstaltung sehr einsam verlassen. Stimmt, ich fühlte mich sehr verlassen. Was im Übrigen Stasi-Hysterie anrichtet, konnte man bei Eckhard Ulrich sehen, einem hoch geschätzten Arzt und Hochschullehrer in Halle, er schrieb auch Gedichte, erst 1989 durfte er Professor werden. Er wurde als Stasispitzel verunglimpft, und bis diese Lüge aus der Welt war, dauerte es ihm zu lange. Da ging lieber er aus der Welt. Er schrieb einen Abschiedsbrief, in dem es heißt: »Dies ist kein Schuldbekenntnis. Ich war kein Stasispitzel, aber das Warten auf Richtigkeit und Recht ist jetzt zu viel, zu schwer, zu lange.« Er erhängte sich. Eilfertigkeit von Schnellrichtern hatte die öffentliche Hetze in Gang gesetzt, Ulrich verlor seine Position, seine Würde. Am Ende stand eine klägliche Presseerklärung der Verantwortlichen, die aber nicht einmal das Format einer aufrichtigen Bitte um Entschuldigung hatte. Es gelingt in der demokratischen Öffentlichkeit nicht, bestimmte Sachen zu korrigieren. Mein größter Fehler war, das versucht zu haben. Ich hätte sagen müssen: Ihr habt mich zwar alle missverstanden, aber wenn ihr das so eindeutig wollt, dann bitte – ja, ich will das ganze Zeug sofort weg! Was wir über das System wissen, ist genug, jetzt müssen wir das nicht noch weiter personalisieren und dadurch Menschen in permanenter Angst halten! Viele Fälle, die später durch die Öffentlichkeit gingen, haben mich bestätigt.

HANS-DIETER SCHÜTT: *1991 haben Sie angeboten, den Honeckers Asyl anzubieten.*

FRIEDRICH SCHORLEMMER: Damals habe ich mir das erste Mal kräftig die Zunge verbrannt. Ich wurde im Zusammenhang mit den erhitzten Diskussionen um die Zukunft des Ehepaares Honecker von einer Boulevardzeitung angerufen. Diese druckte das Gespräch in einer verkürzten Form ab, machte auf Seite eins groß auf: »Honecker – Asyl in Wittenberg?« Über die Agenturen lief die Meldung, ich hätte mich bereit erklärt, das Ehepaar Honecker bei mir »ins Haus« aufzunehmen. Ein Sturm der Entrüstung brach über mich herein. In einem Rundfunk-Interview versuchte ich klarzustellen, was ich gemeint hatte. Aber Boulevardzeitungs-Leser hören nicht den Deutschlandfunk ...

NICHT EINGELADEN
Gegendarstellung in der
***Mitteldeutschen Zeitung*, 4. November 1991**

Am Freitag, dem 25. Oktober, wurde ein gegen meinen ausdrücklichen Willen gekürztes Interview im »Express« abgedruckt. Daraus wurde eine Agenturmeldung gemacht, in der der Eindruck erweckt wird, ich sei bereit, das Ehepaar Honecker bei der Rückkehr »in mein Haus« aufzunehmen. Abgesehen davon, dass ich kein Haus habe, sondern selber auf der Suche nach einer Wohnung bin, habe ich keine spektakuläre Einladung mit Schutzversprechen ausgesprochen. Ich habe gesagt, dass Honecker wegen möglicher Gewaltübergriffe in staatlichen Gewahrsam genommen werden müsse, weil ich meinte, dass eine Privatperson das gar nicht leisten kann, aber auch Honecker im Rechtsstaat Anspruch auf Schutz der Person hat.

Auf eine abschließende Frage, ob ich ihn aufnehmen würde, um ihn vor Gewalttaten zu schützen, habe ich gesagt: »Ja, ich müsste es tun, selbst wenn es mich viel Kraft kosten würde.« Aus dem Konjunktiv wird in der Agenturmeldung ein Indikativ gemacht, der einer großsprecherischen Einladung gleichkommt.

Ich habe auf die Agenturmeldung hin viele empörte, verletzte und drohende Reaktionen bekommen. Auch Hass auf Honecker lud sich auf mich ab. Nach mehreren telefonischen Warnungen muss ich schon um mich selbst fürchten, bevor Honecker überhaupt nach Deutschland zurückgekommen ist.

So, wie ich jeden Bedrängten aufnehmen würde, wenn er vor meiner Tür stünde, würde ich aber auch, so gut ich kann, einem Honecker helfen, wenn die Volkswut ihn schlagen wollte. So, wie ich von der Stasi Verfolgte aufgenommen, sie beraten und ihnen geholfen habe, würde ich jedem Verfolgten zu helfen versuchen. Das ist Pflicht jedes Demokraten, zumal aber eines Christen.

Im Übrigen ist die Frage praktisch gegenstandslos, weil Honecker bei seiner Rückkehr ein Haftbefehl erwartet.

Friedrich Schorlemmer

HANS-DIETER SCHÜTT: *Lassen Sie mich bitte auf das Problem kommen, das ja offenbar auch Sie selber beschäftigt. Es hat indirekt mit dem zu tun, was Freya Klier Ihnen vorwarf: Nähe zum SED-Regime. Sie hatten, wie auch immer, Kontakt zu den Herrschenden, Sie fuhren zum Gespräch ins ND, Sie schrieben einen Brief an den Bezirkssekretär der Partei – Sie betrieben nicht das, was andere taten: Sie gingen nicht auf totale Abgrenzungsposition. Das musste doch zu Missverständnissen führen.*

FRIEDRICH SCHORLEMMER: Ich wollte immer das Gespräch, ich wollte den betonierten Zustand des gegenseitigen Hasses möglichst nicht auf mich übergreifen lassen, ich wollte ihn vermeiden, ihn unterwandern, aber nicht aus Feigheit, sondern aus der Überlegung heraus, dass Veränderungen anders nicht zu haben seien. Ich habe in meiner DDR-Zeit versucht, was irgendwie ging – wenn mir irgendwo Debatten möglich schienen, habe ich sie gesucht, Debatten nicht mit Feinden, sondern, so sagte ich mir, mit Leuten, die halt eine andere Auffassung haben. Auffassung gegen Auffassung, aber bitte in redlicher Öffentlichkeit. So wollte ich das. Wenn ich etwa an die Frage des Menschenbildes denke, die hat mich, seit ich denken kann, ungemein und ausdauernd beschäftigt. Seit ich denken kann, das heißt, seit ich erfahren musste, dass Menschen wegen ihres Menschenbildes andere Menschen zu Tode quälen und trotzdem ruhig schlafen. Ich wollte wissen, wie Kommunisten denken, warum sie so denken, warum sie so kaltblütig werden konnten, und das unter der Fahne der Menschlichkeit. Ich weiß noch, Mitte der sechziger Jahre fand in der ČSSR eine prinzipielle Auseinandersetzung über verschiedene philosophische Strömungen und das damit zusammenhängende Menschenbild statt, es kam dann zur Kafka-Konferenz in Prag, und ich lud zu uns ins theologische Konvikt den Philosophieprofessor Bergner ein, von der Uni in Halle, der galt als sehr offener Mann. Aber seine viel gerühmte Offenheit reichte leider nur aus, um zwei Assistenten zu schicken. Die kamen und referierten starr das, was in der »Deutschen Zeitschrift für Philosophie« gestanden hat oder in der noch stupideren »Einheit«. Null Bewegung, null Gedanken, null Anknüpfungspunkte für einen Dialog. Nicht *einen* interessanten Satz! Ich hätte gleich das ND nehmen können – und trotzdem: Ich habe weiterhin versucht, mit diesen Leuten das Gespräch zu suchen, sie ernstzunehmen. Das hielt ich durch. Ich will in mir, vom Grundsatz her, vom Grundempfinden her, keinen Hass aufbauen, ich will erst einmal reden, hören, begreifen.

HANS-DIETER SCHÜTT: *Aber eine Erfolgsgeschichte war dieses Mühen doch keineswegs.*

FRIEDRICH SCHORLEMMER: Das können Sie aber laut sagen! Es waren Jahre totaler Vergeblichkeit! Ich bin trotzdem dabei geblieben – und oft genug auch von Leuten »zur Sau« gemacht worden, von denen ich das nie vermutet hätte. Auf Seiten der SED hat es im Prinzip nie Geist und Bereitschaft gegeben, sich auf kritische Diskussionen einzulassen. Bis auf wenige Ausnahmen habe ich es nie anders erlebt. Der Halbbruder meiner Frau war Dozent auf einer Parteischule in Kleinmachnow. Mit ihm zum Beispiel lohnte das Gespräch. Ich sage das jetzt auch etwas traurig, weil ich noch immer in Erinnerung habe, wie euphorisiert ich gerade in jenen sechziger Jahren war. Was in Prag diskutiert wurde, das war wie ein Hoffnungsrausch. Was Dubček wollte, was Goldstücker dachte, das wurde zur Glückserfahrung meines Lebens. Mit Eduard Goldstücker führte ich Anfang der neunziger Jahre wunderbare Gespräche, er hatte noch Kafkas Freundin gekannt, und er gehört zu den Menschen, die trotz ihrer Kritik am System, trotz ihrer bitterer Erfahrungen mit den eigenen Leuten, trotz vieler Demütigungen durch den Stalinismus doch Kommunisten geblieben sind, und bei ihm konnte ich das gut verstehen. Die Beziehung zu ihm empfand ich als etwas Brüderliches, und er ist ein Beispiel für die Hoffnung, die ich immer hatte, die mich immer leitete.

HANS-DIETER SCHÜTT: *Die DDR, sagte Christa Wolf zu Günter Gaus, sei nicht sein Land, aber die DDR habe ihn dennoch »verdorben«. Sie meinte, der Westdeutsche sei infiziert worden vom Verständnis für die ganz andere, unwestliche Lebensweise. Sie auch?*

FRIEDRICH SCHORLEMMER: Ja, natürlich, und es hatte kuriose Folgen. In der Verfassung stand was von deutsch-sowjetischer Freundschaft als Herzenssache, aber wenn wir nach der »Literaturnaja Gaseta« gierten, um das Neueste von Trifonow, Rasputin oder Aitmatow zu lesen, dann machte man sich beim Staat verdächtig. Und noch verdächtiger machten wir uns Anfang der achtziger Jahre, als wir einen Filmclub gründeten, dessen Programm zu 65 Prozent aus sowjetischen Filmen bestand. Es war so bitter, und es war so lächerlich.

HANS-DIETER SCHÜTT: *Gab es vom Staat Versuche, Sie zu vereinnahmen, unter dem Stichwort Dialogangebot?*

FRIEDRICH SCHORLEMMER: 1988 hätte ich in kirchlichem Auftrag zum Olof-Palme-Marsch in den Westen fahren sollen. Ich habe darauf bestanden, dass jemand anderer aus unserem Kreis fährt. Da gab es in Berlin Krach, seit wann die Provinz bestimme, was zu tun sei. Die Kirche blieb fest: Wir bestimmen unsere Liste selbst. Und die beiden zunächst Abgelehnten konnten mitfahren. Ich fuhr mit in die ČSSR. Man hat nie versucht, mich zu erpressen: Herr Schorlemmer, Sie wollen, dass ihre Tochter einen Studienplatz kriegt? Dann müssen sie uns schon ein wenig mehr entgegenkommen. Nein, das haben sie nie mit mir versucht. Unser Widerstand war redlich, mutig auch, aber seine Wirkungen freilich waren ärmlich. Ich habe diese Wirkung nie unangemessen großgeredet. Wir standen einer Mehrheit gegenüber, die nicht an sich rütteln ließ. Ich sehe noch die Hallenser ABF-Leute dastehen und die sowjetischen Panzer begrüßen, die aus Prag zurückkamen, Oktober 1968. Ich kannte diese Leute ja, vom gemeinsamen Ernteeinsatz in den Semesterferien. Eine Frage von mir, warum sie so freudig grüßten – mein lieber Mann, da war man aber rasch umringt: Warum? Weil wir das gut finden! Du findest das wohl nicht gut? Wieder die alte Leier: Du willst wohl, dass der Imperialismus bis an die Grenzen der Sowjetunion reicht? Wenn du das nicht willst, dann musst du dafür sein! Da steht man da, um einen herum gut gewachsene, gut angezogene Menschen, die keinesfalls dumm sind ...

HANS-DIETER SCHÜTT: *Dennoch weiterhin die Frage, ob Sie nicht manchmal mit Recht den Eindruck vermitteln mussten, zu kompromissbereit gegenüber dem System zu sein. Die Hoffnung auf Dialog kann als erster Schritt der Unterwerfung betrachtet werden – und wurde es in*

Ihrem Falle, wenn ich die Stimmen mancher ehemaliger Bürgerrechtler heranziehe. Und bitte verzeihen Sie, dass ausgerechnet ich so eine Frage stelle, der ja nun in diesem vergangenen Staat durch eine Mischung aus Überzeugung und Feigheit, ideologischer Härte einerseits und charakterlicher Schwäche andererseits kaum zum einem seelenerhaltenden »Nein!« fand.

FRIEDRICH SCHORLEMMER: Natürlich kann auch ich mir nicht den Vorwurf ersparen, nicht genug getan zu haben. Ich will mir selber nicht auf den Leim gehen. Ich kenne sehr genau meine Ängste. Sehr genau weiß ich, wie schnell die mich hätten fertig machen können, in Bautzen oder Hohenschönhausen. Ich weiß, wie rasch ein Mensch im Lebenstrauma drin ist, ich kenne meine Phobien, und ich bin mir hundertprozentig sicher, dass die Stasi diese psychischen Angriffspunkte bei mir ebenfalls kannte. Ich verfüge nicht über so ein starkes Seelengerüst, das mich in Verliesen und Verhörsituationen unantastbar hält. Aber: Ich habe das Meinige versucht, ich wollte Menschen beeinflussen, indem ich sie mit bestimmten Gedanken konfrontierte, die eine Konsequenz für das eigene Leben bereit hielten. Aber diese Konsequenz sollte jeder für sich selbst ziehen. Nie habe ich Handlungsweisen als Diktum vorgegeben; ich wollte lediglich ein geistiger Anreger sein. Immerhin kann ich von mir sagen, dass ich keine Lieder für die Kollektivierung der Landwirtschaft geschrieben habe wie Wolf Biermann. Ich habe nicht Lenin bedichtet wie Günter Kunert. Ich trug kein FDJ-Hemd wie Freya Klier oder Angela Merkel. Ich hatte kein Parteibuch wie Vera Wollenberger. Ich war kein Mitglied der Götting-CDU wie Ehrhart Neubert. Keines meiner Geschwister konnte auf normalem, selbstverständlichem Wege das Abitur machen. Und noch im September 1989 beschloss die Stasi ein Zersetzungsprogramm gegen mich und meine Familie, dessen Kälte einen gefrieren lässt. Ich danke Gott, dass er mich vorm Logischsten bewahrt hat: vor dem Verfolgungswahn, dem ich angesichts der Tatsachen leicht hätte verfallen können. Da fällt es einem schon schwer, sachlich und unverbittert zu bleiben, wenn man dann solche Anwürfe aus den ehemaligen »eigenen Reihen« hören muss. Doch nie von wirklichen Freunden.

HANS-DIETER SCHÜTT: *Waren Sie zu nachgiebig in der DDR? Hätten Sie nicht auch »abhauen« müssen, um sich selber treu zu bleiben?*

FRIEDRICH SCHORLEMMER: Als mein Vater neunundsiebzig war, sagte er müde: »Wir haben die DDR mitjemacht, von Anfang an.« In diesem Wort »mitjemacht« steckt alles drin. Einerseits das leidvoll Erlittene, das schwer Durchlittene, mühselig Durchstandene – andererseits haben wir auch viel mitgetragen, indem wir es bewusst und mit wechselndem, aber hartnäckigem Geschick aushielten. Wer eine Diktatur übersteht, so angeblich sanft sie auch gewesen sein mag, der muss sich immer Fragen nach faulen Kompromissen gefallen lassen. »Mitjemacht«, das heißt eben vor allem: Wir haben standgehalten, sind nicht geflüchtet, auch wenn wir oft, entschuldigen Sie: die Schnauze gestrichen voll hatten. Ich wollte nicht flüchten. Ich wollte nicht davonkommen, ich wollte mich dem stellen, in das ich hineingestellt worden war.

HANS-DIETER SCHÜTT: *Wahrscheinlich zählten bei einigen Oppositionellen auch die Gespräche mit den Kirchenbeauftragten des Staates schon als Verrat.*

FRIEDRICH SCHORLEMMER: Jeder von uns wusste, dass man nicht schlechthin einem Kirchenbeauftragten gegenübersaß, sondern einem Funktionär der SED. Es gab deshalb nie wirklich ein vertrauliches Gespräch. Der Mann hörte zu und gab weiter. Aber wir dürfen hinterher nicht entrüstet so tun, als hätten wir das nicht einkalkuliert und nicht genutzt. Wir wollten doch bestimmte Botschaften an den Mann bringen, um sie an den Staat zu bringen. Ich war doch auch sehr daran interessiert, dass diese Kirchenfunktionäre zum Beispiel der Staatssicherheit endlich klarmachen, dass wir keine getarnten West-Agenten gewesen sind. Es gab 1981 einen großen Satz meines großen Bischofs Werner Krusche: Wir sagen, was wir denken; wir denken nichts anderes als das, was wir sagen – und wir wollen durchschaubar sein. Das war ein so wundervoll befreiender Satz. Dieser Satz sagte dem Staat: Ihr könnt alles wissen über uns, bitte schön, guckt doch! Aber: Guckt genau hin! Die guckten aber nicht genau hin. Ich habe später Teile dieses stinkenden Akten-Wustes über mich gelesen und gesehen, die haben den Widerspruch nicht zusammenbringen können – zwischen meiner Ablehnung des Staates und meiner Offenheit für Konfliktlösungen.

HANS-DIETER SCHÜTT: *Es ist genau diese Widersprüchlichkeit, die ehemalige oppositionelle Gefährten zu der Ansicht verführte, Sie wären zweigleisig gefahren, mit dem Staat und gegen den Staat.*

FRIEDRICH SCHORLEMMER: Ich bin ein widersprüchlicher Mensch, aber ich bin niemals zweigleisig gefahren. Schon gar nicht nach diesem befreienden Satz von Bischof Krusche. Was er sagte, schuf in mir eine unglaubliche Freiheit.

HANS-DIETER SCHÜTT: *Freiheit in der Angst.*

FRIEDRICH SCHORLEMMER: Die Diktatur hat vielen von uns eine Bedeutung verliehen. Der Wichtigkeitsverlust der heutigen Opposition besteht in dem, was sie miterkämpft hat: Freiheit. Wir wurden durch Freiheit auf das Normale unserer Bedeutung zurückgestutzt.

HANS-DIETER SCHÜTT: *Weshalb Ihnen einige Ihrer früheren Gefährten nicht verzeihen können, wie sehr Sie nach wie vor in der öffentlichen Wahrnehmung präsent sind?*

FRIEDRICH SCHORLEMMER: Das mag so sein. Und vielleicht ist es so, weil andere eben nach wie vor nur ein einziges Thema haben: die schreckliche DDR.

HANS-DIETER SCHÜTT: *Die Diktatur machte das Leben spannend?*

FRIEDRICH SCHORLEMMER: Ja. Das Wort »Kick« kannten wir nicht. Aber wir haben gesagt: Wenn die hinter uns her sind, dann sind wir doch wer. Ich will das nicht zurückhaben, aber es trug dazu bei, über die eigene Marginalität hinwegzutäuschen. Und: Es hat uns Denken, Energie, Fantasie, Widerständigkeit abverlangt.

HANS-DIETER SCHÜTT: *Für Friedensarbeit, die nicht vordergründig Anti-DDR-Arbeit gewesen ist.*

FRIEDRICH SCHORLEMMER: Wie ich es Ihnen mit der Geschichte unserer Umschmiedeaktion erzählt habe: Friedensbewegung verstand ich wörtlich. Mir ging es um den Frieden und nicht darum, auf dem Umweg über das Friedensthema die DDR anzugreifen. Nicht, weil ich etwa für die DDR war, sondern weil mir der Frieden zu wichtig war, um ihn zu vermanschen mit dem Widerstand gegen dieses nicht legitimierte Einparteien-System. Es war mir zu ernst mit diesen Raketen, mit den Vorwarnzeiten, mit der Entsetzlichkeit, dass man die Feindbilder aufrüstete und die alles vernichtenden Waffen gleich mit. Ich wollte nicht, dass die Staatsbüttel sagen können, ihr Kirchenleute betreibt unter dem Deckmantel der Friedensbewegung das, was unter Paragraph 206 läuft: antisozialistische Hetze. Nein, ich berief mich ernsthaft und ohne Hintergedanken auf Grundartikel der Verfassung, auf den Friedensauftrag des Staates. Glücklicherweise hatte ich Freunde, die ähnlich dachten. Denn natürlich bahnt sich da schon an, was sich seit dem Ende der DDR dann verschärfte: Ich wäre ein weicher, kooperationswilliger Staatskritiker gewesen. Ich höre da wieder die Superneurotikerin Klier. Ich wollte auch, aus der Provinz kommend, die Vielfalt der Friedensgruppen im Lande ins öffentliche Bewusstsein rücken – und nicht immer bloß Bohley und Bohley und Bohley, und dann vielleicht noch Eppelmann und Schluss. Nein, es brauchte und gab ein viel breiteres Netz. Es gab Gesprächsrunden zwischen den einzelnen Gruppen und Kirchenleitungen, »Frieden konkret«, jeweils an verschiedenen Orten. Da bin ich nie hingefahren, weil ich nicht dem Umstand zuarbeiten wollte, dass die Friedensfunktionäre immer wieder unter sich sind. Wolf Biermann will später gewusst haben, ich sei bei diesen Veranstaltungen stets als Bremser aufgetreten, ich, einer der »Spießgesellen des Teufels«. Die Wahrheit ist, ich bin da nie gewesen. Ehrverletzender Schwachsinn! Ich wollte nicht die Verbonzung der Friedensarbeit auf kirchlicher Ebene. Von da an geschah die Umzingelung mit geschickt platzierten IMs. Wir hatten unter uns einen promovierten Chemiker, der versorgte mich verstärkt mit geheimen Informationen über die Umweltverschmutzung, die er hätte gar nicht weitergeben dürfen. Das heißt, die gaben mir Dinge in die Hand, von denen sie hofften, ich würde sie benutzen – und dann könnten sie zuschlagen. Mir ging es aber tatsächlich um den Umweltschutz und nicht um den Umweltschutz als trojanisches Pferd, um gegen das System zu reiten. Ich wollte das System in jedem Falle auf seine Verantwortung festnageln. Deshalb habe ich mein kleines Bemühen als Arbeit an der Entdämonisierung verstanden.

HANS-DIETER SCHÜTT: *Sie hatten doch aber Kontakt zu Oppositionellen wie Freya Klier und Stephan Krawczyk?*

FRIEDRICH SCHORLEMMER: Ich habe sie nie nach Wittenberg eingeladen, weil ich nicht wollte, dass unsere Gruppe wegen eines solchen künstlerisch fragwürdigen Auftritts von der Staatssicherheit zerschlagen wird und sämtliche Veranstaltungen verboten werden. Diese Haltung ist mir von bestimmten Bürgerrechtlern angekreidet worden.

HANS-DIETER SCHÜTT: *Empfinden Sie sich als Kleinbürger?*

FRIEDRICH SCHORLEMMER: In gewisser Weise, ja. Ich mache zwar keinen Knick ins Sofakissen, aber schon meine kleine Wohnung macht mich irgendwie zum kleinen Bürger. Zum Großbürger fehlt mir der Reitstall. Ich mache es mir auch gern gemütlich, dämme ein bisschen das Licht, zünde Kerzen an, benehme mich vielleicht wie Spitzwegs armer Poet. Mögen Außenstehende, vor allem jüngere Menschen das schrecklich spießig finden – na und? Ich finde es ganz in Ordnung. Ein Mensch, der nicht anfällig ist für das angenehme Kleinformatige im Leben, der ist vielleicht sogar gefährlich, von dieser Art sind die militanten Ideologen, die unausgesetzt anspruchsvoll sind, ewige Überforderungsnaturen, denen keine kleine Freude gelingt. Andererseits mag ich Menschen nicht, die im Leben dauernd unter ihren Möglichkeiten bleiben. Ich kann niemanden verachten, der begrenzt ist in seine Fähigkeiten. Aber denjenigen, der sich aus Bequemlichkeit oder Feigheit klein macht, der seine Klugheit nur dort offenbart, wo sie keine Konsequenzen hat, schon gar nicht für ihn selber, den verachte ich, das sage ich in dieser Schärfe ganz offen. Das ist das andere, das unangenehme Gesicht des Kleinbürgers, der ganz leise, ganz privat, nur im vertrauten Kreise räsoniert und sonst alles beim Gewohnten lässt. Das sind die Leute, die jedem System die Stiefel putzen und sich hinterher damit herausreden, sie hätten ja nur Stiefel geputzt. Manche meiner Freunde werfen mir in diesem Punkt Arroganz vor, mit Recht – in dieser Hinsicht bin und bleibe ich arrogant.

HANS-DIETER SCHÜTT: *Sind Sie generell einsamer geworden?*

FRIEDRICH SCHORLEMMER: Das wird, im Laufe des Lebens, jeder Mensch. Man wird in allem wählerischer. Was gute Freunde, was treue Nachbarn sind – das habe ich aber ausgiebig erfahren dürfen. Nur gegenwärtig geht mir das ein bisschen verloren.

DAS FÜNFTE GESPRÄCH

Kutschbock, Max und Moritz
Das Sterben der Bäume
Philosophie im Wartesaal
Geöffnete Hände
Glaube und Akkusativ
Gottesfurcht bei Barlach
Das Glück vom guten Zureden
Tod und Traumata
Morgengeier und Hoffnungstaube

FRIEDRICH SCHORLEMMER

WES BROT ICH ESS, DES LIED ICH SING? (1991)

Wer wollte die schelten, die um des Brotes willen sich erniedrigen, nach Ägypten ziehen, weil sie Hunger haben, schlicht Hunger leiden?! Aber wie viele erniedrigen sich und sind bereit, andere zu erniedrigen um der Mehrung des Wohlstandes willen, nicht bloß um der Stillung des Hungers willen! Nein, um des Eigennutzes, des Mehr, des Noch-Mehr willen.

Erst kommt das Fressen, dann kommt die Moral. Wohl wahr. Aber nach dem Fressen kommt keineswegs schon die Moral; danach kommt die Unmoral der Satten. Bert Brecht nimmt die Geschichte von Jakobs Söhnen auf, die ausziehen, in Ägyptenland Lebensmittel zu holen, und schreibt:

Jakobs Söhne ziehen aus,
in Ägyptenland Lebensmittel zu holen

Vater, warum sprichst du nicht?
Die Esel scharren schon.
Wir gehn die Hände schütteln
Mit deinem andern Sohn.

Gebt ihr ihm die Hand
Steckt sie schnell wieder ein:
Euer Bruder in Ägyptenland
Wird ein Ägypter sein.

Vater, warum lachst du nicht?
Wolle nicht bitter sein!
Mehl gibt leckere Kuchen
Und süß schmeckt uns der Wein.

Für ein Fässlein Wein
Für ein Säcklein Mehl
Ward mancher schon ein Kriegsknecht
Verkauft war Leib und Seel.

Das ist die eine Geschichte. Daneben stelle ich die andere Geschichte von einem Bestechlichen, der aussteigt.

Der Zöllner Zachäus singt das Lied der Macht, die ihn bezahlt. Welches sonst? Er singt es manchmal verbissen, manchmal genüsslich, manchmal bitter, manchmal böse. Das Kollaborations- und das Korruptionslied, dass das Geld nur so in der Kasse klingt und singt. Zachäus Jedermann hat seine Familie zu ernähren. So sagt er. Er hat seine Dienstvorschriften. Seine Arbeitgeber bestimmen, was er zu tun hat. Er ist nur ausführendes Organ. Er kann schöpferisch anwenden, was er selber als schäbig ansehen mag. Er denkt darüber nicht mehr nach. Er macht seinen Job. Und ein Job hat nichts mit Moral zu tun. Wenn er den lukrativen Job nicht machen würde, hätte ihn jemand anders gemacht, sagt er, der Herr Zöllner Zachäus Jedermann, biedermännisch.

»Der Dienst«, sage ich Ihnen, »ist nicht immer angenehm, aber den Auftraggeber interessiert nur der Erfolg.« Kreative Willfährigkeit ist ostwestlich gefragt, mehr denn je gefragt. Östlich ist die Willfährigkeit nur etwas billiger. Dafür jammern die Leute mehr.

Aber da hat es einer satt. Da wird er zum Haar-Riss im System. Er hört andere Lieder. Den Refrain von Geld, Macht und Gehorsam will er nicht mehr singen. Er steigt aus. Er steigt auf den Baum, dieser zu klein geratene Gernegroß. Und er wird gesehen. Er, der vorher in seinem Ghetto lebte, der seinen Schnüffel-Schmierendienst wahrnahm, der mehr gefürchtet als geachtet wurde, der im Ghetto von Wandlitz oder im Ghetto einer prächtig eingezäunten privatdetektivgeschützten Villa am Tegernsee lebt, oder wo auch immer – er lädt zu sich ein, in sein Ghettohaus. Er lädt zu Tisch, wird besucht, durchbricht die Mauer, die ihn fremd gemacht hat mitten in seiner Stadt. Der zu klein geratenen Gernegroß steigt aus, steigt auf den Baum, wird von Jesus gesehen, wird anerkannt, wird nicht heruntergepfiffen, heruntergeschmissen, heruntergeschüttelt, heruntergeschrien, heruntergeschossen – er darf hinabsteigen, und Jesus kehrt bei ihm ein.

Aus Fremden werden Gäste. Aus Entfremdung wird Freundschaft. Der sich selbst Fremdgewordene findet wieder zu sich und wird froh. Er fängt an, mühsam, andere Lieder zu singen. Er entdeckt, was ihn frei macht. Sein Geld, das band ihn, und er macht sich frei davon und kann doch leben von dem, was ihm bleibt.

Wie viele sind bereit, das Brotlied mit dem Geldrefrain der Macht zu singen? Zu viele. Bei uns, bei euch, auch anderwärts. Da werden nun die Deutschmarklieder gesungen, dass es nur so klingt. Da dienen sie sich an.

Das haben sie ja gelernt. Das haben sie gesehen, abgeguckt. Aber immer wieder sind da Menschen, die zum Haar-Riss im System, im Geldsystem werden. Sie tanzen nicht mehr nach der Pfeife. Sie pfeifen auch nicht mehr, dass andere tanzen. Sie tanzen und singen ein neues Lied. Wann soll das sein? Wann kann das sein? Wann wird das sein?

Kann nicht endlich aufhören das Lied des einen über den anderen, des einen gegen den anderen, das Lied vom Geld, das Lied von der Käuflichkeit aller? Da wird dann ein Baum zum Tisch, eine geschlossene Gesellschaft offen, eine verschlossene Tür aufgetan. Warum nicht jetzt damit anfangen?

Jesus sieht Zachäus. Jesus sieht mich, dich, uns. Und wir setzen uns an den Tisch.

Schmied Stefan Nau schmiedet in der Nacht vom 24. zum 25. September 1983 ein selbstgefertiges Schwert zu einer Pflugschar um – vor etwa 2000 Besuchern des Lutherhofes in Lutherstadt Wittenberg

Demonstration der Friedensgruppe in Wittenberg, September 1987

Am 4. November 1989 in Berlin

Demonstration der Wittenberger Friedensgruppe, September 1987...

... und der Kampf der Staatsmacht DDR um die »Lufthoheit« bei Plakaten

Mit Reiner Kunze, April 1977 in Roßbach bei Naumburg – wenige Tage später wird der Dichter die DDR verlassen

Mit Günter Grass, Februar 1990

Sozialistisches Stillleben, Schloss Ziesar

Bundeskanzler Schmidt beim Probst: »Eisige Überwachungsatmosphäre«, Wittenberg 1983

Der Demonstrant, Frühjahr 1990

Der Redner, 4. November 1989 auf dem Berliner Alexanderplatz

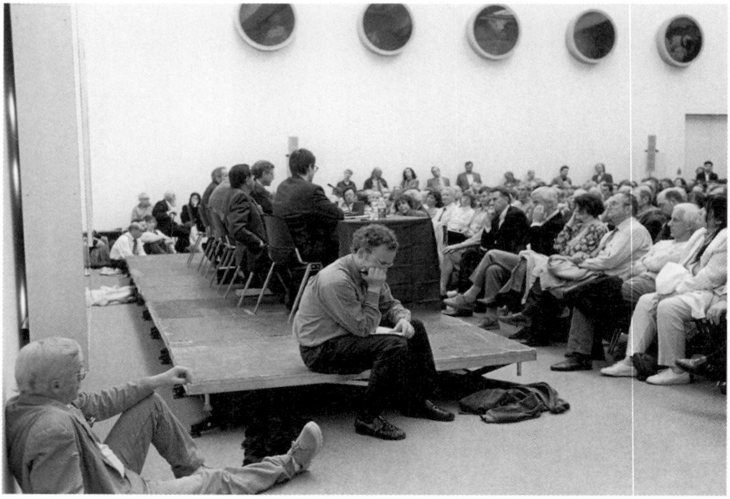

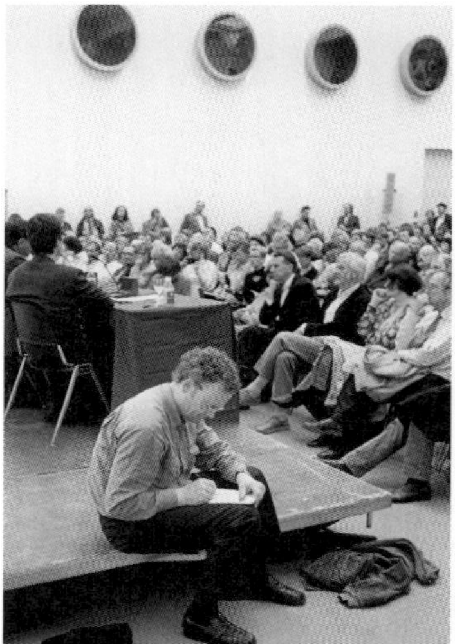

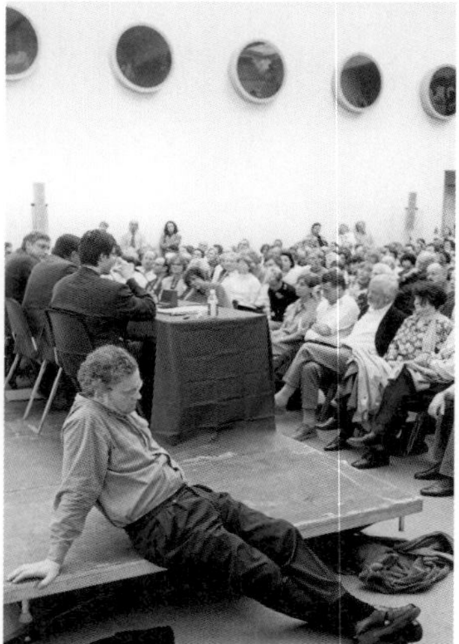

Verwandlung eines Zuhörers in einen Redner (auf einer PEN-Tagung)

Mit Wolf Biermann, Juni 1990

Mit dem Grafiker und Freund Klaus Staeck in Hof, 1996

Mit Helmut Gollwitzer, 1989

Mit den Friedensaktivisten Uri Avnery (links) und Mohssen Massarrat, 1998

Mit Michail Gorbatschow in Erfurt, 1994

Kanzler Helmut Kohl in Lutherstadt Wittenberg, 1992

Mit dem Bundespräsidenten auf dem Flug nach Paris, v. l. Bärbel Bohley, Roman Herzog, Jürgen Fuchs, Marianne Birthler, Friedrich Schorlemmer, Grit Poppe, Konrad Weiß

Ossietzky-Medaille für Antje Vollmer und Friedrich Schorlemmer, Dezember 1989

Mit Lew Kopelew, Buchmesse Frankfurt (Main), 1994

> **Knaus K**
>
> 18.IV.97
>
> Für Friedrich Schorlemmer —
> meinen lieben Freund, dessen
> Weltsicht und Weltempfindung ich
> brüderlich teile.
>   Dieses Büchlein erschien
> vor 12 Jahren; sollte jetzt ein
> bibliographisches Kuriosum
> sein. Aber ich würde
> heute das gleiche sagen
> was damals (S. S 58-60)
>   Was meinst Du über
> diese Fragen und Antworten
>   herzlich Dein LnK.

Buch-Widmung Kopelews für Schorlemmer

»… eigentlich wollte ich doch Feldherr werden«

HANS-DIETER SCHÜTT: *Wann trat Gott in Ihr Leben, so, dass Ihnen bewusst wurde, was da geschah?*

FRIEDRICH SCHORLEMMER: Das ist bei mir nicht auf ein einschneidendes, ein so genanntes Aha-Erlebnis zu bringen. Zunächst mal, ich hatte in meinem sozialen Umfeld, wir sprachen darüber, von Beginn an mit Ablehnung zu kämpfen, auch mit Feindschaft, mit dem Gefühl also, dort nicht hinzugehören, wo ich war. Ich fühlte mich gebrandmarkt. Die Pfarrersfamilie als Störfaktor. Das habe ich, so lange ich zurückdenken kann, als Grundempfinden, als weltliche Mitgift erfahren. Dies aber eng und ebenso tief mit einem anderen Gefühl verbunden: Es gibt Helfende, es gibt Menschen, die gut zu uns sind, viele Bauern etwa. So gab es für mich von früh an Welt und Gegenwelt, Erbarmungslosigkeit und Barmherzigkeit. Zum anderen: Wie fast jedes Kind hatte ich in einem bestimmten Alter mit Gott und all dem kirchlichen Procedere meine natürlichen Schwierigkeiten. Wenn es dann doch eine Art Durchbruch gab, im Inneren, sind mir zwei Dinge in Erinnerung. Es war die besondere Inszenierung bei uns zu Hause, besonders in der Advents- und Weihnachtszeit. Inszenierung heißt: Bewusstmachen. Nach dem Totensonntag kam der erste Advent, und da kriegte die Welt, diese dunkle und kalte Welt, plötzlich eine wundersame, wunderbare Helligkeit. Kalt wirklich im doppelten Sinne: Es war Winter, und dann diese Kälte, von der ich eingangs sprach. Aber dann das eine entscheidende Licht am Adventskranz, das war es!, diese Strahlkraft, die man als Kind erlebt, und die einen späterhin so erschütternd nie wieder erfüllen und ergreifen und verzaubern wird. Das war ein Symbol für die Wahrheit: Die Welt ist dunkel, aber über ihr liegt eine

Hoffnung. Und davon abgeleitet, der zweite Aspekt: In diese kalte dunkle Welt wirkt eine Kraft hinein, die will eine gute Welt; es ist eine große Kraft, aber ihrer Größe und Wucht entspricht auch eine große Verletzlichkeit, eine große Zerbrechlichkeit. Meine Gottesvorstellung ist stets verbunden geblieben mit dieser Verletzlichkeit und mit der Notwendigkeit, das Verletzliche hüten zu müssen. Die Lukasgeschichte war in diesem Sinne für mich die entscheidende. Nicht der große Gott, sondern der sich in die Verletzlichkeit hineinbegebende und, wenn man so will, der solidarische Gott war für mich eine Urerfahrung, und Weihnachten war für die Ausbildung dieser Gewissheit eine ganz starke Prägung. Ich dachte immer und denke nach wie vor: Gegen Weihnachten kann niemand argumentieren.

HANS-DIETER SCHÜTT: *Martin Walser sagt, man könne nicht leben und gleichzeitig etwas darüber wissen. Das heißt, erst im Zuge von Erlebnissen erfolgt dann eine Rationalisierung des Erfahrenen, man legt sich dies Erfahrene zu einer Logik zurecht, die eine Lebenslinie ergibt.*

FRIEDRICH SCHORLEMMER: Und die Deutung selber wird zur Wirklichkeit.

HANS-DIETER SCHÜTT: *Ist das Glaube?*

FRIEDRICH SCHORLEMMER: Ja.

HANS-DIETER SCHÜTT: *Der unbedingt ein Glaube ans Gute ist?*

FRIEDRICH SCHORLEMMER: Was mich betrifft – ich kann nicht anders! Das eine, das mich um- und umwirft, ist das Wunder der Menschwerdung, und das zweite ist das Wunder des Lebens selbst. Dieses Wunder packt mich insbesondere beim Erntedanktag. Es ist doch wunderbar, alljährlich zu sehen, was die Erde wieder hervorgebracht hat an Nützlichem und Schönem. Jedes Jahr auf gleiche geheimnisvolle Weise. Das Nützliche und Schöne als Einheit. Mich haben zum Beispiel immer Bauern begeistert, die diese Einheit leben, die nicht nur das Feld bestellen, sondern auch einen Sinn für den Garten haben. Oder dieses Zusammensein von Mensch und Tier – das freilich einem Nutzenfaktor unterworfen ist, der das Leben hart, rational, klar gliedert und in dem der schlachtende Tod ganz nüchtern seinen Platz hat. Und dennoch: In diesem Kreislauf ist Raum und Zeit für ein ganz spezielles Miteinander. Max und Moritz hießen die beiden Pferde meines Onkels. Mensch, wenn ich da vorn auf dem Kutschbock saß und rufen konnte: Max, Moritz, hüh!, und dann bewegten sich beide, da wurde das Leben groß und stark. Oder das explodierende Blühen im Mai – es ist mir nie selbstverständlich geworden, sondern immer ein Wunder geblieben. Ich kann mir sehr vieles erklären, aber ich habe nie darauf verzichten können, mich zu wundern und zu staunen. Jede Blumenexistenz: Welch eine Öffnung hin zum Licht! Die Selbstzweifel des gut Informierten, als der ich mich durchaus bezeichnen würde, die verschwinden sofort, wenn ich mir das Glück vergegenwärtige, von so vielen Wundern umgeben zu sein. Mir ist das Geschenk Leben mit den Jahren natürlich noch bewusster geworden – im Hinblick auf den heranrückenden Tod, im Hinblick auf Verwittern und Vergehen. Ich sage mir immer: So lange dir die Gnade deiner Sinne gegeben ist, nimm mit ihnen wahr, was du an Staunenswertem nur wahrnehmen kannst!

HANS-DIETER SCHÜTT: *Der Mensch braucht die Nähe der Katastrophe, um Antennen ausfahren zu können. Erst muss die schwere Krankheit kommen, um den Geranientopf auf dem Fensterbrett als etwas Großes zu empfinden. Was man hat, genießt man nicht. Es bedarf des Impulses durch Verluste. Der Mensch ist auch in diesem Falle eine Fehlkonstruktion.*

FRIEDRICH SCHORLEMMER: Mit dem Empfinden von Schönheit wächst auch die Traurigkeit, das ist wohl wahr. Man muss schon sehr weise sein, wenn man, auf dem Krankenlager, wie Brecht dichten kann: »Als ich in weißem Krankenzimmer der Charité / Aufwachte gegen Morgen zu / Und eine Amsel hörte, wußte ich / es besser. Schon seit geraumer Zeit / Hatte ich keine Todesfurcht mehr, da ja nichts / Mir je fehlen kann, vorausgesetzt / Ich selber fehle. Jetzt / Gelang es mir, mich zu freuen / Alles Amselgesanges nach mir auch.«

(*Ein Telefonat unterbricht unser Gespräch. Ziemlich lange.*)

FRIEDRICH SCHORLEMMER: Ich habe ein Büchlein in Vorbereitung, »Woran du dein Herz hängst. Poltisches Handeln und christlicher Glaube«, und ich finde es sehr schön, dass der Verlag im Untertitel das Prä des politischen Handelns gegenüber dem christlichen Glauben behauptet. Zu diesem Thema ist ein EKD-Kongress geplant, hier in Wittenberg, im nächsten Jahr. Früher, zu DDR-Zeiten, wurde ich in solche Dinge einbezogen. Jetzt aber sind andere Zeiten, und ich werde nicht mehr gefragt. Die Gründe scheinen mir einleuchtend. Ein Freund von mir war eben am Telefon, er sagt, ich müsse dafür kämpfen, dass die Verantwortlichen mich zu Rate ziehen. Nein, ich muss nicht kämpfen. Auch wer sich noch so notorisch einmischt, hat doch trotzdem das Recht auf Nichtverfügbarkeit. Man muss genügend Würde haben, ganz in Ruhe beiseite zu treten. Ich habe keine Lust mehr, das Geschick der Kirche mitzubestimmen.

HANS-DIETER SCHÜTT: *Sie sprechen jetzt von Enttäuschungen über die Wirksamkeit Ihrer Arbeit. Fügt sich das möglicherweise zu einer generellen Skepsis? Dass die Dinge der Welt unbedingt gut ausgehen, ist nirgends ausgemacht.*

FRIEDRICH SCHORLEMMER: Ich könnte, was Sie sagten, Wort für Wort unterschreiben – und trotzdem ist mein gesamtes Leben ein Protest gegen diese Wahrheit. Aber das ist trotzdem jene Frage, die mich in letzter Zeit mehr und mehr irritiert: Ist die Kraft des Destruktiven nicht vielleicht doch stärker als die Kraft der Freundlichkeit? Ist die Gewalt mächtiger als die Liebe? Ist die Regenerationskraft dieser Welt möglicherweise schon so stark angeschlagen, dass sie nicht mehr ausreicht zur Umkehr oder wenigstens Balance? Hat die prometheische Versuchung gesiegt? Sind wir, wie Goethes blinder Faust am Meeresstrand, am Ende, und die Welt, die urbar zu machen war, wurde zur Hölle? Das sind Fragen, die mich völlig neu berühren, und ich muss mehr Kraft als früher aufwenden, um angesichts der Antworten nicht resignativ zu werden.

HANS-DIETER SCHÜTT: *Es gibt allgemein eine Lust an der Morbidität.*

FRIEDRICH SCHORLEMMER: Gegen die ich mich aber wehre! Es gibt einen großen Satz bei Luther: Herr, lehre uns bedenken, dass wir sterben müssen, auf dass wir klug werden. Klug werden heißt: Endlichkeit bejahen. Klug sein angesichts des Vergehens. In meine Zweifel hinein setze ich also noch immer meine Zuversicht, dass die Kraft, die das Leben will, stärker bleibt. Diese Zuversicht kann ich nicht aufgeben. Ob die finsteren Kräfte siegen, ist eine Frage, hineingestellt ins Kosmische. Beantworten kann man sie nicht, man kann nur seine eigene kleine Existenz so oder so in die Waagschale werfen. Aber ein drängendes Empfinden kann ich im Vergleich zu früher nicht leugnen: Es gibt keine Wiederkehr, der Mensch benimmt sich wie ein rücksichtsloser Endverbraucher seiner selbst, jede Generation steht wieder am Abgrund, aber die Fallhöhen werden immer größer, an den Küsten bricht der Sand in heftigen Brocken. Ich stelle fest, dass ich an den Schmerzstellen empfindlicher werde. Mir tut weh, dass wir keine Idee mehr haben, die Schöpfung zu bewahren. Wie soll die Natur das aushalten, auf Dauer? Wenn ich im hinteren Teil der »Süddeutschen Zeitung« lese, dass wir mit unsere Fanggier den Fischbestand der Weltmeere verhängnisvoll dezimieren, dann frage ich mich, warum das nicht mit Herzbeben auf der Seite 1 platziert wird. Immer wieder! Ich lebe nicht nur unter Mördern und Irren, ich bin selber ein Irrer. Ich esse ja auch Fisch und Frikassee. In der Barentssee verrosten die Atom-U-Boote. Für Vieh-Weideflächen wird Wald abgeholzt, damit der Verbrecherkonzern McDonald's, der die Esskultur der Menschen zerstört, Fleischnachfuhr hat. Man könnte jetzt endlos weiter derartige ökologische Kriminalität auflisten. Aber bitte, wenn die alle meinen, das sei nicht weiter schlimm, dann gucke ich auf mein Leben und sage mir, so der Herrgott will und ich Glück habe, lebe ich noch fünfzehn Jahre, und die Welt danach möchte ich eigentlich gar nicht kennenlernen. Zugleich aber denke ich an meine Kinder und lieben Enkel, und dann fällt mir so ein Gedanke der freiwilligen Abkehr wieder sehr, sehr schwer, und ich bereue ihn.

HANS-DIETER SCHÜTT: *Optimismus ist die Feigheit derer, die der Wahrheit nicht ins Auge sehen wollen.*

FRIEDRICH SCHORLEMMER: Und Pessimismus ist die Feigheit derer, die sich nicht mehr aufbäumen. Ich habe immer gegen den Satz zu leben versucht, der da lautet: Man kann eh nichts machen. Das ist der Satz derjenigen, die noch nie aufstanden von ihrem Fensterplatz hinter der Gardine. Die Welt ist doch nicht zuvörderst als Material zur Ausbeutung anzusehen, die wir frei und unkontrolliert betreiben. Der Psalm 24 sagt, die Erde ist des Herren und was darinnen ist, der Erdkreis und die darauf wohnen. Wunderbar übersetzt von Luther. Sehen Sie, ich kann nicht ungerührt auf unseren Landstraßen fahren, ohne dass mir die toten Bäume in den Sinn kommen. Jahr für Jahr werden Bäume abgesägt, und irgendwann weiß keiner mehr, dass da überhaupt welche standen. Mit den Bäumen sterben die Gefühle für den Verlust ab. Mir geht der Tod eines Baumes an die Seele. Ich bin ein zu dünnhäutiger Mensch für diese Welt. Ich habe einen Brief geschrieben an den Umweltminister Gabriel, ein Plädoyer für Bäume. Meine schöne Linde hier vor der Tür, auch sie ist kaputt. Was sie tötet, ist eine Form von Straßenbau, bei der die Erde so erschüttert wird, dass alle Haarwurzeln abreißen – nach vier Jahren ist so ein Baum abgestorben. Wenn hier im Zimmer das Bücherregal wackelt, weil sie draußen bohren und hämmern, dann reißen auch die Haarwurzeln der Bäume. Interessiert aber niemanden. Und im Winter kommt das Salz dazu. Wenn Schnee fällt, kann man doch aber Sand streuen. Es heißt, der Sand sei zu teuer. Jahrhunderte hat man Sand gestreut, jetzt ist Salz dran, und das Salz tötet die Bäume. Sand ist zu teuer, aber die Bäume sind uns nicht teuer. Wir entbehren sie nicht. Um mit Brecht zu reden, es gibt zu wenig Empörung.

HANS-DIETER SCHÜTT: *Wenn Sie etwas weitergeben könnten an diese Generation der Gleichgültigen, was wäre es, was könnte es sein?*

FRIEDRICH SCHORLEMMER: Wir leben einerseits in einer fortlaufenden Zeit, in der stets Neues, Unerwartetes geschieht, und andererseits leben wir in der ewigen Wiederkehr des Gleichen. Man darf das nicht zu einem Gegensatz machen. Wenn ich ein Vermächtnis an die nächste Generation hätte, dann dies: Nutzt das, was im Jahreskreis passiert, lebt bewusst die ewige Wiederkehr des Gleichen. Tut es euch an, im November Brahms' »Requiem« zu hören und nicht im Mai. Im Mai ist was anderes dran. Zeit ist Zyklus. Du bist ein armer Hund und die Krone der Schöpfung. Du hast manchmal die Wahl, und manchmal geschieht einfach nur Schicksal. Es gibt Verantwortung und Geworfensein. Es gibt unverdientes Glück, und es gibt verdientes Glück. Diese Spannung durchzuhalten und zu durchleben, das ist es. Diese Welt geht nicht schlechthin am Menschen kaputt, sondern daran, dass die Mehrheit der Menschen unter ihren Möglichkeiten bleibt. Aber auch daran, dass jeder mehr und mehr darauf geeicht ist, sich in Möglichkeiten beweisen zu sollen, die gar nicht die seinen sind. Du musst die letzte Hundertstelsekunde packen, und du schaffst es nur mit Doping. Jeder, der in dieser Gesellschaft irgendwie nach oben kommt, muss sehr, sehr aufpassen, dass er noch atmen kann. Das ist krank, das ist lebensgefährlich. Leb', atme, liebe, kämpfe!

HANS-DIETER SCHÜTT: *Günter Gaus sagte immer, es gebe keinen Frieden, es gebe nur die Atempausen zwischen Katastrophe und Katastrophe.*

FRIEDRICH SCHORLEMMER: Nein! Wir werden zwar nie die Visionen erfüllt sehen, die wir erträumen, aber selbst dort, wo wir zurückgeschlagen werden, könnten wir doch trotzdem einen Schritt weitergekommen sein. Das ist die Hoffnung. Neue Utopie statt alter Verzweiflung.

HANS-DIETER SCHÜTT: *Jede Generation muss neu anfangen, quasi von vorn. Steht vor Bücherbergen, vor Wissenshalden, vorm gigantischen Erfahrungsfundus – und muss neu hinauf oder hindurch.*

FRIEDRICH SCHORLEMMER: Ja, auch wahr, aber jede Generation kann von der vorhergehenden profitieren.

HANS-DIETER SCHÜTT: *Wenn sie denn, heutzutage, überhaupt noch Lust hat. Man sieht heute wenige im besten Sinne aufgeregte junge Menschen.*

FRIEDRICH SCHORLEMMER: Ach, hören Sie auf. Ich hatte mich auch damit abgefunden, dass sich die Mauer nie öffnen würde. Trotzdem habe ich nicht nur das Kreuz geschlagen über allem und jedem – wie etwa der mir damals nahe Dichter Uwe Grüning, der seine wunderbaren Gedichte schrieb und sich ansonsten regelmäßig zu den Raketentruppen zum NVA-Reservistendienst einziehen ließ. Er hat mich ausgelacht, dass ich überhaupt noch was gegen das System zu tun versuchte, aber im Gegensatz zu ihm bin ich vor lauter Resignation und Abgeklärtheit nicht bei den Erzkonservativen gelandet. Na, mein lieber Uwe, da hast du zu viel verschluckt von dem, was nicht gut tat. Uwe Grüning, der begnadete Poet, dessen großartigem Essay ich zum Beispiel die Bekanntschaft mit Robert Walser verdanke. Hier, in seinem Buch »Moorrauch«: »Unvollkommen ist das Kind nur in den Augen der Erwachsenen, die kaum erwarten können, dass es wachse und werde. Ursprünglich ruht es in seiner Welt; seine innere Natur treibt es, sich zu entfalten, und die Erwachsenen zwingen ihn mit dem Recht der Stärkeren ihre Sicht auf. So vollzieht jeder Mensch die Kindheit im Garten Eden, den Sündenfall und die Vertreibung ins eigene, oft bedrohliche Leben. Aber wie oft ist es ein schmerzliches Paradies und nicht mit unbescholtenen Augen zu sehen. Eine glückliche Kindheit zu haben ist noch immer ein Vorrecht.« Solche starke Sätze. Jetzt also ein Rechtskonservativer.

HANS-DIETER SCHÜTT: *Klingt wie: Rechtsaußen. Soviel ich weiß, nur CDU-Mitglied, in Thüringen. Sind Sie jetzt nicht ungerecht?*

FRIEDRICH SCHORLEMMER: Jedenfalls ist das, was ich politisch von ihm höre, Einsicht in einen Realismus, der mir vorkommt, als sei er sehr stark dem Unabänderlichen verhaftet. Oder dem Zeitgeist. Nein, meine Sache ist das nicht. Ich habe einen Beruf, in dem ich die kritische Analyse der Welt und die Perspektiven für diese Welt mit meinen geringen Möglichkeiten eines verändernden Einflusses zu verbinden suche. Und sei diese Einflussmöglichkeit noch so klein: Ich will daraus Lebensmaximen machen und Lebenskraft gewinnen.

HANS-DIETER SCHÜTT: *Das ist das Religiöse?*

FRIEDRICH SCHORLEMMER: Ich glaube, zu den großen Lebens- und Glaubensweisheiten gehört, nicht nachzulassen mit der Dankbarkeit fürs Da-Sein. Das nicht als Floskel, sondern als tägliches Beglücktsein. Hast du nicht ein wunderbares Lächeln gesehen, vorhin auf der Straße? Oder schauen Sie mal, dieses samtene Rot dort am Himmel? Noch einmal: Schrecklich, wie krank die Bäume draußen vor meinem Fenster sind, der Boden wird jeden Winter mehr und mehr versalzt, das schmerzt mich, aber: Über diesen Bäumen dieses tiefe samtene Himmelsrot! Oder das Fünfte Klavierkonzert von Beethoven, in der Interpretation von Alfred Brendel. Du hörst das, und kannst gleichsam zusehen, wie du dich wieder aufrichtest. Auch wenn du das alles schon morgen verlieren solltest, was doch bleibt, inmitten aller Bitternis und Niedergeschlagenheit: Das Schöne ist dir widerfahren, das raubt dir niemand.

HANS-DIETER SCHÜTT: *Dostojewski schrieb, er könne keinen Menschen verstehen, der an einem Baum vorübergehe und nicht glücklich sei.*

FRIEDRICH SCHORLEMMER: So geht mir das auch. Deshalb wirke ich offenbar, selbst auf Freunde, mitunter ziemlich belastend. Ich strahle Ungeduld aus und ein anstrengendes Bedürfnis nach Ernsthaftigkeit. Sie denken, ich könne nicht abschalten, nicht entspannen, mir gelänge keine Bedenkenlosigkeit und Belanglosigkeit. Es stimmt. Ich möchte meine Zeit nicht versäumen, möchte mich nicht an die Banalität verlieren. Selbst wenn man an der tristesten Bushaltestelle steht, ist Erlebnis möglich, Erlebnis und Philosophie. Ich habe so viel Ödnis in diesem Land erlebt, aber ich will mich ihr nicht beugen. Wenn man regelmäßig morgens, zwei Stunden lang, in einem völlig überheizten, dann wieder kalten Warteraum in Goldbeck sitzt, einer Bahnstation zwischen Stendal und Wittenberg, eng zusammengedrängt mit anderen, zwei lange ewige Stunden, da kann man sich doch trotzdem wunderbar behelfen. Ein Reclam-Band kostete in der DDR ein paar Pfennige, also las ich. Lesen ist Leben, ist gesteigerte Wahrnehmung. Da hatte die Tristesse einer Bahnhofswartehalle bei mir keine Chance, mich mit ihrem Grau zu überwältigen. Abende mit uninspirierten Menschen machen mich fertig, jede reglose Seele ist für mich eine tote Seele, die auch mich tötet. Wenn man mich zwänge, mir am Fernseher einen ganzen Abend Frau Carmen Nebel anzusehen, ich würde verrückt. Oder Silvester im Fernsehen, das Zucken und Zappeln, törichtes Gehampel, epileptisches Herumhopsen. Der Tanz war immer eine Zeremonie, jetzt ist er der letzte Schüttelkrampf einer Karikatur von Kultur.

HANS-DIETER SCHÜTT: *Waren Sie schon mal auf einem Fußballplatz?*

FRIEDRICH SCHORLEMMER: Nein, war ich noch nicht. Aber bei Reiterfesten bei uns daheim in Werben. Nicht, dass ich mich über den erhebe, der zum Fußball geht und stundenlang da rumsteht – aber mir ist die Lebenszeit zu schade. Ich entwickelte sehr frühzeitig eine Lust an der Ernsthaftigkeit des Lebens. Ich war befriedigt, wenn etwas ernsthaft war.

HANS-DIETER SCHÜTT: *Kann es sein, dass jetzt aus manchem, was Sie sagen, entschuldigen Sie bitte, der alternde Mann spricht, der nicht mit der Zeit gehen kann, nicht gehen will?*

FRIEDRICH SCHORLEMMER: Natürlich! Und gleichzeitig ein entschiedenes Nein! Ich habe einfach, das muss ich gestehen, eine unverschämte Erwartung an das Leben, und das meint am wenigsten eine Ausschmückung der äußeren Umstände. Ganz beglückt war ich, als ich 1997 den Prager Jiri Stransky kennenlernte, den Dissidenten, der mir vom Reichtum seines Lebens erzählte: nämlich zehn Jahren, die er zu staatssozialistischen Zeiten im Gefängnis war. Er sagte den hohen Satz: Wenn du im Gefängnis nicht frei bist, bist du auch außerhalb des Gefängnisses nicht frei. Ich hörte das und dachte geradezu erweckt: Ja, er sagt genau das, was ich auch gern leben möchte. Du hast, wo immer du bist, die Freiheit der Augen, die Freiheit der Ohren und es geht dabei nicht darum, das Gefängnis oder den Mangel jeder Art schönzureden, aber in jedem Grau ist farbiges Leben. Die Welt war mir stets zu ernst, als dass ich sie mit irgendwelcher seichter Ablenkung zuschütten oder scheinbar aufhellen wollte. Aber das hieß doch nicht, dass mein Vater uns nicht Wedekind vorgelesen hätte oder ich Tucholsky nicht gemocht hätte, ich also keinen Nerv gehabt hätte etwa für Ironie. Kabarett freilich gab es zu meiner Zeit auf dem Dorfe nicht. Einen Fernseher besaßen wir auch nicht. Mit Lachen und Heiterkeit war da nicht viel. Aber sich mit Flachheit über die Welt wegzuhelfen – das war nie meine Art, mit den Dingen fertig zu werden.

HANS-DIETER SCHÜTT: *Kann man glauben, ohne die Bibel zu kennen?*

FRIEDRICH SCHORLEMMER: Ja. Der Glaube, über den ich rede, ist ein anderes Wort für: Vertrauen. Indem ich glaube, vertraue ich meinem Gefühl – des Staunens, der Dankbarkeit, der Lobpreisung des Geheimnisvollen im Dasein. Glaube hat mit dem Grundgefühl zu tun, dass es bestimmte Dinge im Leben gibt, die man nicht sagen, nicht ausdrücken kann. Man kann das mit dem schönen Bild vom Wanderer am Meer ausdrücken: Es gibt hinter dem, was deine Augen da vorn auf den Wassern, bis zum Horizont sehen, noch eine dritte Dimension. Hinter den sichtbaren Bildern ist etwas, das sich nicht messen und nicht wiegen lässt. Es gibt da also eine Idee, die den Menschen ausfüllt, ihn mit Urvertrauen erfüllt. Das kann eine künstlerische Idee, eine religiöse, eine politische Idee sein. Der Glaube, der mir Grundsicherheit schenkt, kann christlich sein, katholisch-christlich, evangelisch-christlich, er kann auch marxistisch sein. Was aber trägt?

HANS-DIETER SCHÜTT: *Was heutzutage Menschen mehr und mehr fasziniert, ist der Buddhismus.*

FRIEDRICH SCHORLEMMER: Ja. Aber ich fände schwerlich Zugang zu einer Religion, die mitten in der Welt der Welt entsagt und darin Glück findet – wenn ich es etwas salopp sagen darf. Dazu bin ich zu sehr auf Einmischung aus. Mir fehlt jene Gelassenheit, die man gleichsam nur über den Wassern hat.

HANS-DIETER SCHÜTT: *Glaube muss einem einleuchten – so, wie mir beim Denken ein Licht aufgeht?*

FRIEDRICH SCHORLEMMER: Es ist nicht ein Frage von rational oder irrational, es geht einfach darum, ob sich mir die Erschütterung mitteilt, die andere vor mir erlebt haben; es geht also darum, ob ich mich einer bestimmten fremden Erfahrung öffnen kann, oder ob sie mir verschlossen bleibt, ganz einfach verschlossen bleibt. In den Freikirchen zum Beispiel heißt es, jeder müsse ein Berufungserlebnis vorweisen können. Davon sehen wir ab, weil das eine Form von Heilsweg ist, den man sich selber organisiert – wenn ich ein Berufungserlebnis brauche, dann gehe ich daran, es zu suchen. Das kann etwas Erzwungenes bekommen. Richtig daran ist freilich, dass ich irgendwann diese besondere Verbindlichkeit spüren muss, die mit dem Glauben zusammenhängt, dieses Begehren nach dem Berufungserlebnis, das mir sagt: Ja, von nun an bin ich Christ. So, wie es die Propheten hatten, wie es Paulus hatte, wie es Petrus hatte, so, wie es die großen Heiligen in den Legenden hatten. Wenn diese Wahrheit des Berufungserlebnisses dann allerdings methodisiert wird, gerät sie zu einem Zwang. Wenn zum Beispiel ein Erwachsener sich taufen lassen will und sich fortwährend mit der Frage quält, wann es wohl soweit sei und wann der günstigste Moment heranreife, dann wird es nie dazu kommen. Er muss es an sich geschehen lassen, er muss sagen, ja, jetzt, ich armer, elendiger sündiger Mensch – ich bin der Gewürdigte, wohlan! Glaube ist eine gelingende innerste Beziehung. Nicht: »Ich glaube an ...«, nicht: »Ich glaube, dass ...« Besser wäre: »Ich glaube ihm.« Glaube als ein Grundvertrauen verlangt den Dativ, nicht den Akkusativ. Ich glaube dem Mann mit der offenen Hand, dem Mann mit der offenen Wunde.

HANS-DIETER SCHÜTT: *Da wir den Glauben an diese Kraft, die außer uns existiert, naturgemäß ganz hoch binden, und da unsere Verbindung zu dieser Kraft existenzsteigernd ist, liegt im Glauben stets die Gefahr, dass er, in Verbindung mit politischen Interessen, zum religiösen Fanatismus wird.*

FRIEDRICH SCHORLEMMER: Glaube als Grundgefühl ist unterschiedlich füllbar, also auch missbrauchbar. Daher kann ich jeden Menschen gut verstehen, der in religiöser Hinsicht mahnt, die Temperaturen doch immer ein wenig abkühlen zu lassen. Andererseits aber sage ich aus meiner Erfahrung und Geschichtskenntnis heraus, Menschen können letztlich nicht ohne, ja, sagen wir ruhig existenzsteigernde Mittel leben, die den Zweifel besiegen (nicht das Zweifeln!). Ohne Glauben lebten wir in eine Leere hinein, die im Übrigen auch wieder Grund für Fundamentalismus sein könnte.

HANS-DIETER SCHÜTT: *Sie sehen bei Jesus von Nazareth ganz viel von dieser Glaubenskraft – dass der Glaube Berge versetzt, dass er Blinde sehend, Taube hörend, Lahme gehend macht. Wird er nicht überfordert von uns?*

FRIEDRICH SCHORLEMMER: Das ist ja metaphorisch gemeint – aber es ist doch auch sehr real. Wir kämpfen doch schon erfolgreich gegen Krankheiten, die gestern noch unheilbar waren. Es gibt sie doch, die helfende Menschenhand, die schier Unmögliches vollbringt. Und wie viele Menschen haben nur auf Grund dieser letzten Kraft des Glaubens Schlimmstes überlebt. Mit welch unglaublicher Kraft bis zum letzten Atemzug! Das hat sicher auch etwas mit Naturell zu tun, aber ebenso viel mit einem Glauben, der dem Körper, dem Willen eine Kraft zusteuert, die man vorher nicht kannte, die man nicht vermutete, die einen gewissermaßen übersteigt, die zumindest jene Vorstellung übersteigt, die man von sich selber und seinen Möglichkeiten hatte.

HANS-DIETER SCHÜTT: *Es heißt oft, wenn man das Denken eines Menschen bis auf den Grund kennenlernen wolle, müsse man sich auf das beziehen, was er tut, nicht darauf, was er sagt. Das ist doch aber nur eine Teilwahrheit. Vieles, was wir tun, tun wir aus Zwängen, und so sagen unsere Taten nichts wirklich Gültiges darüber aus, wer wir sind und was wir denken. Das Wort ist, zum Glück, um einige Stufen freier als unser Handeln. Es darf, es soll uns getrost übersteigen.*

FRIEDRICH SCHORLEMMER: In uns sind zwei Gesetze, zwei Antriebe. Das hat Paulus im Römerbrief sehr trefflich dargelegt. Das eine ist das Mitwissen, das ich von mir habe. Ich verfüge über einen inneren Gerichtshof, ein Sensorium, das gut funktioniert, das ich aber auch abtöten, einschläfern kann. Zum anderen lauert und wühlt in uns das darwinistische Denken und Empfinden. Die gesamte Menschheitsgeschichte kann man als einen Kampf beider Gesetze betrachten, Solidarprinzip gegen Durchsetzungsprinzip, Prinzip Machtbewusstsein gegen Prinzip Mitgefühl. Wir stehen gerade wieder an einem Scheideweg in Bezug auf diesen Konflikt. Der sich *für* und *mit* Leistung verausgabt, beansprucht den moralisch höheren Stand gegenüber dem, der sagen muss: Ich bin auf Erbarmen angewiesen. Erbarmungsfähigkeit aber ist die Substanz des Christlichen – Erbarmungsfähigkeit und einen gesellschaftlichen Zustand, in dem derjenige, der um Erbarmen bittet, sich nicht schämen muss. Aber ein solcher Mensch hat es in der Welt, in der wir leben, schwer und schwerer. Die Kirche steht vor der Frage: Lässt sich mit Jesus Kirche machen oder mit der Kirche Staat machen? Luther sagt: Staat? Nein! Blickt man in die Realität der Kirchen, muss man leider den Versuch feststellen, das starke »Nein« in ein kleines »Ja« zu übersetzen.

HANS-DIETER SCHÜTT: *Theologie ist wissenschaftliche, methodisch betriebene Auslegung. Schadet das nicht der Lebendigkeit des Staunens, der Verwunderung?*

FRIEDRICH SCHORLEMMER: Das ist ein Problem, ja. Man muss bestimmte Dinge unmittelbar erleben, darf sie nicht mit der Vorproduktion eines Gefühls von Größe oder Bedeutung belasten. Darf sie vorher nicht totanalysiert haben. Nein, es geht um die Gabe, sich ganz dem zu überlassen, was kommt, sich ihm zu öffnen und anzuvertrauen. Ich kann entweder sagen: Oh, wie gut und köstlich, ein Stück Brot!, oder: Ehe ich es zerkaue, kann ich es zerdenken, na klar. Aber dann ist man doch gar nicht mehr dabei beim wirklichen Genuss. Gerade der kritische Mensch muss sich eine Unmittelbarkeit bewahren, sonst wird er kalt, leer. Manche werden auch zynisch, und dann ist man eigentlich nicht mehr wirklich Mensch. Man muss auch im Religiösen unmittelbar sein, aber: Einzig nur unmittelbar zu bleiben, wäre wiederum zu wenig. Vernunft braucht Gefühl – Gefühl braucht Vernunft.

HANS-DIETER SCHÜTT: *Sie haben geschrieben, die einzige Furcht, die Sie hätten, sei Gottesfurcht.*

FRIEDRICH SCHORLEMMER: Vor allem habe ich Gottvertrauen. Das Wort Furcht ist im Deutschen sehr belastet, weil es ein anderes Wort ist für Angst. Furcht kann man vor etwas haben, aber Angst hat man, die ist als Grundbestand in einem, sie ist umfassend, lebensgreifend, die Angst, die Grundangst. Die Angst, nicht mehr man selber zu sein, und die Angst, man selber zu sein.

HANS-DIETER SCHÜTT: *Die Angst als Massengrab aller Vernunft. Der Hinterhalt, in dem noch jede Utopie in die Enge geriet. Angst als das nackte Dasein, das die uralte Tierangst verewigt und der Intelligenz nur immer Zwischenspiele erlaubt. Gegen diese Naturgewalt, deren Rumoren in den Nerven der Lebewesen widerhallt, hilft kein Vaterunser, kein Dichtervers.*

FRIEDRICH SCHORLEMMER: Furcht ist davon gänzlich verschieden, es ist die Furcht vor jemandem, vor etwas, sie ist etwas sehr Konkretes und daher Wechselndes, Veränderliches. Und dann meint Furcht noch etwas gänzlich anderes: Respekt, Zuneigung, Verehrung, ehrender Abstand. Wenn ich Gottesfurcht beschreiben wollte, dann mit den beiden großartigen Gottesdarstellungen bei Barlach. Gottvater, der geöffnete Hände hat, die gleichzeitig etwas Einladendes und Abstand Gebietendes haben, und dann zweitens die Jesusfigur, die er wie einen Buddha schuf. »Der Lehrende« heißt das bei ihm, ganz einfach; Jesus: Leere Hände liegen auf den Knien, er schaut in die Weite. Also, das Faszinosum der Gleichzeitigkeit: Komm her – und komm mir nicht zu nahe! Wenn man von Gott redet, darf man eben nicht von »Papa« reden.

HANS-DIETER SCHÜTT: *Wie haben Sie eigentlich als Kind Ihre Eltern angesprochen?*

FRIEDRICH SCHORLEMMER: Ich bin meinen Eltern sehr dankbar, dass ich zu ihnen nicht Papa und Mama sagen sollte, sondern sie waren Vater und Mutter. Das war wie eine Einführung in die Schönheit der Gottesfurcht. Gottesfürchtig sein, das ist vielleicht das bessere Wort als Gottesfurcht – weil da nicht so direkt von Furcht die Rede ist. Fürchtig sein, das ist es. Gottesfürchtigkeit heißt: Ich weiß letztlich, was gilt. Ich weiß letztlich, worauf es ankommt. Ich weiß den Sinn, auch wenn ich ihn nicht sehe. Ich muss mir deswegen schwere, bittere Dinge nicht schön reden, aber ich kann sie tragen. Gott im beschriebenen Sinne zu fürchten heißt, die Furcht vor denen zu verlieren, die auf Erden Furcht gebietend sind.

HANS-DIETER SCHÜTT: *Ist Gottesfurcht also eine aktive, Macht angreifende Haltung?*

FRIEDRICH SCHORLEMMER: Natürlich, eine ganz aktive Haltung zum Leben. Das, was ich mit dem Wort Gott zu verbinden versuche, war von Kindheit an Geheimnis und Mysterium im besten Sinne des Wortes. Die Erschütterung über das nicht Fassbare darf nicht nur passiv hingenommen werden, sie muss bewusst gelebt werden, gern gelebt werden. Und insofern verstehe ich diese Furcht als klaren Verweis auf die Relativität und zugleich Freiheit der eigenen Kräfte und Möglichkeiten. Denn die Begrenzung setzt doch auch Energien frei, sie schafft der Freiheit einen Rahmen. Aus dem man nicht fallen sollte, aber den man füllen kann.

HANS-DIETER SCHÜTT: *Wie feierlich muss ein Gottesdienst sein?*

FRIEDRICH SCHORLEMMER: Die Leute haben ein Recht darauf, hinterher, nach einem Gottesdienst zu sagen: Es war schön feierlich. Zur Kirche gehört die Symbolhandlung. Wer das so nicht gestaltet, weil er dazu nicht in der Lage ist, der sollte nicht Pfarrer werden. Es ist ein Fehler zu denken, Kirche käme dem Menschen umso näher, je banaler und rationaler sie als Veranstaltungsort wird. Das ist falsch. Es muss in jedem Gottesdienst auch das Bedürfnis nach Erhabenheit erfüllt werden. Es muss möglich sein, sich zu versenken. Wenn man diesen besonderen Raum Kirche betritt, betritt man eine ganz andere Wirklichkeit – weshalb ja Orthodoxe einen Gottesdienst unter vier Stunden gar nicht machen. Das hat seinen guten Grund: Zwei Stunden braucht man doch erst einmal, um sich von dieser Welt zu entschlacken, die man von draußen mit hereinschleppt.

HANS-DIETER SCHÜTT: *Was soll von einem Gottesdienst bleiben?*

FRIEDRICH SCHORLEMMER: Ich möchte gern, dass den Menschen, die zu einem Gottesdienst kommen, Bilder in Erinnerung bleiben. Andere Bilder, als sie von den Medien gewohnt sind. Bilder gegen jenen Bildverlust, den die Medien verursachen. Bei einem Gottesdienst vor zwei Jahren ließ ich zwei Töpfer im Chorraum der Kirche arbeiten. Es war gerade Töpfermarkt in der Stadt, also töpferten sie Krüge. Wenn einer einen Topf geformt hatte und ihn dann einfach wieder zerdrückte, sagten die Menschen unten »Oh« und »Ah«. Dieses »Ah«, das ist es doch, für das es sich einzusetzen lohnt. Oder: Zu einem Gottesdienst, in Erinnerung an die Aktion »Schwerter zu Pflugscharen«, war es mir gelungen, einen Taubenzüchter oder Taubenkünstler zu gewinnen. Da stand ein Tisch, darauf waren ein riesengroßes Brot, in der Pfalz geernteter Wein sowie Oliven ausgebreitet, das umgeschmiedete Schwert lag ebenfalls da – und dort saß auch die wunderbar weiße Taube, ganz und gar der Picasso-Taube angenähert. Ich befürchtete, der Vogel würde erschrocken hochflattern, wenn die Orgel anfinge zu spielen. Wir waren alle angespannt, aber die Taube blieb sitzen. Ein tolles Bild, von dem ich mir wünschte, es möge den Menschen in Erinnerung bleiben.

Oder: Ich habe einen Gottesdienst gestaltet, der blieb für manche vielleicht sogar als Schrecken im Gedächtnis. Es ging um die Posaunen von Jericho, um die Erstürmung der Stadt. Das ist eine erschütternde Geschichte. Ohne die Gemeinde vorzuwarnen, bat ich einen Bläserchor, an entsprechender Stelle sämtlich nur möglichen schrägen Töne zu schmettern, und mit der Kraft aller Register legte die Orgel los. Alle erschraken über diesen unglaublichen Krach. Die Dinge, finde ich, müssen anschaulich werden. Ohne methodische Gags freilich. Der Sinn rangiert über Methode, gar über Event.

HANS-DIETER SCHÜTT: *Wie oft haben Sie Gottesdienst?*

FRIEDRICH SCHORLEMMER: Ich bin kein Gemeindepfarrer mehr, und so mache ich Gottesdienste während der Tagungen, die ich organisiere, oder dann, wenn ich eingeladen werde. Zum Beispiel zu Weihnachten bei meiner Schwester in Herzberg. Wann habe ich noch gepredigt in jüngster Zeit? In Ulm zum Gedenken an die Zerstörung der Stadt im Krieg, in Straßburg, das war eine Meditation, oder ich fahre mal in ein kleineres Dorf zum Erntedanktag.

HANS-DIETER SCHÜTT: *Wie lange waren Sie Gemeindepfarrer?*

FRIEDRICH SCHORLEMMER: Ich war sieben Jahre für zwei Dörfer verantwortlich, war zugleich Jungendpfarrer und Studentenpfarrer. Und dann war ich in Wittenberg an der Schlosskirche. Da kam ich so etwa alle drei Wochen dran. Es ist im Grunde sehr unschöpferisch, wenn man regelmäßig jeden Sonntag dran ist, und manchmal jeden Sonntag gleich drei Mal nacheinander. Da spürt man am Ende gar nicht mehr, was man sagt.

HANS-DIETER SCHÜTT: *Ein Wort, das bei Ihnen oft vorkommt: Leere. Der Mensch rettet sich gern in die Masse, weil er zu schwach ist, sich allein in der Leere zu bewegen.*

FRIEDRICH SCHORLEMMER: Es gibt nur eines: Ertrage, dass du ein gezeichnetes Ich bist! Gezeichnet sein heißt aber auch: mit einem besonderen Zeichen versehen sein, also nicht nur beladen sein, sondern auch ausgezeichnet sein – mit Einmaligkeit. Ob Rosen, ob Schnee, ob Meere – alles, was sich an Schönem auftut, es tut sich für dich auf.

»Verlorenes Ich« heißt ein äußerst wahrhaftiges Gedicht von Gottfried Benn. Da heißt es am Schluss: »Die Welt zerdacht. Raum und Zeiten Funktion nur von Unendlichkeiten –, / die Mythe log. // Woher, wohin –, nicht Nacht, nicht Morgen, / kein Evoë, kein Requiem, / du möchtest dir ein Stichwort borgen –, / allein bei wem? // Ach, als sich alle einer Mitte neigten / und auch die Denker nur den Gott gedacht, / sie sich den Hirten und dem Lamm verzweigten, / wenn aus dem Kelch das Blut sie rein gemacht, / und alle rannen aus der einen Wunde, / brachen das Brot, das jeglicher genoß –, / oh ferne zwingende erfüllte Stunde, / die einst auch das verlor'ne Ich umschloß.« Man möchte sich ein Stichwort borgen: Wunderbar! Und dann: »Ach, als sich alle einer Mitte neigten ...« Das ist die Sehnsucht! Nach dem Ort, an dem das verlorene Ich zwar nicht aufgehoben, aber umschlossen wird, gewissermaßen von der Zuneigung der Umstehenden. Diese Grundsehnsucht ist im Menschen. Auch in mir.

HANS-DIETER SCHÜTT: *Es ist die Sehnsucht nach dem Kollektiv. Der Mensch als Gemeinschaftswesen.*

FRIEDRICH SCHORLEMMER: Diese Sehnsucht ist legitim. Erfahrung mit allem Politischen belegt sie zwar als eine gefährdende und gefährliche Sehnsucht, aber sie ist auch beglückend und erfüllend. Nur ein Individuum, das sich seiner bewusst ist, wird auch in Gemeinschaften bestehen können – und wird rechtzeitig wach werden, wenn diese Gemeinschaften den Einzelnen nur noch als Teil der Masse behandeln oder ihn gar auszulöschen drohen. Ich bin ganz bewusst Protestant, weil ich, so lange ich lebe, an diesem Projekt festhalten will: dass Gemeinschaft und Ich-Werdung keine Gegensätze sind, sondern einander bedingen. Und in diesem Sinne bin ich Theologe, also jemand, der sich solche Fragen zum Lebensthema machte, und zwar so, dass ich anderen Menschen, mit Texten und mit praktischer Liturgie, von diesen Geheimnissen unserer Existenz etwas zu vermitteln versuche. Immer im Wissen, dass ich selber ein Suchender bleibe, in letzten Dingen selber nur ein Ahnender bin. Insofern bin ich kein Priester, kein Ehrwürden, der in Sicherheiten ruht, sondern ein protestantischer Wühler, der in seiner kirchlichen Bindung auf alte, Ruhe ausstrahlende Formen zurückgreift – und der doch gleichzeitig weiß: Es genügt nicht, was ich sage, und ich genüge dem selber auch nicht. Manchmal aber gibt es dieses Glück des Genügens doch – wenn ich nach einem Gottesdienst fühle, Menschen dadurch, dass ich ihnen gut zuredete, aus ihrem Alleinsein herausgerissen zu haben. Wir leben nicht nur vom guten Essen, sondern auch vom guten Zureden. Es ist ein schönes deutsches Wort: gut zureden. Am nächsten sind dem Geheimnis von Gutzureden wohl die Hebammen.

HANS-DIETER SCHÜTT: *Wann hat Ihnen ein Gutzureden Kraft gegeben?*

FRIEDRICH SCHORLEMMER: Spontan denke ich an die 10. Klasse. Ich wurde in Geschichte geprüft. Der Lehrer, Herr Dombrowski, war kein Lehrer, er war Funktionär, also hatte er keine Ahnung, stand aber trotzdem vor der Klasse und erzählte dauernd irgendwelches wirres Zeug. Nun aber, während der Prüfung bei einem anderen Geschichtslehrer, kam es darauf an, etwas zu wissen. Ich wurde nach der Novemberrevolution gefragt und brachte alles durcheinander. Ich patzte total. Jedenfalls hat mir diese Prüfung die Chance verdorben, die 10. Klasse mit »Sehr gut« abzuschließen. Und dann kam der Chemielehrer, Herr Fischer, er gratulierte zum Abschlusszeugnis und sagte: Friedrich, Sie Idiot! Das war ein kräftiger Zuspruch, wirklich. Ich wusste, was er sagte, war nicht das, was er meinte. Er gab mir fest die Hand und hatte mit seiner Bemerkung sein Bedauern ausdrücken wollen. Mensch, du hattest das Zeug dazu, du hättest es denen zeigen können: So einen habt ihr nicht zur Oberschule gelassen! Das sagte er mir, durch die Blume quasi. Aber was hätte ich mit »Eins« machen sollen, sie nutzte mir nichts ... Später hat mir auch mal meine älteste Freundin Renate gut zugeredet. Ich stand vor der Frage, ob ich überhaupt mein zweites Examen machen sollte. Mir hatte die Vorbereitungszeit gefehlt. Ich war mit so vielen anderen Dingen beschäftigt gewesen. Politische Dinge spielten eine Rolle, unser Kind war gerade geboren. Ich dachte, wenn du jetzt ein zweites Examen machst, kannst du nur durchfallen. Renate redete mir gut zu: Geh da einfach rein, vertraue, du darfst doch jetzt nicht durchfallen, und du wirst nicht durchfallen. Ich ging rein in die Prüfung – und ich wurde tatsächlich nur das gefragt, was ich wusste. Ein Wunder.

HANS-DIETER SCHÜTT: *Was ist das, ein Gebet? Man sagt: ein Gespräch mit Gott. Muss man das erst lernen, mit Gott zu sprechen?*

FRIEDRICH SCHORLEMMER: Es gibt im Psalm 19 eine sehr schöne Beschreibung für das, was Gebet ist: das Gespräch meines Herzens vor dir, Herr. Das Gespräch meines Herzens vor dir, das muss man nicht lernen. Das kann man. Das kann jeder. Das Gespräch meines Herzens vor dir, Herr. Das heißt: Ich lasse etwas zu Wort kommen, möglichst so, dass ich nicht nur murmle oder nur still vor mich hindenke, nein: laut! So kommt das Wort auf dem Umweg des Gesprochenen wieder auf mich zurück. Beim Gebet möge man spüren: Du bist nicht nur ganz bei dir, du bist auch woanders: bei Troste. Beten ist eine sehr, sehr individuelle Angelegenheit. Was ausgesprochen wird, ist nicht alltäglich, aber es hat doch viel mit Alltäglichem zu tun. Oh, was für ein Morgen!, das kann jeder sagen. Das ist der Morgen dieses Tages, das ist der Morgen deines Lebens, das ist der Morgen der Welt. Oh, was für ein Morgen! Das erzählt, es gab ein Gestern. Das erzählt von einer gut durchschlafenen Nacht, vom Glück des Aufstehens und Kaffeetrinkens, vom Genuss, unter der Sonne und am Leben zu sein.

HANS-DIETER SCHÜTT: *Ingeborg Bachmann: »Nichts Schöneres unter der Sonne, als unter der Sonne zu sein.«*

FRIEDRICH SCHORLEMMER: Es geht um die Grundhaltung, dem Leben ganz und gar zu vertrauen – und das zur Sprache zu bringen. Man braucht für das Gebet also keine religiös zugeordneten Stichworte zu bemühen, aber freilich: Man kann auch dies. Ich sage: Gott ist gnädig, barmherzig und von großer Güte. Auch die Gebetssprache hat im Übrigen ihren Ort. Man spricht im Hochamt anders als daheim vorm offenen Fenster. Man sollte kein privatisiertes Gebet in eine gotische Kirche verlegen. Zum Gebet gehört die Ehrfurcht vor dem Wort und seinem jeweiligen Ort. Diese Ehrfurcht vor der Sprache verhindert das Abdriften des Gebets in die Formel. Bei Sprache müssen wir uns den Umstand bewahren, dass sie uns überkommt, sonst ist sie nur noch Vokabular. Im Vokabular findet kein Gebet statt, kein Gespräch meines Herzens vor dir.

HANS-DIETER SCHÜTT: *Bei Peter Handke steht: »Was wir alle brauchen, ist das Zuschauen ..., dass uns also jemand zuschaut auf eine umfassende Weise, wie man sich vielleicht von Gott vorstellt, nicht?, dass Gott eigentlich durch das Zuschauen ..., dass das seine einzige Macht ist, denke ich mir manchmal so als Gedankenspiel: die einzige Macht Gottes ist, dass er uns zuschaut – und wenn wir uns gewärtig machen, dass Gott uns umfassend zuschaut, wären wir alle total besänftigt ... Ich denke mir manch-*

mal, diese Wendung zu Gott ist, dass man innerlich sich angeschaut sieht. Dass man sich gesehen sieht. Dass man sich von einem alles verstehenden, aber nicht allmächtigen, also von einem alles verstehenden Wesen gesehen sieht – und im Handumdrehen oder im Blickaufschlagen wird etwas anders mit dir.«

FRIEDRICH SCHORLEMMER: Wer Gott sagt, der behauptet, dass es etwas gibt, das alles umfasst – aber das durch nichts wirklich sagbar ist. Nur all das, was sagbar ist, ist von uns beherrschbar. Der gestirnte Himmel über mir, die Ordnung der Welt und das moralische Gesetz in mir – dies beides bringt mich, nach Kant, zum fortwährenden Staunen. Eine kleine Geschichte ist für mich zur Schlüsselgeschichte geworden. Kommt einer zum Rabbi und sagt: Ich gebe dir einen Gulden, wenn du mir sagst, wo Gott ist. Und da sagt der Rabbi einfach: Ich gebe dir zwei Gulden, wenn du mir sagst, wo er nicht ist. Was der Psalm 104 besingt, ist eines der größten poetischen Zeugnisse der Menschheit, mit viel naturwissenschaftlicher Weisheit drin. Es heißt, dass das Brot des Menschen Herz stärke, dass sein Antlitz schön werde vom Öl, und der Wein erfreue ihn. Brot, Wein und Öl – Notwendigkeit, Schönheit, Genuss.

HANS-DIETER SCHÜTT: *Märchen und Religionen, sagt Martin Walser, sind voll von Figuren, mit denen Menschen ihre negativen Erfahrungen beantwortet haben. Der Autor war immer ein Kollektiv. Religion stellt unsere Lage nicht dar, sie beantwortet unsere Lage. Gott ist die bislang größte Figur, die der kollektive Autor Menschheit geschaffen hat. Gott ist unser Held, der mit unseren Erfahrungen besser fertig wird als wir. Gott ist genau jene Identität, die sich jeder Mangelhafte, jeder Unterdrückte wünscht. Also die Zusammenfassung dessen, was dem Unterdrückten fehlt. Gott ist aber auch ein Fiktionsheld, der beweist, dass Menschen auf Existenzbedingungen nicht direkt antworten können. Unsere ungeheure Lage ist nicht direkt auszudrücken. Der Glaube an Gott macht unsere Lage ausdrückbar.*

FRIEDRICH SCHORLEMMER: Glauben, das ist ein Zur-Geltung-Bringen des ... des Übersehenen. Und der Versuch, aus dem Übersehenen die Zentralorte des Weltgeschehens zu machen oder zumindest Fingerzeige zu geben, dass es ein anderes Weltgeschehen gibt, ein entschieden anderes und ein wirklich ermutigendes Weltgeschehen jenseits oder neben dem, was einem so jeden Tag in die Augen sticht und um die Ohren geschlagen wird und in die Nase fährt. An diese andere Welt glaube ich seit jeher.

HANS-DIETER SCHÜTT: *Es gilt, sich kein Bild von Gott zu machen. Das ist, profan ausgedrückt, das Gebot, die eigene Vorstellungskraft, die eigene Fantasie in Schach zu halten. Gelingt es Ihnen durchgängig?*

FRIEDRICH SCHORLEMMER: Das weiß ich nicht. Ich bilde es mir ein. Aber wahrscheinlich gelingt es mir nicht. Denn es ist schon wahr: Vieles von dem, was wir Gott nennen, sind Projektionen, die mit unserem besonderen Lebensgeschick, unserer Bedürfnisstruktur, unserer Psyche, unserer charakterlichen Konstitution zusammenhängen. Gott ist dann die spezifische Art eines Menschen, mit seinen eigenen Ängsten, Hoffnungen, mit biographischen Brüchen und Schuldbedrängungen, mit der Sehnsucht nach Liebe umzugehen. Und so ist für manche, die sehr, sehr streng aufwachsen, Gott natürlich – oder besser: unnatürlich – ein sehr, sehr Strenger. Manche können zu Gott nicht Vater sagen, denn bei dem Wort Vater klingt ja sofort all das mit, was ihnen an väterlicher Härte und Züchtigung widerfuhr. So entstehen die unterschiedlichen Bilder von Gott, und weil Sie nach dem Beten fragten: Auch jedes Gebet ist mitbestimmt vom sehr subjektiven Widerfahrnis von Welt … das Widerfahrnis, auch so ein Wort, das verloren geht. Dass mir etwas widerfährt – das sagt doch keiner mehr. Ist aber ein wunderbarer Ausdruck. Jeder Mensch, dem es gelingt, alles, was ihn bewegt, in einer für ihn authentischen Form zur Sprache zu bringen, ein Mensch, der Sensorien behält für das, was in dieser Welt geschieht, was seinen Lieben geschieht, was seinem Nachbarn geschieht, was der leidenden Kreatur passiert – ein solcher Mensch wird auf eine Weise beten, die unverwechselbar ist. Das Wort »beten« ist im Grunde ein kümmerlicher Sammelbegriff für die Expressivität, derer ein Mensch fähig ist. Du kannst singen und tanzen und jauchzen und murren und wimmern und stottern, und du kannst geschliffen reden und ein Gedicht von Hermann Hesse oder von Friedrich Hölderlin sagen. Das alles kann Beten sein. Du kannst malen und komponieren und dichten. Das alles kann Beten sein. Ein betender Mensch ist einer, der seine Ausdruckskraft offenbart. Der in dem, was er ist, die Möglichkeit einer Veränderung entdeckt, aber sich zugleich auch zu sich selber bekennt. Selbstvergewisserung und Veränderung, Weltbetrachtung und Weltreibung, das muss zusammenkommen. Das Gebet ist Jauchzen und Schreien, ist

Hoffen und Verzweifeln. Und insofern ist ein betender Mensch ein glücklicher Mensch: einer, dem es allein schon durch Ausdruck besser geht. Jedenfalls merke ich für mich: Zeiten, in denen ich das Beten unterlasse, da unterlasse ich weit mehr: mich.

HANS-DIETER SCHÜTT: *Unterlassung wird sprachlich an Sünde geknüpft: Man spricht von der Unterlassungs-Sünde.*

FRIEDRICH SCHORLEMMER: Vor einigen Monaten war Antje Vollmer bei mir zu Besuch. Hier in Wittenberg fand eine Tagung statt, wir frühstückten miteinander. Die Zeit war bemessen, und ich sagte: Guten Appetit. Darauf sie: Wollen wir nicht wenigstens das Mindeste tun? Sie sagte das nicht vorwurfsvoll, sie brachte nur zum Ausdruck: Es fehlt etwas. Ja, wer wenn nicht wir Christen sollten daran festhalten, den Tag nicht profan und beliebig beginnen zu lassen. Also haben wir beide gelesen, sie saß da und sagte: Schön, nicht? Natürlich hatten wir plötzlich, obwohl es wir es eilig hatten, Zeit. Manchmal scheut man sich vorm Gebet oder vorm Bibeltext – weil man fürchtet, ein anderer, Anwesender fände das komisch. Also lässt man's. Vor einiger Zeit, bei einer Woche Radwandern durch die Altmark, mit etwa zwanzig Leuten, da haben wir jeden Morgen in einer großen gotischen Kirche – früh um neun, nach dem Frühstück – mit einer Morgenbesinnung begonnen, sieben Tage lang. Zeit für Stille, und wenn es jeweils nur fünfundzwanzig Minuten waren. Sich dem Wesentlichen zuwenden, in einem Raum, ausgegrenzt aus der üblichen Welt, die gegen die Sinne donnert. Dieses Ritual hat uns nach zehn Tagen richtig gefehlt.

HANS-DIETER SCHÜTT: *Wie lesen Sie? Was lesen Sie? Immer wieder die Bibel?*

FRIEDRICH SCHORLEMMER: Ich lese mal ganze Abschnitte nach, mal lese ich ausgesprochen Gesuchtes, mal nur Gefundenes. Und ich habe mir angewöhnt, jeden Morgen auch ein Gedicht zu lesen. Die Goethesche Anweisung: jeden Tag wenigstens ein schönes Liedlein singen oder einen schönen Vers lesen.

HANS-DIETER SCHÜTT: *Sind Sie ein Nachtmensch?*

FRIEDRICH SCHORLEMMER: Ich gehe sehr spät schlafen und hoffe nur, dass ich morgens nicht zu früh aufwache. Inzwischen habe ich es mir zur Regel gemacht, nach dem Frühstück erst das zu erledigen, worauf es, im Sinne der Tagesanforderungen, wirklich ankommt. Ich habe erst spät mitbekommen, dass ich eigentlich kein Nachtmensch bin, sondern ein Morgenmensch. Ich habe mir inzwischen auch angewöhnt, das Unangenehme an zu erledigenden Arbeiten als Zweites zu machen – weil ich merkte, wenn ich das nicht erledige, liegt es zu lange auf der Seele und behindert mich bei allem anderen. Also: erst das Wichtige, dann das Unangenehme, dann das, was die Routine fordert.

HANS-DIETER SCHÜTT: *Lesen Sie frühmorgens Zeitung?*

FRIEDRICH SCHORLEMMER: Nein, ich höre in der Frühe die Nachrichten, da muss ich nicht noch Zeitung lesen. Die nehme ich mir später vor. Wenn ich früh Zeitung lese, werde ich sofort wieder zu einem Gedanken hingeführt, der zum Text treibt, zur Reflexion. Außerdem: Gleich am Morgen alles Negative inhalieren?

HANS-DIETER SCHÜTT: *War Schreiben schon immer Ihr Wunsch?*

FRIEDRICH SCHORLEMMER: Ich hatte nie prononciert daran gedacht, etwas zu veröffentlichen, und das auch noch mit der Hoffnung, das Notierte fände Leser. Inzwischen ist es schön, sich morgens hinzusetzen und über ein Thema zu sinnen, es so zu gestalten, dass es möglicherweise für mich und andere Menschen eindrücklich bleibt. »Eindrücklich werden«, das ist ein schönes Wort. Ein Lieblingswort übrigens von Richard von Weizsäcker.

HANS-DIETER SCHÜTT: *Glauben Sie, ein abenteuerliches Leben zu führen? Was ist für Sie Abenteuer?*

FRIEDRICH SCHORLEMMER: Zuallererst denke ich da an dieses traurig nichtabenteuerliche Leben, das wir tagein, tagaus führen müssen – wo bleibt das Abenteuer, denkt man sich, das ist doch kein Leben! Ich verstehe, dass viele auf ein so genanntes Abenteuer aus sind. Eiger-Nordwand, Atlantik, Wüste Gobi – erklettern, durchqueren, überstehen, das sind die Ersatz-Aktionen. Ich sehe das Abenteuer heutzutage nicht im totalen Ausleben oder Erleben. Das elend Fragmentarische unserer Existenz überwinden wir nicht. Das wissen diese Abenteurer sicher auch. Aber sie rennen weiter. So wie die in »Dantes Hölle« rennen, so rennen die Menschen heutzutage überall. Nicht nur die passionierten Läufer, auch alle anderen ..., es muss ja gar nicht rennen sein, äußerlich, es ist ein innerlicher Lauf, ein »läuft und läuft und läuft«. Aber abenteuerlich ist doch etwas ganz anderes: Abenteuerlich ist ein weiter Atem. Nichts Abenteuerlicheres als die Ruhe. Das ist so was Seltenes; jeder weiß das von sich. Mensch!, jetzt bin ich einmal ruhig! Welch ein Abenteuer ... und was dann in mir entsteht!

HANS-DIETER SCHÜTT: *Gelingt Ihnen das Älterwerden?*

FRIEDRICH SCHORLEMMER: Ja, aber nur dann, wenn ich nicht merke, wie das Alter kommt. Mit neunundvierzig Jahren starb meine Mutter an Krebs. Ich denke seither oft an einen ihrer Lieblingssätze, nicht nur heiter und bedenkenlos hingeworfen, sondern mit einem Hauch von Vorahnung in der Stimme: »Kinder, wie die Zeit vergeht!« Furchtbar wahr. Ich habe gegenüber anderen Leuten ein großes Glück. Ich trinke ausreichend meinen Wein, und meine Leberwerte sind gut. Mein Vater hatte in meinem Alter schon Zucker. Alle dachten, das kriege ich als Erbe mit. Meine Herzprobleme haben sich gelegt. Meine Magenprobleme kommen in Phasen immer mal wieder. Vor genau zwanzig Jahren stand ich unter Krebsverdacht, ich war innerlich aufs Sterben gefasst, ich hatte mich bereitet, und ich hatte damals das Gefühl, dass mir das Abschiednehmen gelänge. Ich hätte in Frieden gehen können. Als sich der Verdacht als falsch erwies, war ich natürlich glücklich, und was ich jetzt sage, kann wahrscheinlich nur missverstanden werden: Ich war auch ein wenig enttäuscht. Und zwar aus einem ganz einfachen Grunde: Ich weiß nun nicht mehr, ob mir dieser innere Abschiedsfrieden, sollte er nötig sein, noch einmal gelingt. Ich hatte da etwas Existentielles gewissermaßen durchgearbeitet, was man nicht beliebig wiederholen kann.

HANS-DIETER SCHÜTT: *Können Sie sich noch an den Tag erinnern, als Sie das mit vermeintlichen Krebserkrankung erfuhren?*

FRIEDRICH SCHORLEMMER: Der Tag war sofort Bilanz, nur eines nicht: niederschmetternd. Du hattest doch ein reiches Leben, dachte ich.

HANS-DIETER SCHÜTT: *Also kein Tag, an dem sofort alles hinfällig zu werden schien?*

FRIEDRICH SCHORLEMMER: Nein. Im Gegenteil.

HANS-DIETER SCHÜTT: *Welches grundsätzliche Verhältnis haben Sie zum Tod?*

FRIEDRICH SCHORLEMMER: Er ist eine große Frechheit. Es ist doch nicht zu fassen, dass die Natur mit großer Anstrengung den Menschen hervorbringt, um ihn dann durch einen rein physio-chemischen Akt zu erledigen. Schon aus diesem Grunde kann es gar nicht sein, dass vom Menschen nichts bleibt. Das kann nicht sein, wirklich nicht. Was wir leben, kommt nach unserem Tode nicht direkt einem anderen Menschen zugute, aber es bleibt aufgehoben. Davon bin ich überzeugt. Eine Herzensgüte und Klugheit, wie sie solch ein großartiger Mensch wie Lew Kopelew gelebt hat, die kann nicht spurlos vergehen.

HANS-DIETER SCHÜTT: *Wie wird der Tod sein?*

FRIEDRICH SCHORLEMMER: Heine! »Wo wird einst des Wandermüden letzte Ruhestätte sein, unter Palmen in dem Süden, unter Linden an dem Rhein. Werd ich wo in einer Wüste eingescharrt von fremder Hand oder ruh ich an der Küste eines Meers in dem Sand. Immerhin, mich wird umgeben Gottes Himmel, dort wie hier, das Totenland schweben nachts die Sterne über mir.«

HANS-DIETER SCHÜTT: *Die erste Erfahrung eines möglicherweise nahen Todes hatten Sie als Kind.*

FRIEDRICH SCHORLEMMER: Es war am 15. März 1957, ich war dreizehn. Mein Freund und ich sind im Kirchturm auf Balken und Bohlen balanciert. Ich stand auf einer Bohle, unter mir war alles frei. Wir suchten nach flüggen Tauben, eine Taube kam angeflattert, ich streckte mich, wollte hingreifen, die Bohle kippte, ich verlor die Balance. Ich schlug aus zwanzig Metern unten auf und lebte. Mein Glück war, dass ich durchrauschte, nirgends anstieß. Ich hatte keinerlei innere Verletzungen. Man vermutete lediglich eine Gehirnerschütterung, ich musste vier Wochen zu Hause im Bett liegen. Noch heute zittern mir die Knie, wenn ich auf diesen Kirchturm steige.

HANS-DIETER SCHÜTT: *Sie haben Angst vor dem Tod.*

FRIEDRICH SCHORLEMMER: Na klar. Aber an manchen Tagen sage ich mir gelassener als früher: Die Strecke ist relativ kurz, in der ich noch Herr aller meiner Sinne bin und noch ein sicheres Gleichgewicht auf dem Fahrrad habe. Ich bin mir unsicher, ob ich diese Leichtigkeit, loslassen zu können, noch einmal so gut aufbringen werde. Das kann man vorher nie sagen. Es ist allerdings nicht so, dass mich der Gedanke des Todes manisch verfolgt. Aber als ich kürzlich mit meinem Auto, durch eine kleine Unachtsamkeit, einen Zusammenprall in einer großen Garage hatte, da gab es einen Knall – und plötzlich war der 16. Mai 2002 wieder höchst bedrängend in meinem Kopf, jener schwere Unfall auf der Fahrt von Washington nach Baltimore. Ein paar Nächte lang kehrte dieser Knall als Albtraum zurück. Jetzt schlafe ich wieder ruhig.

HANS-DIETER SCHÜTT: *Ist der Glaube, wenn es ans Sterben geht, wirklich ein Trost?*

FRIEDRICH SCHORLEMMER: Ja, natürlich. Das Kreatürliche erreicht uns doch alle, die Frage ist, ob es uns gelingt, mit Geistigem das Kreatürliche so weit zu transzendieren, dass es nicht den Sieg davonträgt. Das ist schwer genug. Gerade Menschen, die beim Nachdenken über das Leben ganz souverän die Gelassenheit des Glaubens behaupten, werden andererseits vom Empfinden einer großen Sinnlosigkeit geplagt, von der Frage: Was habe ich in meinem Leben eigentlich erreicht? Wer bin ich denn noch? Wer will mich noch? Jene, die das Leben aus der Gnade heraus definieren, die im Menschen einen jederzeit Aufgefangenen sehen – ausgerechnet sie erfahren besonders stark die Gefährdungen dieser hauchdünn abgesicherten Existenz. Diese Niedergeschlagenheit überfällt einen besonders, wenn man hinfällig wird; wenn man von anderen abhängig wird; wenn man das, was man von sich denkt und sein will, in rapide nachlassender Energie nicht mehr sein kann ... Auch ich merke in letzter Zeit, dass die Konzentration abnimmt. Ich lese Dinge von mir, die ich vor zehn Jahren schrieb, und ich staune, was ich zustande brachte – in dem Staunen liegt die Erkenntnis, das würde dir jetzt wohl nicht mehr so gelingen. Ein gewisser Verdünnungsgrad des Lebens ist unübersehbar. Die Kraft lässt nach. Was man im Mittelalter die Ars moriendi genannt hat, ist vielleicht die größte Kunst: sich mit der Vergänglichkeit anfreunden, also auch mit dem Gevatter Tod.

HANS-DIETER SCHÜTT: *Gevatter. Ein Mitglied der Familie.*

FRIEDRICH SCHORLEMMER: Natürlich gehört der entsetzliche Tod zur Familie. Es ist die wuchtigste Erfahrung, dass ein Mensch plötzlich einfach weg sein kann. Mir wurde das wieder deutlich, als die Dichterin Hilde Domin starb. Sie erhielt sich bis zuletzt eine wunderbare jugendliche, tiefgründig herzliche Unbefangenheit. Dieses wunderbare Kind ist körperlich aus der Welt. Wenn ich nach Heidelberg komme – ich habe sie dort nie zu Hause besucht, aber sie öfter bei Veranstaltungen getroffen –, dann habe ich den Eindruck, seit ihrem Tod ist das eine andere Stadt. Dieses Heidelberg, in der es eine Hilde Domin gab, ist tot. Seltsam, dieses Geheimnis von unabänderlicher Abwesenheit, welche die Welt ebenso verändert wie eine Geburt.

HANS-DIETER SCHÜTT: *Würden Sie lieber Abschied nehmen oder schlagartig sterben wollen?*

FRIEDRICH SCHORLEMMER: Ich bin froh, dass ich das nicht beantworten muss. Beim Tod kann ich nicht anfragen, er ist der Herr des Verfahrens. Wenn Sie mich zwingen würden, dennoch eine Antwort zu geben, so wählte ich die Sekunde, in der alles blitzartig geschieht. Das bewusste Erleben einer Sterbensdauer würde mir die Not einer Kraft zur Verabschiedung auferlegen, die ja, für sich genommen, zusätzlich Leben nimmt. Da können wir reden, was wir wollen, das Wissen um einen herannahende Tod macht einsam, verwandelt alles in Absurdität.

HANS-DIETER SCHÜTT: *Verwandelt alles in Absurdität oder legt diese »nur« bloß?*

FRIEDRICH SCHORLEMMER: Verwandelt! Martin Luther stellte sich am ersten Fastensonntag, am 9. März 1522, auf die Kanzel und sagte: »Wir sind allesamt zu dem Tod gefordert, und es wird keiner für den anderen sterben, sondern ein jeglicher in eigener Person für sich mit dem Tode kämpfen.« So fängt der seine Predigt an! In die Ohren können wir es wohl einander schreien, aber ein jeglicher muss für sich selber bereit sein, in der Zeit des Todes. Ich werde dann nicht bei dir sein, noch du bei mir. Ist das nicht groß? Nichts von wegen: hier ein bisschen Öl drauf oder Weihrauch, und die heilige Institution Kirche macht's dir schon leicht. Nein, kein bisschen Geräuchere mit falschen Wohldüften. Wenn es soweit ist, sei froh, wenn du gerüstet bist. Ich habe einen Freund gehabt, er hatte, als er starb, eine Woche Zeit, um sich von allen zu verabschieden und alles zu regeln. Er hat tatsächlich die Kraft dazu gehabt. Rolf starb an Leukämie. Nein, ich weiß wirklich nicht, ob ich die Woche haben will.

HANS-DIETER SCHÜTT: *Sie haben verschiedentlich Ihre Erfahrungen mit der Todesnähe angedeutet – zum Beispiel ein Autounfall in den USA.*

FRIEDRICH SCHORLEMMER: Hinterher denkt man, in einem Film gewesen und einer nicht fassbaren Unwirklichkeit begegnet zu sein. Wir kamen von einem Empfang in der norwegischen Botschaft in Washington, es war der norwegische Nationalfeiertag. Und es war Mai, mein Geburtstag. Der Direktor des Luther-Instituts sagte, er fahre seit acht Jahren jeden Tag, von Baltimore aus, nach Washington, und er habe noch nie einen Unfall gehabt, und er fügte hinzu: Wie sagt man auf Deutsch? Klopfen wir auf Holz, dass es so bleibe! Wir fuhren los, unterhielten uns, alle fahren ja in den USA nur 120 Stundenkilometer, und eine halbe Stunde nach dem »Klopfen auf Holz« gab es einen harten Schlag und ein Knirschen, als schöbe sich alles Blech und Eisen der Welt ineinander, die gesamte Straße war im Handumdrehen ein Autoknäuel. Ich kann nicht mal mehr sagen, ob wir auf der rechten oder der Mittelspur fuhren. Alles Weitere war der Geistesgegenwart dieses Fahrers zu danken, der das Steuer stur festhielt, denn es knallte links und rechts und hinten, so, als führen wir durch eine Spießrutengasse aus anderen Autos, die uns nach Kräften und mit Vernichtungsabsichten rammten. Dann sind wir an die Seite geraten, und der Wagen fräste sich in die Planken hinein. Ich konnte nicht aussteigen, saß eingeklemmt auf meinem Sitz. Außerdem wusste man nicht, ob man von dem sich noch immer bewegenden Blechklumpen mitgerissen würde, wenn man denn endlich aussteigen könnte. Ja, und nun folgte, was man in solchen Situationen niemals versteht: Es setzte im Hirn ein Zeitraffer ein, der Blackout machte aus allem einen Augenaufschlag, denn als ich gewissermaßen zu mir kam, waren schon Kranken- und Abschleppwagen da, die Zeit war zusammengeschrumpft. Ich habe nur noch so viel mitbekommen, dass im Auto, welches uns zuerst gerammt und den gewaltigen Crash ausgelöst hatte, Drogensüchtige saßen. Das Frustrierende in den USA ist, dass sich nach solch einem Unfall niemand um dich kümmert. Wie du von der Unfallstelle wieder wegkommst, und sei es in tiefster Nacht, ist deine ureigene Angelegenheit. Zum Glück brachte uns die Polizei bis zur nächsten Tankstelle, wo Edgar, der Institutsdirektor, seine Frau anrief. Sie hat uns abgeholt.

HANS-DIETER SCHÜTT: *Wo möchten Sie begraben sein?*

FRIEDRICH SCHORLEMMER: Auf einem Dorffriedhof. Vielleicht in Schönberg in der Altmark. Wo ich herkomme.

HANS-DIETER SCHÜTT: *Einmal wäre Ihr Sohn beinahe ertrunken.*

FRIEDRICH SCHORLEMMER: Das war die schlimmste Erfahrung. Es war im Herbst. Martin, eineinhalb, saß angeschnallt im Kinderwagen, Uta, meine Tochter, war auch mit. Es war ein Sportwagen, der sozusagen schon in dritter Generation benutzt wurde, ein Gabe von Freunden, denn wir konnten uns tatsächlich keinen Sportwagen leisten. Übrigens hat unser noch älterer Kinderwagen genau in dem Moment, da wir bei den Freunden den neuen gebrauchten holten, die Grätsche gemacht. Wir hoben Uta aus dem alten Karren, um sie umzusetzen, da krachte der alte zusammen. Nun also saß Martin in diesem neuen alten Wagen, bei dem die Bremsen nicht mehr richtig funktionierten. Wir kamen an die Saale-Böschung, Uta wollte Steinchen ins Wasser werfen. Die Böschung war ziemlich steil. Ich hatte Angst, das Mädchen würde zu nahe an die Böschung herantreten und unterm Schwung des Wurfs womöglich abrutschen. Also ließ ich den Wagen stehen und bin zu Uta, um sie festzuhalten. In dem Moment beugte sich mein Sohn unglücklich nach vorn, und der Wagen jagte die Böschung runter. Der Rest ist eine Sache von Zehntelsekunden gewesen. Bis zum Bauch stand ich plötzlich im kalten Wasser und kriegte den Wagengriff gerade noch zu fassen. Das Kissen war schon untergetaucht, ich zog den Jungen aus der Brühe, ihm blutete die Nase. Hätte er nicht fest angeschnallt im Wagen gesessen, wäre er von der Strömung fortgerissen worden. Oben an der Böschung standen Jungs, die ich um Hilfe rief. Ich fürchtete, in dem Morast wegzusacken, und dann hätte das Unglück seinen Fortgang genommen. Ich habe die Tochter auf die Schulter genommen und bin nach Hause gerannt, mit dem triefenden Martin, mit dem nassen Kinderwagen. Unterwegs merkte ich, dass ich offenbar niemandem auffiel; niemand fragte, ob er mir helfen könne. Zu Hause badete ich den Jungen, zunächst hatte ich Angst, er könne sich beim Wasserschlucken vergiftet haben, die Saale war eine Kloake. Martin hatte ein wenig Durchfall und erhöhte Temperatur. Meiner Frau habe ich nichts erzählt, ich stand ohnehin unter dem dauernden, sicher auch berechtigten Vorwurf, mich nicht genügend um die Kinder zu kümmern. Ich wollte meiner Frau gewissermaßen nicht auch noch dieses Saalewasser auf die Mühlen geben ... Das schreckliche Erlebnis ist mir lange als Traum geblieben. Aber ich träumte nicht das, was geschehen war, ich träumte das Schlimmstmögliche, was hätte geschehen können. Als gäbe es einen Fluch des Ausgleichs, erlebte ich 1993 auch mit meiner Tochter Uta Untergangsnähe – einen Nordsee-Sturm, der uns ebenfalls an Grenzen brachte. Wir wollten von einer Insel zur anderen, und zwischen den Halligen sah man das Unwetter hochziehen. Schon kamen die Schiffe zurück, die zu Rundfahrten ausgelaufen waren. Unser Kapitän aber fuhr weiter. Die nächste Insel würden wir gewiss erreichen, und weiter wollten wir nicht. Im Boot waren er, der Inselpfarrer und meine Tochter und ich. Es verging nur kurze Zeit, und der Sturm spielte mit uns wie die Katze mit der Maus. Der blass gewordene Bootsführer sagte nur tonlos, so etwas habe auch er noch nicht erlebt. Nach jeder Welle hingen wir in der Luft, die Schwerkraft schien aufgehoben. Dann plötzlich waren wir auf Grund gelaufen. Wir saßen fest, in der Ebbe. Der Kiel des Bootes hatte sich tief in den Sand gegraben. Hoffentlich kommt nicht neuerlich Wind, sagte der Käpt'n, denn wenn das Boot dann umgestoßen würde, sei alles aus. Wir hatten Glück. Und nun, nach den Wasserdramen, kann ich auch noch erzählen, wie es mir in der Luft erging. Wir, eine Gruppe von DDR-Bürgerrechtlern, flogen mit dem Bundespräsidenten Roman Herzog nach Frankreich, zu Diskussionen über Demokratie und Gewaltenteilung. Für einen Staatsempfang hatte ich mir extra einen Smoking kaufen müssen. In Erinnerung ist mir dieser Flug aber deshalb geblieben, weil während der Rücktour anderthalb Stunden Totenstille herrschte. Herzog hatte uns in seine Kabine gebeten, und plötzlich hingen wir quasi mit dem Kopf an der Decke, denn der Pilot hatte die Maschine blitzartig fallen lassen. Die Scheibe im Cockpit war gesprungen, und jeder konnte sich ausmalen, was passieren würde, wenn sie dem Außendruck nachgeben und platzen würde. Paris gab dem deutschen Bundespräsidenten keine Landeerlaubnis. Das muss man sich vorstellen. Das sei zu gefährlich. Also: weiterfliegen und hoffen. Ganz tief flogen wir bis Köln-Bonn. Solche neunzig Minuten vergisst man nicht. Man hat die Zeitbombe regelrecht ticken hören. Da wird einem die Liedzeile bewusster denn je: In wie viel Not hat nicht der allmächtige Gott Flügel über dir gebreitet ... 1980 war ich Mitglied einer Delegation nach Kanada, wir besuchten die Partnerkirche. Ich flog das erste Mal, es ging über Warschau nach Montreal. Wenn dieses Flugzeug der Aeroflot in Turbulenzen geriet, wackelte und knirschte alles. Wir kamen gut an. Zehn Tage später stürzte exakt diese Maschine ab. Ursache: Totale Ermüdung des Materials.

HANS-DIETER SCHÜTT: *In einem Essay von Ihnen kommen zwei Tiere vor, der »Morgengeier« und die »Hoffnungstaube«. Es heißt da: »Morgens aber kommt nicht die Hoffnungstaube, sondern der Morgengeier.« Wieso diese Reihenfolge? Demnach ist Hoffnung nicht der erste Gedanke, nicht das erste Fühlen im beginnenden Tag?*

FRIEDRICH SCHORLEMMER: Ich fände es ja auch schöner, wenn sie mich morgens besuchen würde. Nein, ich wache am Morgen auf mit allem, was ich an Dunklem gespeichert habe, was an Dunklem in mir ist. Sofort kommt die Vorahnung der großen Differenz, die auch wieder diesen neuen Tag bestimmen wird, die Differenz zwischen dem, was ich mir vornehme, und dem, was ich schaffe. Ich werde am Abend wieder wissen: Das war nicht toll, heute. Ich werde am Abend trotzdem auch sagen: Danke lieber Gott, ich lebe immer noch, und jetzt lass mich ruhig schlafen, ich habe, so gut ich konnte, etwas versucht. Bin viel schuldig geblieben. Trotzdem: getröstet wegdämmern!

HANS-DIETER SCHÜTT: *War das schon immer so, mit dem Morgengeier?*

FRIEDRICH SCHORLEMMER: Nein. Das hat etwas mit unverarbeiteten Kindheitsträumen zu tun. Wahrscheinlich mit jenem Schock, als meine Mutter von den Russen überfallen wurde. Meine Eltern wollten damals irgendwas tun gegen meine Angstträume, aber wo wollte man denn nach 1945 in einem altmärkischen Dorf einen Psychologen finden? Ich habe, glaube ich, drei Angstträumen. So etwas steckt in jedem Menschen, als Disposition, bei manchem verstärkt und bei manchem verliert sich das. Ein Trauma von mir ist das Erstickungstrauma, das man ja seit seiner Geburt haben kann, also die Klaustrophobie. Beim Versteckspiel in einem großen Heuschober, in einer überdachten Scheune ohne Seitenwände, verlor ich die Orientierung. Ich fand nicht mehr hinaus. Wir hatten uns Gänge gebaut, und je tiefer man ins Heu kroch, desto stärker wirkte es als Schallschutz – man hörte irgendwann mein Rufen nicht mehr. Ich war elf. Mehrere Stunden hockte ich in diesem Labyrinth. Die Stunden wurden zur Ewigkeit. Ich wühlte mich, auf der Suche nach dem Ausgang, nur immer tiefer ins Weg- und Lichtlose ...

HANS-DIETER SCHÜTT: *Aber nach dem Morgengeier kommt doch die Morgentaube.*

FRIEDRICH SCHORLEMMER: Ja, die Lust am Leben läst sich nicht tilgen. Nicht umsonst liebe ich das Gedicht »Vergnügungen« von Brecht: Wunderbar, wenn man das Fenster frühmorgens aufstößt; der erste Blick hinaus – da ist das Glück des Lebens doch unwiderruflich da. Wenn ich das Fenster in den Hinterhof öffne, ist die Taube im wirklichen Sinn des Wortes da, die Taube Noahs. Hier gurren die Tauben morgens aufreizend laut.

HANS-DIETER SCHÜTT: *Sie wurden von den Russen überfallen?*

FRIEDRICH SCHORLEMMER: Anfang 1946 lebte meine Mutter zusammen mit ihrer Schwester in einem einsamen Gehöft, es war ein Pfarrhaus mit Scheune, drum herum Garten und Park. Meine Mutter wartete auf ihren Mann. Sie hatte bereits erfahren, dass er noch lebte, er war in US-amerikanischer Kriegsgefangenschaft. Durch seine Verwundung, einen Nierenschuß, ist mir mein Vater erhalten geblieben. Er war ins Lazarett gekommen, war dann nicht wieder in Russland eingesetzt worden, sondern »nur« in Frankreich, dort geriet er in besagte Gefangenschaft. So viel ich darüber noch weiß, und ich möchte das auch bloß andeutungsweise erzählen, sind die beiden Frauen eines Tages von Russen überfallen worden. Dieses Ereignis hat meine Mutter immer begleitet, sie hat es streng tabuisiert. Mich hat es auf andere Weise ein Leben lang mitgenommen. Ich muss in jenen Minuten ungeheuerlich geschrien haben, auch ein Zweijähriger kann bereits erfassen, dass ein Gewaltakt geschieht. Meine Mutter hat geschrien, und ich habe geschrien. Da haben die Soldaten, vor den Augen meiner Mutter, mir eine Maschinenpistole vor den Kopf gehalten. Zwei schreiende Menschen, das hielten diese Männer nicht aus, das reizte bis aufs Blut, sie drohten die Nerven zu verlieren. Die wollten sich den Schrei vom Leibe halten. Wahrscheinlich verdanke ich der Tatsache, dass meine Mutter zu schreien aufhörte, mein Leben, denn sofort hörte auch ich zu brüllen auf. Diese Frau wurde ganz still, und das bedeutete die Aufgabe aller Gegenwehr. Schreien ist Kraft, meine Mutter gab diese Kraft auf. Da stand ihr kleiner Sohn, die Waffe am Kopf. Sie hat mir daraus nie einen Vorwurf gemacht, mir nie so etwas wie ein Schuldgefühl aufgeladen. Aber auch mir ist diese Stunde zum Trauma geworden, es beherrschte meine Nächte, ich hatte als Kind jahrelang Schlafstörungen und schrie nachts. Immer wenn abends das Licht ausging, senkte sich etwas Dunkles, Großes, Schweres auf mich herab. Die MPi, die sich meiner Stirn näherte? Ich hatte sogar ein Wort dafür, als ich es meinen Eltern angstvoll, bedrückt erzählte. Es war die »Hieke«. Wie gesagt, damals gab es keinen Psychologen, zu dem man hätte gehen können. Meine Mutter hat mit mir auch als Erwachsener nie über jenen Tag gesprochen. Das ist so stehen geblieben als dunkler Fleck. Mein Vater hat sehr viel später, nach Mutters Tod, mit mir darüber gesprochen. Der schreckliche Vorfall wurde in der Familie aber auch niemals gegen die Russen instrumentalisiert. Es war damals ein Schreckenstag, und er wurde gleichsam im Bewusstsein versenkt. Mein Vater war einen Monat später, im Mai 1946, nach Hause zurückgekehrt.

HANS-DIETER SCHÜTT: *Ist Verdrängung eine Lebenshilfe?*

FRIEDRICH SCHORLEMMER: Natürlich. Ich halte viel davon, dass wir nicht alles, was wir wissen und fühlen, allen sagen. Es ist gut, dass wir manches ganz bei uns behalten, unseretwegen und um der anderen willen. Ich bin auch der Überzeugung, dass wir alle mit gelungenen oder auch weniger gelungenen Verdrängungen leben. Und nicht immer und überall sollten wir graben und wühlen. Man darf nicht fahrlässig das offen legen, was ein Mensch erfolgreich verdrängt hat. Man darf es nur dann, wenn berechtigte, begründete Zuversicht besteht, dass die Wunden, die man aufreißt, auch wieder heilen können. Ich habe später als Dozent am Seminar für Theologenausbildung gemerkt, wie Leute mit psychologischer Halbbildung in der furchtbaren Lage waren, Menschenseelen aufzureißen, und dann ließen sie die blutenden Herzen hilflos zurück. Das halte ich für unverantwortlich. Man muss jedem die Freiheit für die Entscheidung lassen, was er in sich verschließt – es sei denn, bestimmte Dinge haben schädigenden Einfluss auf das gesellschaftliche oder soziale Verhalten, so, dass es besser wäre, die Verdrängung zu bearbeiten. Es gibt Leiden, über die man auch als Opfer nicht reden will, und es gibt Täter, die über ihre Taten auch nicht reden – weil sie fürchten müssen, ihre Scham würde ihnen niemand abnehmen. Es gehört zu den Säulen des Christlichen, dass wir nicht diejenigen sind, die nach Gutdünken Gnade zusprechen, sondern von einer Gnade reden, die nicht von uns kommt, und die auch schwer belasteten Menschen ein neues Leben ermöglicht.

HANS-DIETER SCHÜTT: *Herr Schorlemmer, in welcher Gefahr sehen Sie die Kirche als Institution? Was muss sie leisten, um sich selber gerecht zu bleiben?*

FRIEDRICH SCHORLEMMER: Da zitiere ich, was ich schon auf dem Kirchentag in Potsdam 1993 sagte, und was für mich noch immer Gültigkeit hat: »Wo die Kirche nicht mehr ›Gegenwelt‹ ist, sondern sich möglichst anschmiegt und einschmiegt, hat sie aufgehört, das Reich Gottes als inspirierende Gegenwart einer unverfügbaren Zukunft anzusagen.«

HANS-DIETER SCHÜTT: *Das Hauptproblem einer Kirche, die nur reich ist, statt Volkskirche zu sein?*

FRIEDRICH SCHORLEMMER: Die Kirche, die auf das Reich Gottes wartet, darf nicht zum Feiertagsschnörkel verkommen ...

HANS-DIETER SCHÜTT: *... nicht zum »religiösen Senfgeber« haben Sie mal gesagt.*

FRIEDRICH SCHORLEMMER: Dafür ist sie wahrlich entbehrlich. Wer wohltemperiert, konturenlos, proporzängstlich solch eine Volkskirche fortsteuert, wird auf Dauer nicht zur Kirche des Volkes werden können. Im Mittelpunkt der Botschaft Jesu steht ja nicht die Kirche, nicht die Gruppe, auch nicht das Seelenheil des Einzelnen, schon gar nicht der gute Mensch, sondern das Reich Gottes, eine unsere Reiche inspirierende, kritisierende und illuminierende Größe, in der das Große klein, das Unscheinbare groß, die Übersehen ansehnlich und die Vergessenen beachtet werden. Wer ängstlich auf Austrittsdrohungen reagiert oder eher fragt, was die Mitglieder bei der Stange hält, aber nicht fragt, was bei Christus standhält, verliert seine Sache. Die Hauptsache für die Kirche muss sein, dass Christus sich uns nicht entzieht. Und wir aufmerksam seine Stimme hören. Hier. Jetzt. Wir.

HANS-DIETER SCHÜTT: *Wenn man Kirche durch Parteien und Christus durch Programmatik oder politische Werte ersetzt, stimmt Ihr Gedanke auch. Brechts »Heilige Johanna der Schlachthöfe«: »Sorgt doch, dass ihr die Welt verlassend, / Nicht nur gut wart, sondern verlasst / Eine gute Welt.«*

FRIEDRICH SCHORLEMMER: Die Kirchen, die Gewerkschaften, die Parteien müssten sich eigentlich heftig darüber aufregen, dass kaum jemand mehr sich an geistigen Fragen wirklich entzündet. Es passiert einfach nicht. Lähmung. Höchstens noch Feuilleton-Geschäftigkeit, und das vorwiegend auf Nebenschauplätzen. Wir leben in einer gnadenlos uninteressierten Gesellschaft von erkalteten Zöglingen des Wohlstandes. Deshalb braucht eine Gesellschaft Vor-Sprecher – Leute, an denen man sich als Individuum binden kann. Sozusagen: Was der sagt, das ist wirklich! Und: Ich, der ich in Weißenfels oder sonst wo wohne, warte geradezu darauf, dass er das und das mal sagt, denn ich denke mir zwar auch etwas, aber auf mich hört niemand; was ich denke, wird gar nicht laut. Gerade in der Mediengesellschaft braucht man solche Verstärker. Wo gibt es sie noch, große Geister, groß durch Lebensgeschichte und Durchdringungsfähigkeit? Das Defizit wächst. In diesem Sinne tut mir die nächste Generation herzlich leid.

HANS-DIETER SCHÜTT: *Gibt es gottlose Zeiten?*

FRIEDRICH SCHORLEMMER: Nein, aber es gibt gottferne Zeiten. Gott ist ein Gott, der nicht nur nah ist, sondern auch fern sein kann. Es gibt Phasen des Entzuges, der größeren Distanz. Wir sind gegenwärtig in so einer Entzugszeit – die gleichzeitig eine Zeit der Verirrung ist. Die Linie des Weltenlaufs wird von US-Amerikanern bestimmt, die sich selber als sehr christlich empfinden, sich aber in einem christlich nicht zu verantwortbaren Maße an dieser Welt vergehen. Ein gefährlich frommer Präsident offenbart, dass die Spätbekehrung vom Alkohol, hin zum Glauben, unter Umständen nur eine andere Art von Krankheit bleiben kann.

HANS-DIETER SCHÜTT: *Was empfinden Sie beim Glockenläuten?*

FRIEDRICH SCHORLEMMER: Inzwischen ist es leider Tatsache, dass ich zu wenig auf Glocken höre. Denn ich weiß, dass die meisten Glocken, die heute läuten, nicht von einem Menschen in Schwingung versetzt werden, sondern durch Tastendruck. Die Welt ist auch im Glockenturm mechanisch geworden. Das versetzt mir einen Schlag. Denn ich bin großgeworden als Läutejunge, ich war das kleine Kind bei den alten Männern, die die Glocken läuteten. Ich fühle noch den Läutestrick in meinen Händen, den man nach oben rutschen lässt, um ihm dann im entscheidenden Moment kräftig nach unten zu ziehen. Der Klang und der Mensch, das gehört für mich zusammen. Die moderne Technik hat den Klang vom Menschen entfremdet. Deshalb bin ich jedes Mal wie verwirrt, glücklich verwirrt, wenn ich in einer Kirche noch den Strick sehe. Ich kann dann nicht anders, ich muss läuten. Neulich war ich in Beuster, in einer der ältesten romanischen Kirchen, die wir hier in der sächsisch-anhaltinischen Region haben, und da war Mittagsläuten, und ich sagte: Lassen Sie mich bitte, ich möchte läuten – und ich durfte. Ich war wie außer mir. Wunderbar, so einen Klang in die Welt zu setzen. Schon oft habe ich darüber nachgedacht, warum mir das Glockenläuten so in die Seele geht, warum es mich so selig macht. Vielleicht ist es damit zu vergleichen, dass die Stolle, die meine Schwester knetet und die sie mir zu Weihnachten schenkt, viel besser schmeckt als alle berühmten und originalen Dresdner Stollen. Sie sehen: reine Gefühlssache, die sich aller Logik entzieht.

HANS-DIETER SCHÜTT: *Was bedeutet das Glockenläuten?*

FRIEDRICH SCHORLEMMER: Es kann sehr Verschiedenes bedeuten. Die Glocke am Sonntagmorgen ruft zum Gottesdienst. Sie ruft, zwanzig Minuten vorher und dann noch einmal fünf vor zehn: Komm, mach dich fertig, hör auf mit Frühstücken. Das war früher alles überschaubar, die Gemeinden waren genau so groß, wie der Glockenruf zu hören war. Sonntagmorgen ist immer noch die schönste Zeit, die es in Deutschland gibt, man darf diesen Sonntagmorgen eigentlich um keine Stunde verschlafen, diese Ruhe, diese Gelöstheit des Tages, leider in Gefahr geraten durch aufgehobene Ladenschlusszeiten. Aber zurück zu den Glocken. Dann ist da nämlich noch das Abendläuten, ich empfinde es auch für mich – man könnte sagen: einen Routinier des Rituals – noch immer als Bitte zum Innehalten: Lehn dich zurück, greif zu einem Buch, gib Acht, dass der Tag in dienlicher Ruhe endet. Und der dritte Aspekt des Läutens: wenn Anlass zu großer Freude ist. Wenn Menschen einander das Ja-Wort geben, wenn ein Mensch getauft wird, oder während des Gottesdienstes, wenn das Vaterunser gebetet wird –

damit all diejenigen, die zu Hause blieben, jetzt mit der Gemeinde beten können. Ich empfinde das als ein berührendes Symbol: dass am Sonntag um zehn vor elf die Glocke kurz läutet, nur während der Zeit des Vaterunser – der hilfreich auffordernde Ruf an den, der vielleicht aus Beschwerlichkeitsgründen nicht mehr zur Kirche gehen kann. Diesen Brauch gibt es an vielen Orten noch, wahrscheinlich ist auch er bald ein endgültiges Opfer technischer Eindampfungen. Dieser Moment ist eine ganz wichtige Prüfung für den Küster, er muss aufpassen: Aha, jetzt ist die Fürbitte zu Ende, jetzt kommt das Vaterunser, jetzt muss ich die Glocke läuten. Freilich läuten die Glocken nicht nur aus freudigen Anlässen, dieser Klang begleitet Verstorbene gleichsam »nach oben«. Als mein Vater beerdigt wurde, 1995, da hat die große Glocke geläutet. Er selbst hatte sie vierzig Jahre vorher bestellt, in Apolda, wo die Glocken gegossen wurden. Mit großer Mühe organisierte er eine Sammlung, für vier Glocken. Als er sie bestellte, hatte er das Geld noch gar nicht beisammen, nur das Versprechen der Leute hatte er, Monat für Monat etwas zu spenden. Als die große Glocke dann anlässlich des Todes von meinem Vater geläutet wurde, war das etwas sehr Bewegendes. Das Schönste, wenn ich an Glocken denke, ist die Gloriosa in Erfurt, ich habe sie als Vierzehnjähriger gehört. Unvergesslich. Und dann natürlich die Glocken, die das neue Jahr einläuten. Silvester ist für mich zwar längst entwertet durch diese blödsinnige Böllerei, aber wenn ich den Jahreswechsel bei meiner Schwester verbringe, darf ich dort um Mitternacht in »ihrer« Kirche läuten. In Herzberg. Sie ist Krankenschwester gewesen, hat dann Theologie studiert, sie ist hier in der Mark Pastorin. Zu Silvester das neue Jahr einläuten! Dieses Auf und Ab des Seils, und dann der Klang genau um Zwölf – dass der dann auf die Sekunde genau kommt, dass man das exakt hinkriegt, es ist ein Abenteuer. Ein Beglückung aus Kraft und Klang. Hinterher kann man wirklich nur noch Sekt trinken. Du läutest eine ewig schöne, schön ewige Viertelstunde lang. Dieses Nachtläuten zu Silvester gehört zu den glücklichsten Momenten meines Lebens, auch, weil meine Geschwister oben auf dem Kirchturm Trompete bliesen, in die Nacht hinein, wenige Minuten, bevor die Knallerei alle anderen Geräusche und Töne gierig verschluckt.

HANS-DIETER SCHÜTT: *Es gibt kein Motiv, das so oft gemalt wurde wie der Gekreuzigte. Ist das nicht eine fragwürdige Ästhetisierung von Gewalt?*

FRIEDRICH SCHORLEMMER: In einer bestimmten theologischen Tradition meint das: Seht, das ist der Mensch, und zwar der Mensch, der vom Menschen geschändet wurde – und der das Leid der Welt auf sich nimmt.

HANS-DIETER SCHÜTT: *Trotzdem darf man fragen, ob man Kinder zum Beten in einen Raum führen muss, in dem ein Gekreuzigter hängt.*

FRIEDRICH SCHORLEMMER: Weshalb oft nur das blanke Kreuz – also ohne Corpus – an der Wand angebracht ist. Der Apostel Paulus sagt, wir sollten die Wahrheit nicht kaschieren. Wenn ich gefragt würde, willst du lieber einen triumphierenden Auferstehenden vor dir sehen oder den Angenagelten, dann würde ich mich für den gekreuzigten entscheiden. Weil er mich auf diese Erde zurückweist. Der Triumphierende nimmt mich weg von dieser Welt. Das ist freilich auch eine Art zu glauben. Der Gekreuzigte stößt mich zurück auf die Welt, in der ich lebe – als Täter und Opfer, als Mittäter und als Schweiger, als Gleichgültiger und als folgenlos Betroffener oder als Samariter. Die Passionsgeschichte ist von abgründiger Tiefe, die nicht vernachlässigt werden sollte. Der Gekreuzigte ist auferstanden, aber er ist auferstanden als der Gekreuzigte. Das sind die beiden Dinge, um die wir in der Theologie Jahrzehnte lang gerungen haben: Der Gekreuzigte ist auch der Auferstandene, aber der Auferstandene ist auch der Gekreuzigte. Das eine bewahrt davor, beim Gekreuzigten stehen zu bleiben, und das andere bewahrt davor, dass sich der Glaube ins Himmlische verflüchtigt.

HANS-DIETER SCHÜTT: *Wenn Religion befreien soll von der Last der Mündigkeit, von der Pflicht zur Verantwortlichkeit, dann ist sie fehlgeleiteter Glaube?*

FRIEDRICH SCHORLEMMER: Christlich gesehen, ist Religiosität erst dann richtig, wenn sie gemeinschaftsbezogen bleibt, wenn sie am elementaren Lebensrecht aller orientiert bleibt. Zum zweiten muss Religiosität wissen, dass wir nicht, mit Hilfe eines Gottes, die Herrscher dieser Welt sind, sondern Nutznießer von Gegebenem – mit Begabungen, dieses Gegebene auch umzuformen. Uns sozusagen aus dem Kreatürlichen zu erheben – ohne uns einzubilden, es verlassen zu können. Es gibt eine Religiosität, die kostet den Einzelnen nichts an Verbindlichkeit, und die ist von Übel. Fulbert Steffensky hat das schöne Wort von der »Schwarzbrotspiritualität« geprägt. Es verweist darauf, dass wir nicht entrücken dürfen, sondern mit dem Sozialen, in dem wir leben, verbunden bleiben müssen. Es gibt kein eigenes Glück ohne das Glück des anderen. Andererseits gibt es, natürlich, das Bedürfnis, herauszutreten aus der Banalität, den Zauber zu erleben, etwa eines Gedichts von Eichendorff. »Schläft ein Lied in allen Dingen«! In allen Dingen lebt ein Traum. Die Dinge träumen. Fort und fort – und die Welt fängt an zu singen. Du musst nur für dich das Zauberwort finden, mit dem du hineingelangst in den höchst lebendigen Schlaf der Dinge. An den Schlaf der Welt rühren, indem wir ihrem Lied zuhören. Meine theologische Grundlage besteht darin, dass Zuspruch vor Anspruch geht. Etwas annehmen können, das geht vor dem Abgebenmüssen. Wir sind Geschöpfe eines Gnadenaktes. Also, du bist wer, und so, wie du bist, bist du Geliebter – und nun, aus diesem Selbstbewusstsein heraus, aus dieser einzigen Ungefährdetheit heraus, gib weiter, was du erfahren hast. Geliebtwerden und Gewürdigtsein ist nicht abhängig von Vorleistung. Du kannst deine guten Taten nicht aufs Konto legen und göttliche Zinsen erwarten. Du selber kannst gar kein Konto anlegen, es ist für dich angelegt. Und dieses Konto bist du. Es ist kein Zahlenkonto. Insofern nicht von dieser Welt, aber der Traum von der freundlichen Welt. Schrecklich ist es, wenn Menschen alles immer nur verändern wollen, ehe sie sich selber angenommen haben. Auch Selbstveränderung geht nur mit redlicher Annahme dessen, was ist. Das meint die Welt, in der ich lebe, und das meint auch meine unmaßgebliche Existenz – die dadurch, dass ich einen Namen bekam, maßgeblich geworden ist. Ein Name bedeutet Anrufbarkeit, Unverwechselbarkeit, Persönlichkeit. Persönlichkeit ist nicht der Fingerabdruck. Obwohl auch im Fingerabdruck deutlich wird: Mich gibt es nicht noch mal, jedenfalls so lange nicht, bis wir klonen. Wenn jeder Mensch sich sagen könnte, ich bin nicht toll, aber mich gibt es nicht noch mal, und wenn ein anderer einem noch sagt, du bist wirklich einmalig, das ist schon der Beginn eines möglichen Weltfriedens. Dass man einander gewähren lässt in dem, was man ist.

HANS-DIETER SCHÜTT: *Sich als Gewürdigter empfinden – das fällt einem Schwachen schwer, der dauernd mit einer sozialen Realität konfrontiert wird, die ihn herabstuft, fallen lässt, kränkt.*

FRIEDRICH SCHORLEMMER: Es ist einfach unwürdig, wie Arme leben müssen. Ja! Aber die Schwachen sollen sich auch nicht auf die Logik der Starken einlassen. In einer Welt der Unterschiede besteht die ständige Gefahr, dass sich der Mensch auf die Logik des »Höher« und »Niedriger« einlässt. Unterschiede führen zu Vergleichen und so bei vielen Menschen zu einem defizitären Selbstbewusstsein. Die einen demonstrieren ihre Kraft, die sie von den anderen abhebt, und die weniger Kräftigen lassen sich faszinieren von dem, was die anderen da demonstrieren. Leider funktioniert Gesellschaft so. Dass es in der realen sozialen Welt, theologisch gesprochen: in der noch nicht erlösten Welt, Unterschiede gibt, die vor Gott nicht gelten, aber leider vor Menschen – das ist das Elend.

HANS-DIETER SCHÜTT: *Sind wir so, oder sind die Verhältnisse so?*

FRIEDRICH SCHORLEMMER: Beides. Wir schaffen die Verhältnisse, bis sie uns entsprechen. Wieder könnte man – den gegenwärtigen Stand betrachtend – sagen: leider. Wir sind stark noch von Instinkten besetzt, die etwas mit der Horde zu tun haben. Und da gibt es Alphas und Betas und Gammas und Omegas – und zu viele Omegas, die sich für Verlierer halten. Die Kirche wäre der Ort, an dem diese Dinge keine Rolle mehr spielen dürften. Deswegen ist es unmöglich, wenn bei Festgottesdiensten die ersten zehn oder fünfzehn Reihen für Ehrengäste reserviert sind. Der Ministerpräsident oder der Minister oder der Rektor, die haben in der ersten Reihe nichts zu suchen, wenn sie denn nicht zufällig als erste kommen und sich vorn hinsetzen, weil da zufällig noch Platz frei ist. Es dürfte nicht mehr vom Stand her gedacht werden, sondern nur von der Person her. Ein kleines Protokollbeispiel nur, aber es erzählt unsere Welt. Aber wenn die hohen Herren einziehen, gafft das Volk gar zu gern und kriegt einen Gänsehals. Das gehört leider auch zur Wahrheit. Das heißt: Man darf nicht nur über die eitlen Ganter sprechen, sondern muss auch über die Beifall schnatternden Gänse reden. Jedenfalls beim Gottesdienst muss es anders sein als bei staatlichen Festakten.

HANS-DIETER SCHÜTT: *Vor Jahren haben Sie geschrieben: »Wer sich als Pfarrer unter arbeitslose Demonstranten und Betriebsräte mischt, spürt, wie viel schwerer es ist, dort Rede und Antwort zu stehen. Man verstummt und wird hilflos, wenn diese existentiell besorgten Mitbürger einen hin-*

terfragen, der selber einen sicheren Job hat. Aber diese Menschen müssen jemand haben, dem sie sagen können, wie es ihnen geht. Sie kommen nicht in die Kirche. Aber wenn sie den Pfarrer unter dem gemeinen Volk wissen und sehen, sagen sie ihm auch, was sie auf dem Herzen haben.«

FRIEDRICH SCHORLEMMER: Das werfe ich einigen meiner Kollegen vor – dass sie nur vor dem PC sitzen und nicht unter die Leute gehen. Es ist das Grab der Kirche, wenn sie nicht bei den Menschen ist. Was ich da so ruhig beschrieben habe, ist meine schreiende Not: Wir entfernen uns vom Leid. Wir locken die Leute zu den wichtigen Fragen, über die wir reden müssen. Anschließend Empfang. Da könnte ich brüllen vor Wut.

HANS-DIETER SCHÜTT: *Es ist schwerer denn je, unterm gemeinen Volk zu sein. Auch für Sie?*

FRIEDRICH SCHORLEMMER: Klar, das hat zwei ganz einfache Gründe. Erstens, ich teile ihr Schicksal nicht; zweitens, ich kriege die Reisekosten bezahlt.

HANS-DIETER SCHÜTT: *Sie gehören zu den Gewinnern der Zeit.*

FRIEDRICH SCHORLEMMER: Ja. Ich besitze zwar kein Haus – oder andere Güter, aber ich bekomme mein Gehalt, bis ich in den Ruhestand gehe. Das verpflichtet im Besonderen, mich für die einzusetzen, die Verlierer sind. Leider wollen die Verlierer immer gern, dass auch ihre Anwälte ganz zu ihnen gehören. Es ist schwer, ihnen klarzumachen: Gehörte man ganz zu ihnen, hätte man keine Chance mehr, sich für sie einzusetzen. Das ist ein Dilemma. Das zweite Dilemma ist gravierender. Diejenigen, die Opfer sozialer und politischer Verwerfungen sind, bleiben in der Regel unfähig, die Zusammenhänge ihres Schicksals zu begreifen. Schicksal ist in erster Linie Zusammenhang – an dem die Leidtragenden durch eigene Denkschwäche aktiv beteiligt sind. Der polnische Aphoristiker Stanislaw Lec schrieb: »Man muss sich mit ganz großen Problemen beschäftigen, solange sie noch ganz klein sind.« Das heißt: Man muss sich mit Problemen beschäftigen, die mich noch nicht betreffen, aber mich jeden Tag betreffen können; deshalb setze ich mich für jene ein, die schon betroffen sind; und diejenigen, die bereits betroffen sind, dürfen ihre Lage nicht als Rechtfertigung nutzen, um nun überhaupt nicht mehr nachzudenken über Systemfragen. Das aber geschieht häufig. Es gibt einen mentalen Schaden von sozialen Opfern, für den sie leider auch selbst verantwortlich zu machen sind. Etwas böser gesagt: Man kann dem Volk nicht nur aufs Maul schauen, man muss hin und wieder auch mal draufhauen. Draufhauen heißt: Klartext reden – gegen eine bierselige Verlierermentalität, deren Jammerton genau das System, genau die Strukturen stabilisiert, die allem Unglück zugrunde liegen. Wenn mein Pfarrersfreund in Leipzig zur Demonstration der Arbeitslosen einlädt, und die kommen nicht, dann kann das nicht nur daran liegen, dass sie die Straßenbahn nicht bezahlen können. Dann hätten sie zu Fuß laufen müssen, wenn es ihnen wichtig ist. Es zählt nur, dass sie da sind!

HANS-DIETER SCHÜTT: *Gelingt es Ihnen, allein zu leben?*

FRIEDRICH SCHORLEMMER: Ich lebe allein, aber ich bin nicht allein. Ich habe es nicht für denkbar gehalten, dass ich das könnte. Hin und wieder, wenn ich für längere Zeit mit anderen Menschen zusammen bin, entwickle ich eine Gefühl dafür, dass es ein unglaubliches Geschenk sein kann, allein zu leben. Bin ich dann wieder allein, steigt in mir die Ahnung auf, was es für ein wunderbares Geschenk ist, mit jemanden gemeinsam Abendbrot zu essen oder jemandem regelmäßig »Guten Morgen!« sagen zu können.

HANS-DIETER SCHÜTT: *Fällt es schwer, durchzuhalten?*

FRIEDRICH SCHORLEMMER: Ja, aber ich habe eine Reihe naher Freunde und so genannte virtuelle Freundschaften – das sind Menschen, denen ich nicht oft begegne, aber ich weiß, sie denken ähnlich, und für sie spreche ich mit, wenn ich schreibe oder rede. Ich bekomme ziemlich viele Rückmeldungen von Menschen, die keine Chance haben, sich öffentlich zu äußern, die sich aber durch mich ausgedrückt finden. Das reicht mir.

HANS-DIETER SCHÜTT: *Reicht es wirklich?*

FRIEDRICH SCHORLEMMER: Das bleibt privat, also abgetrennt von Öffentlichkeit: Konflikte, Verschuldungen, Risse auch, Beziehungsschnitte aus Jahrzehnten.

HANS-DIETER SCHÜTT: *Das ist eine Antwort.*

FRIEDRICH SCHORLEMMER: Manchmal, wenn es richtig arg wird, und es rührt sich eine Weile niemand, ja, das macht einsam. Wenn sich niemand mehr vorstellen kann, dass es dem, der anderen Mut zu machen sucht, auch mal dreckig geht. Man ist von viel Hecheln und Zischeln umgeben, aber von wenig Solidarität. Ich habe ein paar wenige Freunde, die mir nahe sind, und diese Freundschaften hängen nicht ab von der Häufigkeit, in der man miteinander spricht.

HANS-DIETER SCHÜTT: *Reisen Sie gern?*

FRIEDRICH SCHORLEMMER: Ich bin weniger ein Reisender, ich bin eher ein Wiederkehrender. So, wie ich gern zurückkomme auf die ewig gleichen Dinge des Lebens. Mein Bedürfnis, mehr zu sehen, ist nicht sehr ausgeprägt. Ich will wiedersehen, will Wiederbegegnung. Ich will noch mal in den Magdeburger Dom gehen, noch mal, und unaufhörlich, diese oder jene Musik hören. Meine Neugier hat nicht etwa nachgelassen, aber ich möchte mir meine mir wichtigen Eindrücke nicht fortwährend von irgendwas Neuem überblenden lassen. Ich muss nicht mehr alles kennenlernen wollen. Nach Amerika muss ich eigentlich auch nicht noch mal – muss aber doch trotzdem hin: Meine Tochter zieht nach Los Angeles, weil ihr Mann dort eine Professur bekam. Ich fahre nur ihretwillen, aber deshalb auch gern.

HANS-DIETER SCHÜTT: *In einem Reisegedicht von Hans Magnus Enzensberger heißt es: »Es war kalt in Bogotà. / Alle Restaurants hatten Ruhetag / in Mindelheim an der Mindel. / Auf Fidji strömender Regen. / Helsinki war ausgebucht. / In Turin streikte die Müllabfuhr. / Überall Straßensperren / in Bujambara. Die Stille / über den Dächern von Péc / war der Panik nahe. / Noch am ehesten auszuhalten/ war es unter dem Birnbaum/ zuhause.«*

FRIEDRICH SCHORLEMMER: Ich möchte mich gern wieder hinreißen lassen zu einem schönen Fontane-Gedicht, zu einem Essay von Thomas Mann, zu den großen Streichquartetten von Beethoven. ich muss nicht wegfahren. Hier, ich kann Ihnen da mit einem Gedicht von Gottfried Benn antworten: »Ach, vergeblich das Fahren!/ Spät erst erfahren Sie sich; bleiben und stille bewahren/ das sich umgrenzende Ich.«

HANS-DIETER SCHÜTT: *Aber gibt es den Wunsch, eine nächste Lebensstrecke vielleicht mit neuem Ziel abzustecken?*

FRIEDRICH SCHORLEMMER: Unbedingt. Ich möchte gern aufnehmender werden, möchte nicht mehr unter dem Druck sein, dauernd abgeben zu müssen. Es wird abzuwarten sein, ob mir das gelingt – nach einem Leben fortwährender Aktion.

HANS-DIETER SCHÜTT: *Fortwährender Öffentlichkeit.*

FRIEDRICH SCHORLEMMER: Eigentlich habe ich ja gar nicht Öffentlichkeit als Beruf. Ich bin Vertreter einer Kleingruppe. Es geht im Gottesdienst schließlich nicht darum, dass ich selber eine große Rolle spiele, sondern ob ich vermittelnd genug sein kann, zwischen Text und zuhörendem Mensch. Manchmal erwächst Anerkennungssucht aus Unsicherheit. Das passiert, wenn ein Mensch sich mit einer Arbeit anderen Menschen aussetzt, es entsteht eine Leerstelle in einem, man hat sich ver-aus-gabt und sehnt sich nach Rückkopplung.

HANS-DIETER SCHÜTT: *Sie stehen in der Gefahr, als jemand zu gelten, dem man nicht helfen muss.*

FRIEDRICH SCHORLEMMER: Wenn man stark wirkt auf andere, denken die, der braucht weder Hilfe, noch Trost, noch Ruhe. Es gibt Leute, die halten mich für mutig, oder die denken, Texte fließen mir nur so aus der Feder. Die ahnen nichts von meinen Aufwänden, von meiner Verzweiflung, von der Mühe, mich zu überwinden. Vielleicht besteht mein einziger Mut darin, mich zu blamieren. Ich gebe mit meinen Fragen, die Text werden, doch nur zu, dass ich unsicher bin, dass ich nichts weiß, dass ich suche. Ich hatte in diesem Punkt immer mehr Mut als Vaterlandsliebe. Ich habe gelernt, meine Angst ein bisschen zu beschwatzen.

HANS-DIETER SCHÜTT: *Wie schon gesagt: Manche halten Sie für eitel.*

FRIEDRICH SCHORLEMMER: Wenn ich mich gelegentlich im Fernsehen erblicke, dann denke ich auch: Was ist das für ein komischer Kerl? Möchte ich mit dem was zu tun haben? Ich musste mich damit abfinden, dass ich eitel wirke. Dahinter steckt ebenfalls Unsicherheit. Es tut freilich weh, wenn Leute denken, ich sei sogar krankhaft eitel. Was an dieser Wahrnehmung sicherlich richtig ist: Ich versuche meine Arbeit so gut wie möglich zu tun. Ich gestehe da eine gewisse Besessenheit. Ich nehme mir einfach die Freiheit, mehr zu tun, als mir zusteht, und ich lasse mich dabei nicht irritieren. Denn mir muss niemand sagen, was ich wirklich kann und leiste. Wenn ich einen Essay von Stefan Zweig lese, dann sagt die eine Stimme in mir: Schreib bloß keine Zeile mehr! Die andere Stimme wirft leise ein: Friedrich, auch du lebst, du bist zwar nicht Stefan Zweig, aber schreib weiter! Ich bekenne mich zur Anmaßung inmitten meiner Unzulänglichkeit.

HANS-DIETER SCHÜTT: *Der britische Schriftsteller John Berger schrieb: »Vielleicht bin ich ein Vielschreiber, na und? Keine Angst, ich werde noch Milliarden Jahre schweigen. Warum soll ich mir jetzt die Lust nehmen lassen, mich schreibend zu bestätigen? Da ich niemanden zum Lesen zwinge, trifft mich kein Vorwurf.«*

FRIEDRICH SCHORLEMMER: So sei es!

HANS-DIETER SCHÜTT: *Spüren Sie, älter werdend, wie Sie doch von Milde überwältigt werden?*

FRIEDRICH SCHORLEMMER: Unverwandt ergreift mich nach wie vor Zorn über den Zustand der Welt, aber ich habe ein Alter erreicht, in dem Verständnis stärker durchdringt als früher. Ich sage mir, und mitunter ärgere ich mich darüber: Nimm den Menschen nicht übel, dass sie so sind, wie sie sind, dass sie unter ihren Möglichkeiten bleiben, dass sie den Schmerz über blinde Gefolgschaften verdrängen, dass sie so selten mehr wissen wollen, als sie brauchen, um hinterher sagen zu können: Das habe ich nicht gewusst. Man wird weicher mit den Jahren, aber noch weigere ich mich, das auch noch Lebensweisheit zu nennen.

*

Wir brauchen den Aufstand der Güte,
angeführt von der Wut unserer Liebe.

Abbé Pierre,
französischer Armenpriester

TEXTE

**von Friedrich Schorlemmer
1990 bis 2006**

MEIN JESUS HAT VIELE GESICHTER (1990)

Ich nehme ihn so, wie über ihn berichtet wird: vielgestaltig, ja widersprüchlich, liebevoll und hart, ganz hier und ganz dort lebend, ganz klar und ganz dunkel, ganz weit weg von mir und mir ganz nahe ... Ich nehme ihn so wörtlich wie möglich. Ich nehme seine Worte beim Wort. Ich erprobe ihre Tragfähigkeit. Dabei versinke ich und tauche wieder auf. Ich bleibe leer, und ich werde ganz erfüllt. Ich finde Jesus wunderbar naiv und bestürzend hellsichtig. Er zeigt mir die Welt. Er kann so gut zeigen, was ich übersehe, nicht sehen kann, nicht sehen will.

Viele Gesichter hat er für mich, schon in der Bibel; dann übermalt und übertüncht von den Jahrhunderten. Viele Schichten auf einem Bild, Interpretationen, auch mit Missverständnissen, mit gewollten, damit er sich besser einfügen lasse. Ihn verstehen hieße ja, die Welt nicht so lassen zu können, wie sie ist. In den Missverständnissen schon seiner ersten Anhänger entdecke ich meine eigenen Missverständnisse. Mein Nicht-verstehen-Wollen führt zu einem Nicht-verstehen-Können.

Viele Bilder haben wir uns gemacht: Spiegelbilder, Spiegelgesichter. Aber hinter den vielen Gesichtern wird für mich immer wieder das Antlitz dessen sichtbar, den er »Vater« nannte. Ich habe es nun aufgegeben, alle Schichten zu unterscheiden, alle Bilder nebeneinander zu ordnen, alle Stile zu bewerten. Theologie als Sezierwissenschaft hat mich immer mehr verwirrt, je mehr sie freigelegt und geordnet hat. Ich versuche, das Verschiedene zusammenzusehen. Ich prüfe, ob aus dem Vielen nicht doch ein Ganzes wird. Immer wider hebt sich mir anderes hervor. So begleitet Jesus meine Lebensgeschichte. Natürlich ist er mir bisweilen auch ganz gleichgültig. Aber er ist mir unentbehrlich geworden beim Erkennen der »Zeichen der Zeit«, der Zeichen meiner Zeit.

Scheitern können, ohne verzweifeln zu müssen, das ist es, was mich an ihm besticht in meiner Weltzeit, da die Schatten lang geworden sind. Ich akzeptiere, dass andere anderes an ihm hervorheben, auch weil sie die Welt – durch ihn! – anders sehen. In allem sehe ich Annäherungsversuche. Irrwege und Irrtümer sind nicht ausgeschlossen, auch nicht in der Bibel. Die Unterscheidungen und Unterschiede rechtfertigen indes die Spaltungen nicht. Vielbedeutend ist er für mich in dem, was er für mich ist, und in dem, was er mir sagt. Vielbedeutend, aber nicht mehrdeutig, Jesus wird umstritten bleiben. Es wäre geradezu schlimm um uns, wenn es ruhig um ihn würde. Aber streiten um ihn, heißt streiten wie er. Sonst geht es nicht mehr um ihn.

Ob ich ihn vor mir habe, erkenne ich an einer Geste, die für mich seine Grundgeste ist: an der geöffneten Hand, an den ausgebreiteten Armen mit den durchbohrten Händen, inmitten der Faust-Welt. Sein Lehren wird einladend, sein Drohen besänftigend, sein Angreifen sättigend, seine Berührungen heilend, sein Anpacken aufhebend, sein Empfangen schenkend.

»Leben in seiner ganzen Fülle«, das ist er für mich, das stellt er in seiner ganzen Vielfalt dar: Der Lehrer des Matthäus, der Wundertäter des Markus, der Sozialtherapeut des Lukas, der große Liebende des Johannes, der Hohepriester im Hebräerbrief, der Versöhner bei Paulus, das Lamm der Offenbarung ..., der enttäuschende König, der zurechtweisende Freund, der unverstandene Bruder, der sanfte Revolutionär, der fremde Weggefährte, Titel um Titel fände ich für ihn – viele Hoheitstitel für seine Erniedrigung –, für ihn, der keinen Titel braucht, um wer zu sein. Er hat eine Größe, die mich nicht klein macht.

Mein Jesus hängt als Torso an der Wand. Ohne Arme, nur Beinstummel, rechtsseitig wurmzerfressen bis zur Hüfte, klaffende Wunde, den Kopf zur Seite geneigt, halboffener Mund, abgebrochene Nase, geschlossene Augen – so hängt er an der Wand des Raumes, in dem wir Gottesdienst feiern. Ich sehe ihn jeden Tag, ich gehe jeden Tag an ihm vorüber, ich habe mich noch immer nicht an ihn gewöhnt. Ich hoffe, dass ich mich nie an ihn gewöhne. Sein Körper ragt als Schrei in die Welt.

Ecce-Homo! Sehet *den* Menschen, wie er zugerichtet wurde in den Jahrhunderten danach. Die Spuren unserer Achtlosigkeit, unserer Lieblosigkeit, unserer Zerstörungswut. »... nach Christus«, so zählen wir, als ob er die vollzogene Wende der Zeit sei. Und da hängt er als der vermoderte, aufgerissene, abgerissene, abgehackte Holzkörper. Ich muss anders zählen, wenn ich ihn ansehe: 40. n. A, 40 nach Auschwitz, 40 n. H., 40 nach Hiroshima.

40 Jahre danach, der geschundene, verbrannte, verstümmelte Menschensohn. Es ist abschreckend, wie er zugerichtet ist. Die Folgen unserer Abschreckung sehe ich an ihm voraus. Das unbefleckte Lamm – ein verstümmelter Leichnam. So hängt er an der Wand, vorweggenommne Apokalypse.

Ich sehe den Unansehnlichen an. Dieses Stück Holz spricht mich an. Das geht nicht, das ist unerträglich, das ist eine Zumutung, sagen viele, und ich kann sie verstehen. In der Tat: eine Zumutung, ein Skandal, keine gute Lösung für unsere Wand, keine gute Lösung. Ein Eichenkreuz, neu und unversehrt und glatt, trägt den Torso. Es macht ihn erträglicher, jedenfalls optisch.

Ich sehe an im etwas, das mich ganz tief berührt: Der geneigte Kopf ist zugeneigt. Jesus ist für mich Zuneigung, letzte Zuneigung, Zuneigung noch im Letzten. Der Erbarmungswürdige erbarmt sich.

Mein Jesus schreibt in den Sand. Die Geschichte, die mich am meisten bewegt, ist »unecht«. Sie hat ein Sternchen in meiner Bibel. Sie steht in eckigen Klammern. Sie ist von anderer Hand. Schon sehr früh wurde sie verschieden eingeordnet. Nirgends passt sie richtig hin. Sie passt nicht in unsere Ordnungen. So kann diese Geschichte nur unecht sein, historisch wie ideologisch. Eine Frau, eine Ehebrecherin wird ihm angeschleppt. Sie hat sowieso keine Chance mehr, und er soll auch keine haben. Wo kämen wir hin mit einer Liebe ohne Ordnung! Jesus, zum Richter bestellt, zum Vollstrecker geschriebener Gesetze, schweigt, bückt sich, schreibt in den Sand. Er gibt Bedenkzeit. Sie aber denken, er brauche Bedenkzeit. Sie fragen ihn nochmals nach seinem Urteil. Sie bedrängen ihn. Wird er gegen die Autorität des Gesetzes antreten? Kraft welcher Autorität? Der Fall liegt klar. Es gilt, nur zu bestätigen, was ohnehin geschehen wird: Steinigung.

Da richtet er sich auf, richtet seinen Blick nicht auf die Beschuldigte, sondern auf die Beschuldiger: Es soll Recht sprechen, wer selbst gerecht ist. Es soll Schuld sühnen, wer selber ohne Schuld ist. Und dann bückt er sich wieder, schreibt in den Sand. Er prüft nicht, er überprüft nicht, er richtet nicht. Jeder soll sich selber prüfen, ohne überprüft zu werden.

Jeder soll in sich gehen können, ohne Angst vor Entblößung haben zu müssen. Und alle gehen sie in sich und gehen, beschämt und erleichtert. Sie brauchen kein Urteil mehr zu fälschen; es fällt kein Stein, auch nicht auf sie selbst.

Dieser Jesus beschämt mich.
Dieser Jesus erleichtert mich.
Er macht mich frei davon, andere zu verurteilen.
Selten genug.
Er lässt mich meine Schatten annehmen.
Selten genug.
Mein Jesus malt in den Sand und haut nicht in Stein.
Immer wieder verweht, verwischt, vergessen in mir, was er mir sagen will.
In den Sand geschrieben, in den Wind geredet. Durchzugsgewissen.
Mein Jesus – unbeachtet noch immer.

»Diese fleißige Pflegerin mit ihrem klugen Gesicht«, die unter die Betten kriecht, um den Boden aufzuwischen, die die Spucknäpfe ausleert und blitzend sauberputzt, die nicht schimpft, die alles, was einer Schwester zu schwer, unhandlich oder unsauber ist, herbei- und wieder fortträgt«: Jelisaweta Anatoljewa, eine verbannte Frau auf der »Krebsstation«.

»Und je selbstverständlicher sie ihre Arbeit erledigte, desto weniger wurde sie auf der Station beachtet. Schon zweitausend Jahre lang Augen haben bedeutet noch nicht, sehen zu können. Aber ein schweres Leben schärft das Auge.« So steht es bei Alexander Solshenizyn.

Je selbstverständlicher, desto weniger beachtet: So begreife ich Jesus, so sehe und übersehe ich sein Bild im Bild von Menschen, die sich bücken, in Menschen, die ein erkennendes, ein liebendes Auge haben.

WIR MÜSSEN EINANDER ACHTEN, UND WIR MÜSSEN AUFEINANDER ACHTEN
Reflexionen nach dem Amoklauf im Erfurter Gutenberg-Gymnasium, Mai 2002

Was in Erfurt geschehen ist, ist mitten unter uns – gänzlich unvorhergesehen – passiert, mitten unter uns kann es auch jeden Tag wieder geschehen – an jedem Ort.

Ein junger Mann versagt, fällt durch, fällt raus. Sieht keine Perspektive. Sieht Schuldige. Versteigt sich in Wahnvorstellungen, Rachegefühle und Mordfantasien. Lebt plötzlich in einer eigenen Welt. Unerreichbar für die anderen. Unbeachtet. Unbeobachtet. Tief gekränkt in seinem Selbstwertgefühl. Gedemütigt und ohne Aussicht für sich – in einer Welt, in der nur der gilt, der Erfolg hat, in der nur das gilt, was Geld bringt, in der nur der gilt, der sich durchzusetzen weiß, wo jeder danach strebt, zuerst sich zu verwirklichen, ohne zu fragen, wie sehr das auf Kosten anderer geht, ohne darauf zu schauen, wie es anderen geht, vor allem denen, die nicht mithalten können, die durchfallen, die rausfallen, die negativ auffallen müssen, um noch wer zu sein.

Wir alle brauchen Bestätigung, und wir brauchen eine Betätigung, in der wir uns bestätigen. Wir brauchen das Gefühl, dass andere uns beachten und uns achten. Beachtet und bewundert zu werden kann zum Menschenbild einer Gesellschaft werden, in der alles Werbung ist.

Wenn jeder sich nur noch um sich selbst kümmert, wenn jeder nur noch sich selbst und seinen Weg sieht, vereinsamen wir. Wir sehnen uns danach, dass andere uns beachten. Einander zu achten und zu beachten, das hängt zusammen. Wer geachtet wird, wird gestärkt. Wer gestärkt ist und sich selbst achten kann, muss auch andere nicht niedermachen oder verachten. Bei ihm sammelt sich kein Rachepotential. Den anderen fördernd fordern und fordernd fördern, ihn achtend – so wie er ist. Ihn nicht erniedrigen. Seine Schwächen nicht entblößen. Ihn in seinen Stärken bestärken und ihm zur Entfaltung verhelfen. Seine Ängste nicht verstärken – aber ernstnehmen.

Seine – wie meine eigenen! – Anerkennungsbedürfnisse weder missachten noch missbrauchen. Dem anderen nicht zuerst misstrauen, sondern ihm vertrauen. Etwas von ihm erwarten. Und zwar etwas Gutes. Durchaus nicht blauäugig-naiv sein und in jede Falle laufen, sondern aufmerksam, wach, kritisch bleiben. Jeder weiß von sich selbst, welche dunklen Fantasien ihn ergreifen können.

Wo Coolness höchstes Gut wird, wo eine Gesellschaft nur noch signalisiert: »Kümmere dich um dein Problem, lass das Problem des anderen auch beim anderen«, »Kümmere dich nur um dich und um deine Sachen, du hast genug zu tun« – da hört man auf, sich um andere zu kümmern und zu bekümmern. Aber wir Menschen brauchen ein Gleichgewicht, zwischen »ganz für uns sein« (ganz autark sein) und dem genauen Gegenteil »ganz einem anderen zugehören« (ganz verbunden sein). Wir möchten frei sein *und* in einer Gemeinschaft aufgehoben bleiben, einen Ort finden, wo wir verstanden werden und wo wir verstehen: geteiltes Leben, das Glück *und* das Leid.

Sagen können, wie es mir wirklich geht. Nichts vorspielen müssen, sich schwach zeigen dürfen, ohne Stärke zu provozieren. Das ist Heimat. Das ist Zuhause. Das ist Aufgehobensein in Liebe. Woher aber weiß ich, was einem anderen gut tut? Ich weiß, was ich brauche, was mir weh tut und wonach ich mich sehne und was mich glücklich macht. Also kann ich – im Prinzip – wissen, wie es einem anderen gut geht – im Prinzip jedenfalls –, selbst wenn er oder sie ein ganz anderes Naturell hat.

Glück ist nie das Gleiche, aber durch Einfühlung kann ich wissen, was den anderen glücklich macht. Und das ist nicht so weit entfernt von meinen eigenen tiefsten Sehnsüchten. Und wo ich ehrlich bin, weiß ich auch um meine Abgründe, die Einsamkeit und die Verfinsterung. Wo die so bergenden wie umklammernden Institutionen mehr und mehr zerfallen und die Gesellschaft sich so individualisiert, dass man von »Ich-lingen« spricht, ist es umso dringlicher, einander mehr zu achten, indem wir auch mehr aufeinander achten. Aufeinander Acht geben, hinsehen, ohne Aufseher zu sein! Was wissen wir eigentlich vom anderen. Welche Signale nehmen wir wahr. Wo fragen wir nach. Wie fragen wir. Warum fragen wir. Welche Antwort bekommen wir und welche hören wir. Was tun wir, sobald wir Sorge um einen anderen haben (müssen). Drehen wir uns weg, weil wir fühlen, dass es schwierig, belastend werden könnte, Zeit und Kraft kostet – und dass das vielleicht alles vergeblich ist. Freilich: Wo einer allein ist und sein will, ist dies sein Recht. Nichts ist schlimmer als ständige Beobachtung, als beengendes Umhegt- und Umsorgtsein. Das lässt uns keine Freiheit. Das lässt kein Wachstum zu. Wer immerfort Gemeinschaft braucht, instrumentalisiert andere. Alleinsein können ist ein hohes Gut. Das macht erst fähig zur Gemeinschaft, sofern der, der viel allein ist und sein will, sich in seinem Innersten nicht so abschließt, dass er für die anderen unerreichbar wird. Für-sich-sein-wollen, eine Einmischung in das eigene Leben nicht zu dulden – das ist ein Menschenrecht! Das ist nicht einzuschränken, schon gar nicht durch Forderungen nach einer Gemeinschaft, die nicht viel (her-)gibt, aber viel verlangt, ob Ideologie oder Ethnie, ob Anpassung oder Rebellion, ob Gleichschritt oder Nonkonformismusdruck, ob Massenkonsum oder Massenaufmärsche. Die Horde ist zu allem fähig, sowie man ihr befiehlt. Verantwortung für sein Leben hat zuerst jeder Einzelne. Und er ist doch auch anderen verantwortlich oder für andere verantwortlich. Jeder achte auf seinen Weg. Aber keiner lasse den anderen außer Acht. Also ist darauf zu achten, wo einer einsam geworden ist, sich in sich verkrümmt, verstummt, abkapselt, sich verdüstert, nicht mehr zurechtkommt – mit sich nicht, mit der Welt nicht, mit dem Leben nicht. Behutsam und entschieden an die Tür dessen klopfen, der uns zugehört, an die Tür, die er verschlossen hat, weil er meint und fühlt, niemand wolle und könne ihn mehr hören oder gar noch verstehen.

Wer keinen mehr hat, mit dem er sprechen kann und der zu ihm spricht, ihn ernstnimmt, ihn bestätigt oder korrigiert, mit ihm streitet und ihn streichelt, der versteht sich bald selbst nicht mehr, der versteht sich nicht mehr aufs Leben, nicht mehr aufs Zusammenleben. Zum Verstehen brauchen wir die anderen, auch um zu verstehen, in welche Abgründe wir gestürzt, sowie wir ganz ehrlich zu uns sind.

Ein Mensch bleibt ein Mensch. Auch der zum Täter gewordene, der Unbegreifliches und Unfassbares zu verantworten hat, bleibt ein Mensch und braucht unsere Achtung, unser Nachdenken. Auch dem Schuldigen muss unser – bisweilen bestürztes – Nachdenken gelten; nicht um ihn zu entschuldigen, sondern um zu verhindern, dass wir uns entschuldigen, indem wir alles auf den werfen, der gefehlt hat, der sich vergessen hat, der ins Rasen gekommen ist, indem sich eine Untat gedanklich verfinstert zusammenbraute und der eine Untat vollbrachte, nach der für andere das Leben zur Nacht wurde. Wir alle sind gefährdet, wir alle brauchen Achtsamkeit, Achtung, Beachtung. Wo ein anderer fühlt, dass er nicht geachtet, sondern geächtet wird, keinen Weg zurück mehr findet in die Welt der Geachteten, ist er gefährdet und wird zur Gefahr. Die Signale hören! Rechtzeitig!

Wir alle können wissen, was gut ist und was uns gut tut. »Keinen verderben lassen, auch nicht sich selber, jeden mit Glück erfüllen, auch sich. Das ist gut.« (Bert Brecht)

Nicht mehr und nicht weniger ist uns abverlangt – sofern wir als Menschen Mit-Menschen sein wollen.

Wo nur der etwas *ist,* der etwas *hat* und etwas erreicht hat, wird die soziale Minderwertigkeit der anderen bald zur seelischen Minderwertigkeit. Mit allen Konsequenzen. Wenn die Nichtachtung menschlichen Lebens in täglichen Brutalo-Filmen zum Unterhaltungsprinzip wird, erstirbt jedes kreatürliche Mitempfinden und erst recht der Respekt vor dem menschlichen Leben selbst. Wenn dieser »Tabubruch pur« zum nachmittäglichen Dauerspaß wird, muss man sich nicht über die Verwahrlosung der Seelenlandschaften wundern; nur noch wundern, dass nicht noch viel mehr Unheil geschieht.

Nicht Solidarität, Mitgefühl, Unterstützung des anderen sind die dominierenden Werte und Verhaltensweisen, die junge Menschen in ihrer Umwelt erleben, sondern es sind Selbstdurchsetzung, Aufstieg um jeden Preis und Erfolg auf Kosten anderer. Dabei ist für Verlierer wenig Raum. Da bleibt die Frage, wie der Schwächere sein Selbstbewusstsein aufbauen kann – und zwar positiv. Wie er Beachtung finden kann – und zwar konstruktiv. Wer unsicher, verletzt, selbstwertschwach ist, sucht umso süchtiger nach Anerkennung. Je mehr das die anderen merken, desto weniger bekommt er.

Es muss einer Gesellschaft darum gehen, das Selbstwertgefühl der Schwachen zu stärken. Wir alle sind für ein gesellschaftliches und zwischenmenschliches Klima mitverantwortlich, in dem auch Verlierer sich nicht verloren geben und ihre Chance finden, in dem Verlierer ermutigt werden und nicht auf den Makel ihres Misserfolges fixiert bleiben. Das gelingt nur, wenn dies nicht aus der Herablassung der Starken kommt, sondern aus der Grundachtung, auf die jeder Mensch jenseits seiner Leistungen oder Fehlleistungen Anspruch hat. Gefördert als Person, gefordert in der Sache, jeder auf der Stufe seiner Möglichkeiten! Wer andere achtet und beachtet, weiß in seinem Innersten, dass wir alle einander brauchen und dass der, der »oben« ist, morgen schon »unten« sein kann.

Das wünscht sich jeder: dass er angesehen wird, angesehen ist, so dass er aufsehen kann und selber Aussicht hat. Dass er angeredet wird, nicht als ein zufälliges, sondern als dieses einmalige Gegenüber – mit Namen, das kann den Bann des Schweigens und des Verschwiegenen brechen, lähmende Einsamkeit und selbstzerstörerisches Selbstmitleid aufheben, sowie darin echtes Zeit- und Zuwendungsangebot spürbar wird. All das kann misslingen. Es gibt einen Bann, den wir nicht brechen konnten – und erst jetzt wissen, dass er zum Fluch wurde, nachdem er sich erfüllt hat.

Nichtbeachtung und Nichtachtung liegen dicht nebeneinander. Es gibt ein alltägliches Übersehen, auch ein ganz achtloses, das einen anderen kränkt, verletzt, depressiv und aggressiv macht, ohne dass er es gleich spüren lässt. In einer Atmosphäre der Nichtachtung »von oben nach unten« entwickelt sich ein finsteres Gebräu aus Selbstisolierung, Demütigungsfühlen, Wutstau und Intrigenlust. In einer Atmosphäre gegenseitiger Achtung, in der ein prinzipielles Oben und Unten aufgehoben ist, kann sich der erfrischende Atemraum für jeden entwickeln, wo Vertrauen zueinander und Vertrauen auf sich selbst einander bedingen, wo jeder auf seiner (Leistungs-)Stufe glücklich wird und jeder in seiner Position etwas gilt. Als Mensch.

EHE DER HAHN KRÄHT (2002)

Die Bibel ist kein Heldenepos – gebrochene Biographien allenthalben. Wenn wir alle daraus entfernen wollten, die keine gebrochenen Biographien hätten, würden wenige übrigbleiben. Die Gefallenen werden aufgehoben, die Verirrten gesucht, und die sich verrannt haben, kehren um.

Und wir? Sehen wir uns im Spiegel anderer! Versetzen wir uns in sie hinein und fragen nach uns selbst: Wer bin ich? Wer war ich? Und wovon blieb ich verschont? Wozu stehe ich? Was stehe ich durch? Wie gehe ich mit dem um, was ich nicht bestanden habe?

Lukas berichtet: Nachdem das letzte Abendmahl gefeiert wurde – ein Abschiedsmahl, in dem zugleich eine große Hoffnung und Bestärkung liegt –, stellen sich alle Jünger die Frage, wer von ihnen der Verräter sei. Da fragt noch jeder: Bin ich's? Und ist sich nicht so gewiss, dass er's nicht ist – oder nicht sein könnte. Und einer ist es dann. Und auf den hat sich später alle Schande geworfen: Judas. Der war's. Keiner sonst könnte es sein? Hatten sie nicht vorher noch gefragt: Bin ich's, Herr?

Bin ich's? Gleich nach dem Mahl erhebt sich ein Streit der Jünger, der Nachfolgestreit gewissermaßen. Wer ist der Größte unter ihnen? Wer ist der Größte in der neuen göttlichen Welt? Und dann wendet sich Jesus direkt an Simon Petrus, den Primus unter den Jüngern, den, der sich in seiner Treue und Glaubensstärke von keinem übertreffen lassen möchte. (Später dann auch nicht in seinem Rechthaben.)

Da heißt es: »Jesus spricht: Simon, Simon, siehe, der Satan hat begehrt, euch zu sieben wie den Weizen. Ich aber habe für dich gebeten, dass dein Glaube nicht aufhöre. Und wenn du dereinst dich bekehrst, so stärke deine Brüder. Er aber sprach zu ihm: Herr, ich bin bereit, mit dir ins Gefängnis und in den Tod zu gehen. Er aber sprach: Petrus, ich sage dir: Der Hahn wird heute nicht krähen, ehe du dreimal geleugnet hast, dass du mich kennst.« (Lukas 22, 31-34)

Nach diesem Zwiegespräch gehen Jesus und die Jünger nach Gethsemane, in den Garten. Die erste Probe ist zu bestehen. Da schlafen sie ein. Ganz natürlich. Müde eben.

Der Blick Jesu auf Simon, Simon Petrus, ist nicht stechend, aber durchdringend. Sein Wort ist nicht schneidend. Er spricht zu ihm nicht als Untersuchungsrichter, aber klar. Der sehende, der tiefer blickende Jesus entblößt Simon Petrus nicht. Er warnt ihn. Simon, Simon! Bittend, zur Selbsterkenntnis ermutigend. Du, Simon, wirst noch Prüfungen ausgesetzt sein, ob du Spreu oder Weizen bist, ob du als ein Leichtgewicht mit dem Wind davongetragen wirst, als seiest du nichts, als sei dein Leben nichts als ein Haschen nach Wind. Das ist noch nicht sicher, mein Lieber. Du, Simon, der Satan holt sich immer die besten Leute. Der Satan, der große Durcheinanderbringer, der Diabolus, der Verwickler, der Verführer, der Versucher, der Lockvogel der Lüge, der Gemeinheit, der Anmaßung, der falschen Versprechen: Der wird dich auf die Probe stellen. Die Versuchungsgeschichte (Matthäus 4) schildert, wie geschickt und theologisch äußerst spitzfindig der Teufel argumentiert.

Jesus gibt Petrus, von dem er weiß, dass er schwach werden wird, sehr bald, dieser starke, nicht verloren, aber er gibt ihm keine Garantie. Er versichert ihm, dass er für ihn bittet, dass sein Glaube, seine Gewissheit, sein Vertrauen nicht aufhören, ihm nicht abhanden kommen wird. Und dann, wenn er selbst durch alle Versuchung und Verfluchung hindurchgeschritten und wieder aufgerichtet wurde, dann soll auch er seine Brüder stärken. Es könnte ja sein, dass nur einer, der das durchgemacht hat, andere stärken kann, weil er weiß, worum es geht, weil er es selber erlebt hat. Wenn Simon Petrus seine Lebensrichtung gefunden hat, dann möge er seine Brüder in derselben Weise stärken, ermutigen, stützen, wie er selbst es erfuhr.

Simon ahnt nicht, was auf ihn zukommt, und kann sich nicht vorstellen, dass seine Lebensangst jemals größer sein könnte als sein Glaube, dass seine Treue zum Meister, Lehrer, Freund, dem Gesalbten Gottes sich irgendwie wandeln könnte. »Gefängnis und Tod – ich bin mit dir bereit«, sagt er. »Ich bin innerlich und äußerlich gerüstet.« Und Jesus sagt nicht: »Wunderbar, habe ich doch wenigstens einen, der mich nicht allein lässt.« Er sagt: »Petrus (vorher nannte er nur den Namen Simon, dann erst Petrus, was griechisch bedeutet Felsen), noch vor Sonnenaufgang, morgen früh, noch in dieser Nacht, in wenigen Stunden schon, wirst du verleugnen, mich verleugnen. Du wirst nicht nur nicht mitkommen, wo gehöhnt und gefoltert wird. Du wirst um deine eigene Haut bangen.«

Es geht nicht nur um das Bestehen in der Folter. Es geht darum, ob wir bei denen stehen und für die einstehen, die verhöhnt werden. Wird er sich in einem solchen Konflikt wie wir verhalten, dort um die eigene Haut bangen und dann jede Bekanntschaft abstreiten?

Wir wissen, wie es weitergeht: Eine blöde Magd mit einem dicken Zeigefinger reicht schon. Die sagt nur: »Du auch! Ich erkenne dich an deinem Dialekt. Du kommst von da oben, wo man nicht akzentfrei spricht, aus Galiläa, dieser heidnischen Gegend am See Genezareth.«

Starker Tobak für einen, der seiner so sicher ist wie Petrus. Jesus traut ihm nicht viel zu. Petrus nimmt den Mund zu voll. Der Möchtegern-Held – eine Memme. Die kreatürliche Angst wird übermächtig. Verflogen alle Schwüre der Treue, der Tapferkeit, der Versprechen, mit ihm durch dick und dünn zu gehen. Eine Memme? Nein. Einer wie Sie, wie ich. So einer ist er, nicht mehr und nicht weniger. Nachfolge kann einen hohen Preis fordern. Und wer ihn zu zahlen bereit und fähig ist, ist nie im Vorhinein erkennbar.

Das alles aber hat eine biographische Vorgeschichte. Petrus sieht Jesus auf dem Meer wandeln. Kann er auch, denkt er, steigt aus dem Boot. Gleich aber ergreift ihn die Angst, und er versackt und kann nur noch schreien: »Herr, hilf mir.« Und was sagt Jesus? »Ach, Petrus, dein Kleinglaube.« Petrus ist es, der fragt, welchen Lohn er mit seiner Nachfolge einfahren wird. Also ganz selbstlos ist niemand, nicht einmal Petrus, der heilige. Petrus fragt auch, wie oft man seinem Bruder vergeben soll. Also, siebenmal ist wirklich genug. Petrus versichert: Wenn die anderen alle an Jesus Ärgernis nehmen, er nicht, nimmermehr. Und dann weint er bitterlich, in der Stunde der Wahrheit, über sich. Gerade der so selbstsichere, auf den Jesus nicht nur große Stücke hält, sondern die ganze Kirche bauen will – »auf dir will ich die Kirche bauen« –, der verfällt als erster der kreatürlichen Angst.

Die Magd mit ihrer öffentlichen Denunziation ist Stimme des Volkes. Die kleine Gruppe der Unruhestifter bekommt es mit der Macht und mit der Macht der Masse zu tun, deren Denken und Fühlen schnell umkippt. Erst bejubeln sie den Arme-Leute-König. Dann ist die Masse wieder bei der Macht.

Trotz allem ist es wichtig zu wissen: Der große Heros des Glaubens, Petrus, ist ein Mensch, der versinkt und erst richtig zum Glaubenden wird, nachdem er weiß, dass er einer ist, der zerbrechen kann.

Die Bibel ist kein Heldenepos. Aber das bleibt gewiss: dass Jesus den Glaubenden ihre Schwäche nicht ewig vorrechnet, sondern verzeiht und jedem eine zweite Chance gibt. Wir brauchen sie uns nur näher anzuschauen, nicht nur Judas. Paulus hat seine Spitzel nach Damaskus vorausgeschickt und ist als Christenverfolger unterwegs, ehe er vom Pferd fällt, die Stimme Jesu vom Himmel her hört und bald zum großen Missionar wird. Denken wir an König David oder an die Flucht Jonas, als er den Auftrag für die Monsterstadt Ninive bekommt – lauter Menschen mit Angst, die den Mut wiedergewinnen, die im Unglauben versinken und im Glauben wieder aufstehen.

Wer bin ich? Und was heißt es, mit gebrochener Biographie zu leben? Wer bin ich? Bin ich Judas, Petrus, Pilatus? Bin ich gehorsamer Massenmensch, der auf Befehl mit 98-prozentiger Wahrscheinlichkeit bereit ist, andere zu foltern? Wie viel Verrat steckt in mir, ruht in uns, wie viel gesundes Misstrauen uns selbst gegenüber und wie viel Vertrauen ineinander brauchen wir, wissend um unsere eigenen Anfälligkeiten? Wer verrät nicht aus Berechnung oder Naivität, aus Angst oder Liebe, aus Schwäche oder Selbstüberschätzung, aus nackter Gier oder kluger Berechnung, aus Ausweglosigkeit oder Lockung, aus Trägheit oder Übereifer, aus Mitschweigen oder Mitreden! Wer kennt die Versuchungen nicht? Wer hat sich noch nicht selbst verraten, seine Vorsätze und seine Ideale? Verrat durch Schweigen und Verschweigen. Wer hat nicht teil an Enttäuschung, auch über sich selbst, wird bitter und weint dann bitterlich. Petrus oder Judas! Schweigend-ohnmächtig hinnehmende Mittäterschaft, wo die Sprache der Gewalt das Wort des Friedens erstickt, wo die Mächte des Todes die Pflanzungen des Lebens erledigen. Und wer kann die Hand für sich ins Feuer legen, ob er in Angst und Konfliktsituationen bestehen wird? Es gibt so viele Formen von Hintergehen, Verrat von anderen, von Gemeinheit, anonyme Briefe an den Arbeitgeber über Kollegen, an das Finanzamt über vermutete Hinterziehungen, Anschwärzen bei der Zeitung, wissend, wie man einen Menschen erledigen, ins Mark treffen kann, am besten mit vagen Andeutungen, Halbwahrheiten, unbewiesenen Behauptungen, vieldeutigen Anspielungen. Das Reservoir menschlicher Gemeinheit ist unerschöpflich. Der Böse selbst hängt sich dazwischen, der Diabolus. Da braucht der, der alleinsteht, plötzlich andere, die zu ihm stehen, die für ihn bitten und die wissen, was Schwäche ist und wie man wieder neu anfangen kann.

Bertolt Brecht hat das in einem Text zusammengefasst:

Tagesanbruch

Nicht umsonst
Wird der Anbruch jeden neuen Tages
Eingeleitet durch das Krähen des Hahns
Anzeigend seit alters
Einen Verrat.

Es geht um Erbarmen mit Petrus, das Jesus mit ihm hat, und um Erbarmen mit uns, wenn wir ehrlich sind. Ein Mensch mit beschwerter Vergangenheit kann diese abwerfen, muss sie nicht ewig hucken und wird nicht ewig auf diesen einen Punkt beschränkt; sonst könnten wir nicht Carl Orffs »Carmina Burana« hören. Da könnten wir nicht Wilhelm Furtwängler für einen großen Dirigenten halten. Oder Herbert von Karajan. Oder Heinz Rühmann. Oder U-Boot-Kommandant Martin Niemöller. Oder der große Stalinpreisträger und Wasserstoffbombenkonstrukteur und spätere Friedensnobelpreisträger Andrej Sacharow. Oder der einstige Terrorist Nummer 1 in der Welt, der zum Friedensnobelpreisträger geworden ist, der Führer der Palästinenser Jassir Arafat, der jetzt seine Radikalen bändigen muss.

Unser verehrter früherer Bischof Werner Krusche hat nach seiner schweren Verwundung sein Theologiestudium in Leipzig bewusst in Offiziersuniform fortgesetzt und wurde durch eine Begegnung mit dem KZ-Häftling Niemöller auf einen neuen Weg gebracht.

Wollen wir Menschen je auf einen Punkt in ihrem Leben beschränken oder wollen wir anerkennen, dass sie später einen anderen, neuen Weg gefunden haben? Brüche im Leben zu haben ist kein »Hals- und Beinbruch«. Und doch gibt es auch Menschen mit einer durchgehenden Linie im Leben. Ich denke an Gustav Heinemann, Karl Barth und Dietrich Bonhoeffer, Menschen, die rechtzeitig die Weichen in ihrem Leben richtig stellten.

Wie wach war der junge Jurist Sebastian Haffner schon 1933: »Indem kam eine braune Uniform auf mich zu und machte Front vor mir: ›Sind Sie arisch?‹ Ehe ich mich besinnen konnte, hatte ich geantwortet: ›Ja.‹ Ein prüfender Blick auf meine Nase – und er retirierte. Mir aber schoss das Blut ins Gesicht. Ich empfand, einen Augenblick zu spät, die Blamage, die Niederlage. Ich hatte ›Ja‹ gesagt! Nun ja, ich war ein ›Arier‹, in Gottes Namen. Ich hatte nicht gelogen. Ich hatte nur viel Schlimmeres geschehen lassen. Welche Demütigung, Unbefugten auf Befragen pünktlich zu erklären, ich sei arisch – worauf ich übrigens keinen Wert legte. Welche Schande, damit zu erkaufen, das sich hier hinter meinem Aktenstück in Frieden gelassen würde! Überrumpelt auch jetzt noch! Versagt in der ersten Prüfdung! Ich hätte mich ohrfeigen können. Als ich das Kammergericht verließ, stand es grau, kühl und gelassen da wie immer, vornehm abgerückt von der Straße hinter seinen Parkbäumen. Man sah ihm keineswegs an, dass es soeben als Institution zusammengebrochen war. Man sah wahrscheinlich auch mir nicht an, dass ich soeben eine furchtbare Schlappe erlitten hatte, eine kaum zu reparierende Demütigung. Ein gut angezogener junger Mann ging ruhig die Potsdamer Straße hinunter. Man sah auch den Straßen nichts an. Business as usual. Und immer noch das Heranrollen des Unbekannten in der Luft ...«

Das Weichenstellen betrifft nicht bloß prominente, herausragende Menschen, es vollzieht sich im ganz Alltäglichen. Sei deiner nie zu sicher. Aber bleibe gewiss. Und deine Gewissheit kann andere gewiss und stark machen. Du brauchst nicht abschreckend stark zu sein. Du kannst anziehend menschlich, also fehlbar, sein. Und darin können wir dem großen Petrus gleich sein.

Zum Sonntag Invokavit im Jahre 1522 hat Martin Luther die Wartburg verlassen und ist ohne Schutz des Kurfürsten nach Wittenberg geritten. Zuvor hatte er seinem Schutzherren geschrieben: »Ich stehe in höherem Schutz.« Ich wünsche uns jeden Tag, dass wir sagen können: »Ich stehe in höherem Schutz.« So bestehe ich meine Alltage, darf das Beschwerende abwerfen, kann neu anfangen und bekomme eine neue Chance. Wie Simon Petrus. Amen.

EIN FÜR ALLE MAL –
EINE MILITÄRFREIE ZONE!
Plädoyer gegen öffentliche Vereidigung von Soldaten auf dem Marktplatz, März 2003

Die Stadt Wittenberg ist seit ihrer Gründung ein strategischer Ort, also auch ein Lieblingsort für Verteidiger wie für Angreifer. Und der Wittenberger Marktplatz hallt wider vom militärischen Getöse der Kaiserlichen, der SA, der Roten Armee, der Kampfgruppen. Und immer kämpften sie für die beste Sache der Welt: für Volk und Vaterland, für Führer und Reich, für Frieden und Sozialismus, für Menschenrechte und Demokratie.

Die Turmhauben auf der Stadtkirche sind Relikte von Kanonen, die auf den Türmen postiert waren: gegen die Katholiken – aber diese gewannen in der Schlacht bei Mühlberg. Der siegreiche Kaiser verschonte die Stadt und ritt in versöhnungsbereiter Geste ein. Im Siebenjährigen Krieg zerstörten die mit Österreich verbündeten Sachsen das wunderschöne Schloss, bis die Preußen es nach dem Sieg über Napoleon endgültig zu einer Festung ausbauten. Die Truppen Napoleons des Großen trieben ihr Unwesen, beim Siegeszug und beim Rückzug. Mit großem Tamtam zogen die russischen Besatzungstruppen mehrmals jährlich – unter Beteiligung abgeordneter Bürger – durch die Collegienstraße, vorbei am Marktplatz, hin zum Panzerdenkmal.

Nach den Schlachten gab es stets feierliche Zeremonien, Heldenehrungen, aber kaum Gedenken an die Opfer, schon gar nicht an die Opfer des je unterlegenen Feindes, aber Beschwörungen des Feindes, im Osten wie im Westen. Nach 1989 gab es eine Entmilitarisierung Wittenbergs, die einmalig in seiner Geschichte ist, obwohl wir noch immer nicht alle Folgen beseitigen konnten.

Sollte nicht diese Stadt ein für alle Mal militärfrei bleiben und auf militärische Zeremonien verzichten – gleich unter welchem System?

Ist nicht unser Marktplatz der Ort einer friedlichen Revolution geworden?

In unserem demokratischen Staat gelten Soldaten der Bundeswehr als »Bürger in Uniform«. Sie sind gleichgeachtet und tun ihren Dienst auf der Grundlage des Grundgesetzes. Es ist stets dafür Sorge zu tragen, dass die Armee nicht wieder zu einem »Staat im Staate« wird. Sie verdient und sie bedarf der gleichen Beachtung wie alle anderen Institutionen, in denen Menschen sich um das Wohl des anderen kümmern, auch unter Einsatz ihres Lebens, wie Feuerwehrleute, Polizisten, Ärzte. Eine Armee im demokratischen Staat bedarf keiner besonderen Hervorhebung, schon gar nicht einer quasi-religiösen Weihe. Wenn alle anderen Berufe gleichfalls eine feierliche Verpflichtung auf dem Markt abgäben, dann könnte ich mir auch eine Zeremonie für die Armee vorstellen.

Dann würden die Bauern versprechen, in Achtung vor der Schöpfung zu produzieren. Die Ärzte sprächen öffentlich ihren hippokratischen Eid aus. Die Polizisten würden zusichern, dass alles, was sie tun, auf dem Boden des Grundgesetzes, in Achtung vor der Würde jedes Menschen, geschieht. Die Politiker könnten vor aller Ohren aussprechen, dass sie den demokratischen Streit nicht wie eine Schlacht führen. Die Bäcker würden versprechen, dass sie stets gesundes und knuspriges Brot backen. Die Lehrer würden sich öffentlich zu ihrer besonderen Verantwortung für die nächste Generation bekennen. Die Journalisten würden sich auf die Wahrheit verpflichten und der Quotenjägerei abschwören. Für Genforscher, für Atomkraftwerkskonstrukteure und für Futtermittelproduzenten ergäben sich ganz neue Gelübde. Alle wären in gleicher Weise aufgefordert, ihre Arbeit stets im Dienste des Gemeinwohls zu tun. Da eine solche allgemeine Zeremonie weder ausdrücklich vorgesehen noch möglich ist, sollte auch die Armee in den Kasernen bleiben, so wie die Bäcker in den Bäckereien, die Lehrer in den Schulen und die Krankenschwestern in den Krankenhäusern bleiben.

Die Feuerwehr und die Notärzte rücken nur im Notfall aus – so auch unsere Soldaten.

Die Stadt Wittenberg – militärfrei für alle Zeit!

Übrigens: Etwas anderes wäre es, wenn die Stadt Wittenberg Angebote für Gespräche mit Soldaten am nahegelegenen Standort machen würde, die von dort Beteiligten auch angenommen werden.

Ein solches Interesse ist nach aller Erfahrung nicht zu erwarten, wie sich bei einem Seminar »Über die Zukunft der Bundeswehr« unter Beteiligung hochrangiger Experten gezeigt hat. Hier ging es um Fragen der staatsbürgerlichen Verantwortung von Armee, nicht um ein Ritual. Rituale sollten nie die geistige Auseinandersetzung ersetzen, sondern sie begleiten. Eine Armee, die wieder Marktplätze besetzen will, will wieder mehr sein, als sie im demokratischen Staat sein soll. Was sich in der Bundesrepublik in 40 Jahren bis 1989 entwickelt hatte, stand auch in einem Zusammenhang mit nicht unproblematischer Traditionspflege und der besonderen Spannung während des Kalten Krieges sowie der gegenseitigen Hochrüstung. Dies ist vorüber – und dies muss auch Auswirkungen haben.

Schließlich sollten alle die, die sich heute für solche Zeremonien aussprechen, sich fragen, was sie getan haben, als der »Rote Militarismus« in der Stadt seine Feste feierte und als gar die Götting-CDU auf ihren Parteitagen die Nationale Volksarmee »für Völkerfreundschaft und Frieden« einmarschieren ließ.

Aufruf
Keine Gelöbnisse auf den Märkten der Republik!

Der Bürger in Uniform ist überall in Stadt und Land willkommen, doch nicht in Masse, nicht im Gleichschritt und nicht mit feierlichem Schwur.

Habt alle Acht darauf, ihr freien Demokraten, ihr friedliebenden Deutschen, dass es zu keiner Remilitarisierung des öffentlichen Lebens oder des öffentlichen Raumes kommt, dass es nie wieder eine Hervorhebung des Soldatischen und des Vaterländischen gibt. Keine feierlichen Schwüre und Selbstinszenierungen der Armee auf den Marktplätzen Deutschlands!

Zu keiner Zeit, unter keinem System! Auch Demokratien sind nicht vor dem Missbrauch des Militärischen gefeit.

Im Übrigen: Wie viele Deutsche haben sich bei ihrem Eid bei der Wehrmacht »des Führers« oder bei der Armee »des Volkes« ein Gewissen gemacht? Warum haben sie sich unbedingten Gehorsamsforderungen jeweils unterworfen?

Der Primat des Militärischen ist in der Demokratie gebrochen; die demokratische Armee der Bundesrepublik will einen mündigen Bürger in Uniform – und zwar auf Zeit. Zudem gibt es den Zivildienst, der der Gesellschaft unentbehrliche Dienste leistet.

Die Verpflichtung von uns Deutschen im vereinten Europa bleibt, alles zu tun, dass es nicht wieder zu kriegerischen Lösungen von Konflikten zwischen Menschen und Völkern kommt.

Stärkung des Rechts statt Recht der Stärkeren – auf allen Ebenen!

Jede Hervorhebung des Militärischen ist unnötig und untauglich; jede Hervorhebung aktiver Friedenspolitik ist nötig und förderlich.

Friedrich Schorlemmer
Friedenspreisträger des Deutschen Buchhandels von 1993
Wittenberg, den 22. September 2003

PS: Anlass war die in Wittenberg im Stadtparlament diskutierte und am 24. September 2003, dem 20. Jahrestag der Umschmiedeaktion im Lutherhof zu Wittenberg, mit Mehrheit beschlossene Einladung an die Bundeswehr, auf dem Markt – zwischen Luther und Melanchthon – eine Schwurzeremonie vorzunehmen. 1983 und bis 1989 gab es dort riesige Militäraufmärsche, von den Zeiten zwischen 1871 und 1918, 1933 und 1945 ganz zu schweigen.

In namentlicher Abstimmung votierten 23 Stadträte für die Einladung der Bundeswehr zu Gelöbnissen von Wehrpflichtigen auf dem Marktplatz, 14 Stadträte (PDS komplett, Teile der SPD und ein grüner Abgeordneter) dagegen. Zuvor ließ der Ratsvorsitzende eine Flugschrift von Friedrich Schorlemmer zum Thema einsammeln. Anhörungen zu Punkten, die auf der Tagesordnung des Stadtrates stehen, sind nicht zulässig. Auch schriftliche Äußerungen zählen zu Anhörungen.

Auch die SPD-Fraktion stimmte mehrheitlich für die Gelöbnisse – ihre heutigen Vertreter haben mit der Friedensbewegung kaum etwas zu tun gehabt. Wie würden sie sich in einem anderen Regime künftig verhalten?

DIE REFORMEN UND IHRE VERLIERER
An meine Freunde in der SPD, März 2004

Es hat keinen Sinne, eine Mehrheit für die Sozialdemokraten zu erringen, wenn der Preis dafür ist, kein Sozialdemokrat mehr zu sein.
Willy Brandt

Mir begegnen Sorgen. Ich habe Sorgen:

Wer vertritt auf der Berliner politischen Bühne künftig die kleinen Leute?

Als zuständig für sozialen Ausgleich – verbunden mit dem Augenmaß wirtschaftlicher Möglichkeiten – galt bisher unsere Sozialdemokratische Partei.

Ausgerechnet unsere Partei sieht sich – alternativlos, wie unser Führungspersonal paternosterartig beteuert – gezwungen, einen Umbau des Sozialstaates vorzunehmen, der »Deutschland für das 21. Jahrhundert fit machen« soll.

Um Verschlanken, Abspecken, Auslagern, Ausdünnen, Umschichten geht es.

Unser Reformweg stutzt vor allem kleine Leute und begünstigt Besserverdienende. Dass das nicht gewollt wird, will ich wohl glauben, aber es wird eben hingenommen.

Dieser Umbau wird von den unteren Einkommensschichten – von Arbeitslosen, Sozialhilfeempfängern wie Niedrigrentnern – als purer Abbau erlebt und hinterlässt Wut, Enttäuschung und tiefe Verunsicherung.

Was wird noch alles kommen?

Wenige Bürger nehmen noch wahr, worin die objektiven Gründe dafür liegen.

Ihre Wut und ihre Sorgen überdecken alles. Für die leeren Kassen des (Sozial-)Staates werden zuerst und zu Unrecht Gerhard Schröder und Hans Eichel verantwortlich gemacht. Die privaten Belastungen aus der Gesundheitsreform werden auf Ulla Schmidt hin personalisiert.

Viele unterstellen, dass die »da oben« erstens nicht wüssten, wie es denen »da unten« geht, und die zweitens so gedanken- wie herz- und konzeptionslos an sozialen Grausamkeiten werkeln. Merkt ihr noch, wie es im Volk – durchaus auch irrational und widersprüchlich – brodelt und wie wenig die Leute spüren, ob euch das alles persönlich etwas ausmacht.

Solange sich nun trotzdem keine wirtschaftliche Besserung einstellt, werden wir Sozialdemokraten als Regierungspartei dafür allein verantwortlich gemacht, infolgedessen in Wahlen bitter abgestraft.

Die »Roten« machen den Dreck – und die »Schwarzen« werden honoriert, obwohl jedermann wissen kann, dass sie mit dem so genannten Abbau der Staatsquote, den Steuervorteilen für die Vermögenderen und den sozialen Einschnitten für alle sehr viel weitergehen würden. »Mutiger« nennt man das inzwischen allgemein ... Das ist eine schizophrene Situation!

»Ach, wären wir doch nur in der Opposition und die Schwarzen würden die Dreckarbeit machen müssen«, hört man Sozis stöhnen. Aber unsere Führung gibt sich unbeirrbar:

Jetzt »nicht wackeln und zappeln«, den Gewerkschaften, diesen so genannten Betonköpfen, in nichts nachgeben, aber der Wirtschaft in vielem folgen? Gejagt wirkt ihr von einer veröffentlichten Meinung, die einerseits viel radikalere Reformen verlangt und zugleich mit populistischen Krokodilstränen für die Verlierer aufwartet: »Was die machen, ist schlecht für die Leute. Sie müssten noch viel radikaler reformieren.« Das wäre noch schlechter für viele kleine Leute! Aber diesen Widerspruch greifen sie nicht auf – nicht in »BILD« und nicht im »Bericht aus Berlin«.

Jedermann kann wissen, dass der bisherige Sozialstaat ohne Reformen auf seinen Kollaps zusteuert. Unabweisbar ist, dass es uns allen nicht weiter »so gut« gehen kann – aber deshalb wird es uns nicht gleich »schlecht gehen«. Vieles ist eine Frage der gerechten Verteilung der Lasten bzw. künftiger Abstriche, z. B. bei den Renten.

Jeder kann wissen, dass die Reformen viele einzelne Menschen hart treffen werden.

Jedermann kann wissen, dass man nur so viel ausgeben kann, wie man eingenommen hat, dass man nur dort etwas nehmen kann, wo etwas ist, und dass im kapitalistischen System dort, wo etwas ist, etwas hinzukommt, und wo wenig ist, alles verschwindet.

Das Kapital ist nicht nur »ein scheues Reh« – es ist auch ein sehr schlaues, nach Beute schnappendes Raubtier, instinktiv dahin orientiert, wo es schnellen Profit gibt.

Jedermann kann wissen, dass die globalisierte Welt ökonomisch nicht nach den Maßgaben des deutschen Sozialstaates (mit Sozialabgaben, Mindestlöhnen etc.) funktioniert.

Wir stehen alle miteinander vor einem gravierenden Reichtum-Verteilungsproblem, das wir nicht mehr so einfach »national« durch Umverteilung lösen können. Reichtum entzieht sich und floatet auf den internationalen Geld- und Kapitalmärkten.

Ein Ergebnis ist, dass immer weniger Leute immer mehr bekommen, was sie selbst zu ihrem (komfortablen) Leben nicht brauchen oder gar nicht verbrauchen können, und zugleich bekommen immer mehr Leute immer weniger, als sie zum (alltäglichen) Leben brauchen. Die Kluft zwischen Arm und Reich wird größer. Verdientes Geld wird immer weniger investiert. Damit wird vor allem spekuliert: Geld arbeitet in dem Maße mehr, wie lebendige Arbeit erübrigt wird. Bisher gibt es keine wirksame und einleuchtende Lösung, die zugleich national und global humanen Standards genügen würde.

Wo wir Sozialdemokraten »an der Macht« sind und diesen komplizierten Umbauprozess organisieren müssen, riskieren wir nicht nur unseren Ruf als Anwälte der kleinen Leute, sondern schlittern in eine fundamentale Existenzkrise.

Doch das muss nicht so bleiben.

Ich bitte euch, jedermann möglichst einprägsam deutlich zu machen:

Vor welche Herkulesaufgabe uns die Globalisierung ohne allgemeine Sozialstandards, die demographische Schieflage, die strukturelle Arbeitslosigkeit und ein Sozialsystem stellt, das wesentlich auf dem Faktor der Erwerbsarbeit beruhte.

Wo ihr ratlos seid, wo ihr euch geirrt habt und mit all euren Reformen im Dunkeln stochert, da gesteht dies zu und bedient euch eures eigenen Verstandes, nehmt eher guten Freundesrat an, statt euch zwielichtig-teurer PR-Firmen zu bedienen.

Sucht beharrlich und weltweit nach Verbündeten, die auch eine globalisierte soziale Marktwirtschaft mit Nachhaltigkeitskriterien anstreben.

Habt und zeigt doch bitte bei eurer Agenda 2010 ein wenig mehr Mitgefühl, mehr Verständnis – lebt mehr auf Augenhöhe und in Reichweite zu »den Menschen draußen im Lande«. »Wo uns der Schuh drückt«, hat Willy Brandt einst seine wöchentliche Ansprache an die Berliner genannt: Da kam rüber: dass es nicht eure, sondern unsere Schuhe sind, die drücken.

Wo ihr für viele Menschen schmerzhafte Entscheidungen treffen zu müssen glaubt, dort macht deutlich, dass ihr wisst, dass das manchen nicht leicht fallen wird, weil es manche Zumutung und manche Härte einschließt, ihr aber längerfristig keinen anderen tragfähigen Weg seht, wenn es in Zukunft nicht noch ärger werden soll. Freilich muss Leistung sich lohnen; aber Leistungsschwache brauchen Hilfe.

Gerechtigkeit ist keine Egalisierung, aber jeder muss auch bekommen können, was er zu einem würdigen Leben braucht.

Empfehlt den jungen Leuten keine »Bastelbiographien«, sondern sorgt euch, dass sie Verlässlichkeit von Lebensverhältnissen bei aller »Mobilität und Flexibilität« erfahren können.

Gleiche Chancen für alle bleibt ein anstrebenswertes Ziel für die Sozialdemokratie; die Solidargemeinschaft bleibt in der Pflicht, weil eben nicht jeder zusehen kann, wo er bleibt.

Erfolg zu haben ist etwas Schönes, aber nicht jeder Misserfolg ist etwas Verschuldetes.

Erspart euch selbst und dem Volk nicht die schwierige Wahrheit: Es wird nicht immer weiter aufwärts gehen können. Und Wachstum ist nicht das Zauberwort für unsere Zukunftsprobleme. Gerade, wo es knapper werden wird, muss es gerechter zugehen.

Überprüft eure Sprachregelungen: ob sie verschleiern oder erhellen: Wo ihr abbauen müsst, da nennt das nicht »Reform«. Wo Leute allein gelassen sind, nennt das nicht »private Risikovorsorge«. Wo Menschen massenhaft entlassen werden, da nennt das nicht »Abspecken«, als ob Menschen überflüssiges Fett sind.

Lasst euch nicht treiben von Stimmungen, von Stimmungsmachern und Beliebtheitsskalen. Haltet eure persönliche Glaubwürdigkeit für ein höheres Gut als die problematisch ermittelten Sympathiewerte.

Die Leute haben ein Recht darauf, zu wissen, woran sie mit euch sind – mit jedem Einzelnen und mit einer Partei, die an ihren Grundsätzen festhält und zugleich lernbereit bleibt – aber immer die Menschen im Blick behält, für die sie Verantwortung trägt.

Also: nicht wackeln und zappeln! Aber gut zuhören. Neu bedenken! Alternativen ernsthaft prüfen.

Wir haben doch mehr zu verlieren als unsere Macht. Wo wir das vergessen, haben wir uns selbst verloren. Dieser Preis ist hoch.

Diese Zeit braucht gerade uns Sozialdemokraten. Und keinen gelbschwarzen Verschnitt. Wo der globale »Marktismus« statt des gescheiterten Marxismus die Welt umspannt, braucht es fähige und zielstrebige Leute, die national und international beharrlich für soziale und ökologische Standards kämpfen, die den Kriterien von Gerechtigkeit und Nachhaltigkeit entsprechen.

Wir haben schwierige Konflikte zu bestehen – aber wir haben auch vor unserer vertretbaren Aufgabe (und Tradition) zu bestehen, alles zu tun, dass der Mensch nicht zu einer Ware unter Waren wird, deren »Preis« beliebig bestimmbar ist. Und, befreit von ideologischer Borniertheit, stehen wir ohne revolutionäres Pathos, aber mit reformerischer Emphase dafür ein, »alle Verhältnisse umzuwerfen, in denen der Mensch ein erniedrigtes, geknechtetes, ein verlassenes, ein verächtliches Wesen ist« (Karl Marx).

Das bleibt eine sozialdemokratische Vision und Version der Achtung von Menschenrechten – für alle, durch alle, mit allen.

Bei aller pragmatischen Kühle darf es uns nie fehlen an mitmenschlicher Wärme. Man kann auch weiter »Solidarität« dazu sagen.

HALT SUCHEN
Die Gottesfrage als Sinnfrage stellen, 2006

Es ist bemerkenswert, wie in jüngster Zeit die traditionell atheistisch, agnostisch und antikirchlich eingestellte Linke des Westens sich auf die Bedeutung von Religion für die Gesellschaft besinnt – auf der Suche nach dauerhafter Stabilität und wertebewahrender Emanzipation. Dabei wird die »Frage nach Gott« neu gestellt bzw. anderen anempfohlen, die religiöse Dimension nicht aus dem gesellschaftlichen Leben zu verdrängen. Es scheint der westlichen Linken etwas zu dämmern, was im Osten – vor dem Fall der Mauer – längst diskutiert und mit der eigenen Existenz beantwortet wurde: die Frage nach einem Ziel der Gesellschaft, das über die Befriedigung materieller Bedürfnisse hinausgeht (Zielutopie), und die Frage der persönlichen Bindung des Menschen, die ihm Freiheit und Verbindlichkeit, Eigenständigkeit und Verantwortlichkeit, Individuation und Gemeinschaftlichkeit zugleich zugesteht und zumutet.

Der revolutionäre Aufbruch in der DDR war im Wesentlichen aus der christlich-protestantischen Linken hervorgegangen. Sie wurde zum Bannerträger der friedlichen Revolution »mit Kerzen und Gebeten«, getragen von Menschen, die wussten, dass es ein verletzliches und kleines Licht ist, das jeder trägt, aber dass die Träger selber Getragene sind, dass die Aufrechtgehenden Aufgerichtete sind, dass sie etwas tun, dessen sie gewiss sind, ohne dass sie sich des Ausgangs ihres Tuns sicher sein konnten.

In der DDR entwickelte sich eine politische Spiritualität, wo das Gebet nicht das Tun ersetzte, aber Beten als ein Tun verstanden wurde, das durch kein anderes Tun ersetzbar ist. Das war die Spiritualität des gewaltfreien Widerstandes, des aufrechten Gangs mit gefalteten Händen, mit offenem Wort und kritischer Solidarität in einem Sich-Kümmern um die Verlierer und um Ausgestoßene.

Gott war – mitten in der atheistischen Umwelt – ein Befreiungswort. Man entzog sich der bloßen Innerlichkeit genauso wie einer politischen Ideologisierung oder Instrumentalisierung des Gottes-Glaubens. Die prophetische Tradition, die jesuanischen Ermutigungsreden und die paulinischen Freiheitseinschärfungen nahm man – geradezu unbefangen – für sich in Anspruch, suchte sie nach ihrer emanzipatorischen wie spirituellen Substanz und Relevanz ab und bettete sie ein in die eigenen Aktivitäten. Es bildete sich eine Linke heraus, die sich nicht in die

Schlachtordnungen einfügte, weder in die westliche noch in die östliche. Sie war weder progressiv noch konservativ, weder staatstreu noch staatsfeindlich, so wenig apolitisch wie areligiös. Nach aller historischen Erfahrung – vor allem zwischen 1933 und 1945 – blieb sie den Ansätzen jeglicher Klerikalisierung von Politik fern, wie sie die Politisierung des kirchlichen Lebens zu vermeiden suchte. Die Stasi nannte dieses Denken und Verhalten »widersprüchlich«. Geradezu unbefangen lernte man, von Gott zu reden, und machte sich auf, um (nach einer Formulierung Dietrich Bonhoeffers) »mit Gott Schritt zu halten«. Biblische Worte sprachen unmittelbar in das Leben hinein: klärend, ermutigend, hoffnungsstiftend. »Mit meinem Gott kann ich über Mauern springen. Bleibe im Lande und nähre dich redlich (und wehre dich täglich!). Suchet Gott – so werdet ihr leben. Suchet zuerst das Reich Gottes und seine Gerechtigkeit, so wird euch alles andere zufallen.«

Solche Sätze waren Ermunterungssätze gegen die Angst und das Alleinsein – mitten in einer geschlossenen Ideologie und in einem verschlossenen Lande –, immer wissend, dass es die Kraft der Schwachen ist, die Wandlung, die Umkehr herbeiführt, und dass Glaube eine Dennoch-Haltung ist, die sich den Lästerern, Spöttern und Zynikern zu widersetzen vermag. (Der Psalm 73 war wie »für uns« geschrieben!)

Die elementare Sorge um das Leben und eine ebenso elementare Hoffnung für das Leben führten zum praktischen Handeln – im unmittelbaren Lebensumfeld »DDR« wie in weltweiter Perspektive. Im Diskussionsprozess der Ökumenischen Versammlung, der in die Abschlusspapiere vom April 1989 mündete, wurde deutlich, welche im ursprünglichen Sinn theologischen Inspirationen zu politischem Handeln von Einzelnen und Gruppen führte, das im Herbst 1989 die ganze Öffentlichkeit auf eine geradezu wundersame Weise ergriff. Zentral wurde der biblische Schalom-Begriff. In der theologischen Grundlegung heißt es: Schalom ist die Frucht der von Gott geschenkten Gerechtigkeit und gewinnt wahrhaftig an Gestalt, wo die Gerechtigkeit Gottes Menschen zueinander in eine neue Beziehung der Liebe treten lässt. Schalom meint den Frieden des Einzelnen mit Gott sowie den Frieden, der Menschen und Völker miteinander verbindet. Schalom ist auf die Schöpfung bezogen, auch dadurch, dass Gott den Chaosmächten wehrt und die Schöpfung im Schalom bewahrt. Aus dem Schalom Gottes – als Zusage, als Verheißung, als Aufgabe – speiste sich das sehr konkrete politische Tun. Der Schalom Gottes wurde als eine »geradezu revolutionäre Anweisung zu neuem Verhalten« verstanden.

Im Übrigen waren es Schriftsteller der DDR, die die atheistische Vereisung auf vielfältige Weise aufgebrochen hatten – allen voran Franz Fühmann. Man vergegenwärtige sich seine Erzählungen »Erzvater und Satan« (1968) und »Der Mund des Propheten« (1982). Auf die Schwierigkeiten eines Lebens ohne metaphysische Rückbindung und ohne transzendente Zukunftsvorstellungen hatte schon 1973 Günter Kunert hingewiesen: »Alle Menschen haben ein metaphysisches Bedürfnis. Sie sind in einer gottlosen Zeit natürlich ganz schlimm dran, weil sie die metaphysische Sicherheit verloren haben, wer sie sind, was mit ihnen geschieht und wozu sie existieren und was eigentlich der Endzweck dieser Existenz ist. Das wissen sie nicht mehr. Der Marxismus kann ihnen eigentlich immer nur materielle Zielvorstellungen vermitteln, nie metaphysische. Und alle Endziele sind eben wie Heinische Zuckererbsen, also ein erfülltes materielles Dasein. Nur: Das materielle Dasein füllt merkwürdigerweise den Menschen überhaupt nicht aus, und er fragt sich, wenn seine Grundbedürfnisse gedeckt sind: Wozu das eigentlich? Ist das der ganze Sinn nicht nur meiner Existenz? Was ist das eigentlich alles? Was soll das?«

Gerade Erfolg-Reiche fragen »am Ende« nach dem Wozu, nach dem, was dem Leben Sinn, Tiefe, Gehalt gibt. Die Frage nach Gott kulminiert in den – letztlich unbeantwortbaren – Fragen nach dem Woher, Wohin und Wozu des Menschen.

Unsere heutige von Medien bestimmte Welt bietet viel geistlose Ablenkungen mit Eventcharakter an und bildet den Massengeschmack. Andererseits befassen sich in jüngster Zeit Theater in auffälliger Weise mit religiösen und grundlegenden ethischen Fragen. Da wird die Bibel insgesamt Thema, die Zehn Gebote und das Vaterunser.

Es geht den Nachdenklichen auf, dass die Sinnfrage mit der Gottesfrage als einer Frage nach Frieden, nach der Würde des Menschen, nach Gerechtigkeit und Bewahrung dieses Planeten unmittelbar zu tun hat. Es wird nicht ausreichen, anderen den Wiedergewinn des Religiösen, der Gefühle der Ehrfurcht, der Verankerung der Würde des Menschen in einem Unbedingten anzuempfehlen: Eine produktive Anknüpfung an die Wurzeln des emanzipatorischen Prozesses in der DDR, in dem Spirituelles und Politisches, Persönliches und Gesellschaftliches, Kritisches und Konstruktives zusammenkamen, wo das Wort »Gott« mit Unbefangenheit in den Mund genommen wurde (wenn auch immer mit »Furcht und Zittern«), wo Wahrhaftigkeit stets höher geschätzt wurde als alle (Besitz-)Wahrheit, wäre hilfreich: nicht nur der Erinnerung wert, sondern der Wiederanknüpfung bedürftig. Vom Osten lernen heißt, Gott-Vertrauen zurückzugewinnen, ein Gott-Vertrauen, dem das Losungswort »links und frei« nicht fremd, sondern nahe ist.

Es ist freilich nicht gerade ermutigend, wenn sich bestimmte bedrohliche Konstellationen nach dem Ende der Ost-West-Konfrontation wiederholen, wenn die westliche Vormacht den Einflüsterungen des »Teufels« (Matthäus 4) folgt, wo Unverwundbarkeit das Traumziel des Rüstens ist, wo das Versprechen totaler und globaler Macht angenommen wird und wo Menschen massenhaft nach Bedürfnisbefriedigung suchen, aber das Herz leer lassen.

Der amerikanische Sozialwissenschaftler Benjamin R. Barber meint: »Heute dominieren Säkularismus und Materialismus alles, und da muss man ein klein bisschen öffentlichen Platz für die Religion schaffen. Wir haben die Religion aus dem öffentlichen in den privaten Sektor abgedrängt.« Er fährt mit einer theologischen Denkfigur fort – obwohl er sich selber als »gar nicht religiös« einstuft – und stellt die entscheidende Frage für die globalisierte Welt auf dem Wege in einen neuen Totalitarismus, der Fundamentalismen in verschiedenen Varianten gebiert: »Wie kommt es, dass wir von Theokratie sprechen, wenn die Religion alles dominiert, wir aber, wenn der Markt alles beherrscht, von Freiheit reden?«

Es fällt auf, wie viele Linke sich gegenwärtig auf Religion besinnen und – eher als Betrachter des Phänomens! – gerne sähen, wenn es mehr Aktive und überzeugte Träger einer Religion gäbe, die der Gesellschaft innere Stabilität durch Grundvertrauen und Wertebewusstsein verleiht. Es stehen überkommene theologische Wortfiguren im Hintergrund, wie »das, was uns unbedingt angeht« (Paul Tillich), das »Gefühl der schlechthängigen Abhängigkeit« (Friedrich Schleiermacher) oder das, was über das hinausreicht, was ist.

Nachdem nun der Gott »Markt« Weltgeltung beansprucht und sich alles ihm unterordnet, kommt die Frage nach Religion und Kultur in der multipolaren Welt neu auf. Die Ausblendung der religiösen Dimension rächt sich in doppelter Weise: durch neuen, furchterregenden Fundamentalismus, der die Religion instrumentalisiert oder durch verbreitete Sinn- und Zielleere, die Ablenkung in der Fun-Gesellschaft sucht.

Die westliche Linke hatte jedes Verhältnis zur religiösen Dimension des Lebens verloren. In der Dritten Welt stand zugleich eine gläubige Linke an der vordersten Front der revolutionären Aufbruchsprozesse.

Man entwickelte und praktizierte eine »Theologie der Revolution«. Erinnert sei an die Bischöfe Helder Camara und Romero, an die revolutionären Priester Camillo Torres und Ernesto Cardenal; heute machen in besonderer Weise der ehemalige Franziskaner Leonardo Boff und der Bischof ohne Diözese Jacques Gaillot von sich reden.

In jüngster Zeit reflektieren in Deutschland – aus ganz unterschiedlichen Sozialisationen stammend – Staatsminister Michael Naumann in der »Zeit«, Gregor Gysi im »Tagesspiegel« und Jean Baudrillard im »Spiegel« über den Glauben. Gregor Gysi fürchtet die gottlose Gesellschaft und will die Werte wieder religiös verankert sehen. Für Jürgen Habermas dürfe sich die postsäkulare Gesellschaft nicht von den Quellen religiöser Sinnstiftung abschneiden. Und Baudrillard meint, es sich nicht erklären zu können, warum es das Gute überhaupt gibt, es sei denn, er würde »Gott« bemühen. »Die beste und einfache Hypothese ist in der Tat, Gott zu postulieren. Gott ist wie die Demokratie: die am wenigsten schlechte und deshalb bestmögliche aller Lösungen.«

Man ist schon ein wenig verwundert, wenn man Jürgen Habermas in seiner Friedenspreisrede – Hegel referierend, nicht widersprechend – sagen hört: »Die ins Leben rufende Stimme Gottes kommuniziert von vornherein innerhalb eines moralisch empfindlichen Universums. Deshalb kann Gott den Menschen in dem Sinne ›bestimmen‹, dass er ihn zur Freiheit gleichzeitig befähigt und verpflichtet.«

Befähigung und Verpflichtung zur Freiheit waren Urimpulse einer protestantisch geprägten Emanzipationsbewegung in der DDR. Nicht von ungefähr stellte der Erfurter Propst Heino Falcke einen berühmt gewordenen Vortrag vor der Bundessynode in Leipzig vor 30 Jahren unter die Überschrift: »Christus befreit – darum Kirche für andere«. Er führte darin aus: »Die Söhne Gottes sind befreit von den Zuchtmeistern und autoritären Gewalten dieser Welt, die uns gängeln und durch Lockung und Drohung in Unmündigkeit festhalten. Gott gehören aber heißt, in großem Vertrauen und angstfreier Offenheit sprechen können: Abba lieber Vater! Gott macht uns mündig, indem er uns von der knechtenden Furcht freispricht. ›Ihr habt nicht einen Knechtsgeist empfangen, dass ihr euch abermals fürchten müsstet; sondern ihr habt den Sohnesgeist empfangen‹ (Römer 8,15). Furcht macht unmündig ... Weil Gott seine Autorität dazu einsetzte, Autor unserer Freiheit und Mündigkeit zu sein, wird sich alle Autorität ... daran messen lassen müssen, ob sie Autorschaft von Freiheit ist und zur Mündigkeit hilft. Als mündige Söhne stehen wir Menschen in unvertretbarer Selbstverantwortung vor Gott. Darum können wir andere Menschen nicht gleichschalten.«

In solch innerer Gewissheit konnte von Gott als von einem Wort der Freiheit gesprochen werden: Erfahrene Befreiung wird zum Einsatz für die Befreiung. Das ist ein völlig anderer Ansatz als der Versuch, die Religion als ein Wertekorsett für die Gesellschaft wieder zu etablieren. Voraussetzung für alle moralische Selbstbindung in der Gesellschaft ist die Gewissheit der Würde und des Wertes, die jedem Einzelnen zukommen, von Gott zukommen! Dennoch ist es bemerkenswert, wenn Gregor Gysi eine gottlose Gesellschaft fürchtet, obwohl er selbst nicht religiös ist: »Eine gottlose Gesellschaft wäre heute eine wertelose Gesellschaft. Und das ist ein wirkliches Risiko. In unserer Gesellschaft stehen alle Werte, von denen wir meinen, dass sie außerhalb bestimmter religiös verankerter Werte liegen, auf sehr tönernen Füßen. Und der Kapitalismus ist nun auch nicht dazu angetan, dauerhaft moralische Werte zu vermitteln.«

Was ist das für eine Welt, wo Atheisten eine gottlose Gesellschaft fürchten?

BIOGRAPHIE FRIEDRICH SCHORLEMMER

1944 Geburt in Wittenberge, aufgewachsen in der Altmark
1958 Besuch der Mittelschule in Seehausen
1962 Volkshochschulabitur in Wittenberge
1962-1967 Studium der Theologie an der Martin-Luther-Universität Halle/Saale, Vikar in Halle-Neustadt
1967-1971 Studieninspektor am Sprachenkonvikt in den Franckeschen Stiftungen
1971-1978 Jugend- und Studentenpfarrer in Merseburg
seit 1976 Mitglied in Synoden auf Landeskirchen- und DDR-Ebene
1978-1992 Dozent am Evangelischen Predigerseminar und Prediger an der Schlosskirche in Lutherstadt Wittenberg
1983 Mitbegründer der Initiative »Frieden '83«, Umschmiedeaktion im Lutherhof in Wittenberg
1987 Mitorganisator des Olof-Palme-Friedensmarsches in der ČSSR und in Wittenberg
1989 (August) Mitbegründer der Bürgerbewegung »Demokratischer Aufbruch«
1989 Carl-von-Ossietzky-Medaille der Internationalen Liga für Menschenrechte
1990 (Januar) Mitglied der SPD
1990-1994 SPD-Fraktionsvorsitzender im Stadtparlament Lutherstadt Wittenberg
1991 Mitglied des P.E.N.-Zentrums Bundesrepublik Deutschland
1992 Studienleiter an der Evangelischen Akademie Sachsen-Anhalt in Lutherstadt Wittenberg
Mitglied des P.E.N.
1993 Friedenspreis des Deutschen Buchhandels
2002 Ehrendoktorwürde der Universität Austin/Texas

Buchveröffentlichungen

Träume und Alpträume – Einmischungen 1982-1990 (Verlag der Nation, Berlin 1990)

Bis alle Mauern fallen – Texte aus einem verschwundenen Land (Verlag der Nation, Berlin 1991)

Versöhnung in der Wahrheit – Nachschläge und Vorschläge eines Ostdeutschen (Knaur, München 1992)

Worte öffnen Fäuste – Die Rückkehr in ein schwieriges Vaterland (Kindler, München 1992)

Freiheit als Einsicht – Bausteine für die Einheit (Knaur, München 1993)

Es ist nicht umsonst – Predigten und Reden 1983-1993 (Kiepenheuer, Leipzig 1993)

Zu seinem Wort stehen (Kindler, München 1994)

Was ich denke. Hrsg. von Horst Herrmann (Goldmann, München 1995)

Eisige Zeiten – Ein Pamphlet (Blessing, München 1996)

Einschärfungen – Zum Menschsein heute (Herder, Freiburg 1996)

Selig sind die Verlierer – Gespräche mit Meinhard Schmidt-Degenhard (Pendo, Zürich 1996)

Die Wende in Wittenberg (Mario Dittrich, Drei Kastanien Verlag, Wittenberg 1997)

Absturz in die Freiheit – Was uns die Demokratie abverlangt (Aufbau, Berlin 2000)

Nicht vom Brot allein – Leben in einer verletzbaren Welt (Aufbau Taschenbuch, Berlin 2002)

Den Frieden riskieren – Sätze und Grundsätze, Pamphlete und Predigten, Reden und Einsprüche aus zwanzig Jahren (Radius, Stuttgart 2003)

Hier stehe ich – Martin Luther (Aufbau, Berlin 2003)

Die Bibel für Eilige (Aufbau, Berlin 2003)

Einander achten, aufeinander achten – Zur Toleranz und Zukunft der Utopie (Glaux, Jena 2004)

In der Freiheit bestehen – Ansprachen (Aufbau Taschenbuch, Berlin 2004)

Woran du dein Herz hängst ... Politisches Handeln und christlicher Glaube (Herder, Freiburg 2006)

Lass es gut sein – Ermutigung zu einem gelingenden Leben (Aufbau, Berlin 2007)

»Ich habe keinen Gott, aber Gott hat mich« – Die Künstler und die Religion (Aufbau Taschenbuch, Berlin 2007)

Lebenswege – Friedrich Schorlemmer im Gespräch (6 Bände, Mitteldeutscher Verlag, Halle/Saale 1998 bis 2007)

Nachweise

Alle Morgen, in: Was ich denke, Goldmann-Verlag, München 1995
Die präparierte Zeit und die Blumenuhr, in: Eisige Zeiten, Karl-Blessing-Verlag, München 1996
Vielleicht, in: ebenda
Lieber Jona als Kassandra sein, in: Was ich denke
Kain und Abel, in: Freiheit als Einsicht, Knaur, München 1993
Wes Brot ich ess, in: Versöhnung in der Wahrheit, Knaur, München 1992
Mein Jesus hat viele Gesichter, in: Wochenpost, 26/1990
Wir müssen einander achten, und wir müssen aufeinander achten, in: Einander achten, aufeinander achten, Glaux Verlag Christine Jäger KG, Jena 2004
Ehe der Hahn kräht, in: Nicht vom Brot allein, Aufbau Taschenbuch Verlag, Berlin 2002
Ein für alle Mal – eine militärfreie Zone, in: In der Freiheit bestehen, Aufbau Taschenbuch Verlag, Berlin 2004
Die Reformen und ihre Verlierer, in: ebenda
Halt suchen, in: Woran du dein Herz hängst, Verlag Herder, Freiburg im Breisgau 2006